Exler · Bewertung und Verkauf
mittelständischer Unternehmen

🖱 Online-Version inklusive!

Stellen Sie dieses Buch jetzt in Ihre „digitale Bibliothek" in der NWB Datenbank und nutzen Sie Ihre Vorteile:

▸ Ob am Arbeitsplatz, zu Hause oder unterwegs: Die Online-Version dieses Buches können Sie jederzeit und überall da nutzen, wo Sie Zugang zu einem mit dem Internet verbundenen PC haben.

▸ Die praktischen Recherchefunktionen der NWB Datenbank erleichtern Ihnen die gezielte Suche nach bestimmten Inhalten und Fragestellungen.

▸ Die Anlage Ihrer persönlichen „digitalen Bibliothek" und deren Nutzung in der NWB Datenbank online ist kostenlos. Sie müssen dazu nicht Abonnent der Datenbank sein.

Ihr Freischaltcode: **BHNCARTDYJBJUTSREGTBML**

Exler, Bewertung und Verkauf mittelständischer Unternehmen

So einfach geht's:

① Rufen Sie im Internet die Seite **www.nwb.de/go/online-buch** auf.

② Geben Sie Ihren Freischaltcode ein und folgen Sie dem Anmeldedialog.

③ Fertig!

Die NWB Datenbank – alle digitalen Inhalte aus unserem Verlagsprogramm in einem System.

www.nwb.de

Bewertung und Verkauf mittelständischer Unternehmen

Phasen und Prozessschritte
der Unternehmensveräußerung

▶ Transaktions-Fallstudien
▶ Durchgängiges Fallbeispiel
▶ Zahlreiche Praxishinweise

Von
Prof. Dr. Markus W. Exler

2., vollständig überarbeitete Auflage

ISBN 978-3-482-**56912**-8

2., vollständig überarbeitete Auflage

© NWB Verlag GmbH & Co. KG, Herne 2013
www.nwb.de

Alle Rechte vorbehalten.

Dieses Buch und alle in ihm enthaltenen Beiträge und Abbildungen sind urheberrechtlich geschützt. Mit Ausnahme der gesetzlich zugelassenen Fälle ist eine Verwertung ohne Einwilligung des Verlages unzulässig.

Satz: Röser MEDIA GmbH & Co. KG, Karlsruhe

Druck: medienHaus Plump GmbH, Rheinbreitbach

VORWORT

Wahrscheinlich ist das M&A-Geschäft für einen Berater eines der spannendsten Betätigungsfelder, da während eines Transaktionsprozesses zum einen eine Vielzahl von betriebswirtschaftlichen und juristischen Sachverhalten diskutiert und gelöst werden müssen. Zum anderen ist es auch notwendig, die Übersicht zu behalten sowie Treiber und Motivator des Gesamtprozesses, insbesondere in angespannten Verhandlungssituationen, zu sein. Das gilt nicht nur für Transaktionen im Zusammenhang mit börsennotierten Schwergewichten, sondern auch für den Verkauf von eigentümergeführten Unternehmen, die sehr stark mit dem Einfluss der Gründergeneration bzw. deren Familie verbunden sind.

Mit der ersten Auflage unter dem Titel „MidCap M&A, Management für den Verkauf und die Bewertung von mittelständischen Unternehmen" haben wir ein Buch veröffentlicht, das an den verkaufenden Unternehmer oder Manager gerichtet ist, in dem insbesondere die Beschreibung des Verkaufsprozesses mehr ist als nur die „10 wichtigsten Tipps zum Unternehmensverkauf", hingegen die Ausführungen zur Unternehmensbewertung und zur Kaufpreisfindung nachvollziehbar erscheinen und nicht an einem fehlenden Zugang von finanzmathematischen Formeln scheitern. Auch die sachgerechte Aufbereitung von Jahresabschlussdaten entscheidet über die Akzeptanz eines gerechneten Unternehmenswertes von beiden Parteien. Da es galt, ein Buch zu schreiben, dass dem Praktiker die Wertermittlung eines Unternehmens leicht zugänglich macht, wäre den Kollegen der beratenden Berufe zu empfehlen, den IDW S 1 i. d. F. 2008, nach denen Wirtschaftsprüfer Unternehmen bewerten, detailliert zu lesen.

Um einen erfolgreichen Verkauf des Unternehmens, also auch das Generieren eines guten Preises zu gewährleisten, ist eine ausreichende Vorbereitungszeit von erheblichem Vorteil. Dazu gehören ertragsstarke Geschäftsjahre, eine funktionsfähige zweite Führungsebene sowie wohlüberlegte Investitionen, welche die zukünftigen Handlungsmöglichkeiten eines potenziellen Investors nicht einschränken dürfen. Die Transaktionsphase wird mit Sondierungsgesprächen initiiert, in denen es primär um die Vorstellung des Unternehmenskonzepts und um die Präsentation des Managements geht. Die Bewertung des Zielunternehmens nimmt einen zentralen Stellenwert ein. State-of-the-Art in der Branche ist die Discounted Cashflow-Methode, die den Unternehmenswert auf der Basis diskontierter zukünftiger freier Cashflow-Größen berechnet. Für eine erste Werteinschätzung und zur Plausibilitätsprüfung eignen sich Vergleichswerte, die beispielsweise über die Multiplikatorenmethode ermittelt werden.

Als Partner der Quest Consulting AG, einer so genannten M&A-Boutique, beschäftige ich mich mehrheitlich mit Mandaten für Unternehmensverkäufe, sehr häufig auch im Rahmen einer übertragenden Sanierung, die dann im Weiteren mit strategischen Käufern oder auch Finanzinvestoren verhandelt werden. Demzufolge möge mir der Leser die eher verkäuferseitige Argumentation verzeihen. Diese ist aber authentisch. Der guten Ordnung halber möchte ich an dieser Stelle festhalten, dass ein „Distressed M&A"-Prozess, also Unternehmensverkäufe in einer Krise oder auch einer Insolvenz, aufgrund des in der Regel großen Zeitdrucks und dem Einfluss eines (vorläufigen) Insolvenzverwalters von dem Beschriebenen eher klassischem „Nachfolge M&A" abweichen kann.

Bedanken möchte ich mich bei allen Gesprächspartnern, wie Unternehmer, Beraterkollegen sowie bei den vielen Studierenden, die ebenfalls sehr kritisch mit der ersten Auflage umgegangen sind und maßgeblich zur Weiterentwicklung dieses Buches beigetragen haben. Mir bleibt, dem Leser viel Freude bei der Lektüre dieser überarbeiteten zweiten Auflage zu wünschen, die jetzt vorliegend auch unter einem neuen Titel erschienen ist.

Rosenheim, im Oktober 2013   Markus W. Exler

www.questconsulting.de

GELEITWORT

Das Werk von Prof. Dr. Markus W. Exler liegt nun in zweiter Auflage vor. Sie kommt zur rechten Zeit, da für die nächsten Jahre eine Vielzahl an Transaktionen von mittelständischen Unternehmen erwartet wird. Die Betroffenen, wie Käufer, Erben, Verkäufer, Vermittler, Banken und Wirtschaftsprüfer sowie Steuerberater, sollten auf diese Transaktionen vorbereitet sein. Dafür bildet das vorliegende Werk eine gute Basis.

Zunächst wird der Transaktionsprozess beleuchtet, der sich vom Screening bis zur Integrationsphase erstreckt. Deal Issues und Deal Breaker sind frühzeitig zu identifizieren und zu kommunizieren, um Ressourcen abzuziehen oder in die Kaufpreisverhandlungen einzubringen. Basis dafür bildet die Due Diligence. Eine Bewertung muss immer in den M&A-Prozess integriert werden. Sie bildet die Basis für jeden Kauf und Verkauf von Unternehmen.

Der zweite Bereich bezieht sich auf die Bewertungsverfahren. Hier steht eine große Anzahl zur Verfügung, von denen aber nur drei als anerkannte Verfahren gelten können. Dazu zählen das Ertragswertverfahren, die DCF-Verfahren und die Multiplikatoren. Wesentlich ist dabei die Bestimmung der einzelnen Größen, d. h. der Erträge und der Kapitalkosten. Es gelingt dem Verfasser, die Verfahren kurz, gut verständlich und anwendungsorientiert vorzustellen.

Der dritte Aspekt, der sich wie ein roter Faden durch das Werk zieht, sind die KMU. Sowohl die Ermittlung der Werte als auch der Aufwand, der für die Bewertung betrieben werden kann, kennzeichnet diesen Bereich. Insofern ist immer das Machbare und das Mögliche zu betrachten, ohne dass die Anforderungen an eine ordnungsgemäße Bewertung aus den Augen verloren werden. Dieser Aspekt wird in einer gesonderten Fallstudie gewürdigt.

Das Buch bietet mittelständischen Unternehmen und ihren Beratern eine wichtige Hilfestellung in entscheidenden Fragen der Vermögensübertragung. Es ist verständlich geschrieben, beschränkt sich auf die wichtigen Probleme und liefert Hinweise für die praktische Durchführung.

Nürnberg, im September 2013   Prof. Dr. V. H. Peemöller

INHALTSVERZEICHNIS

Vorwort	V
Geleitwort	VII
Inhaltsverzeichnis	IX
Abbildungsverzeichnis	XIII
Tabellenverzeichnis	XV

I.	**Einführung**	**1**
1.	Das Buch	1
2.	Mergers & Acquisitions	2
3.	Veräußerungsmotive	6
4.	Verkäufer- vs. Käufersicht	7
II.	**Verkaufsprozess**	**11**
1.	Die am Prozess beteiligten Akteure	11
	1.1 Verkäufer und Käufer	11
	1.2 Vermittler, Banken und Wirtschaftsprüfer	16
2.	Die einzelnen Prozessphasen	20
	2.1 Vorbereitungsphase	20
	2.2 Akquisitionsphase	21
	2.2.1 Mindestunterlagen	21
	2.2.2 Unternehmensanalyse	22
	2.2.3 Umfeldanalyse	25
	2.2.4 Kaufpreisindikation	26
	2.2.5 Unternehmensexposé	28
	2.2.6 Verkaufsstrategie	30
	2.3 Transaktionsphase	32
	2.3.1 Käuferidentifikation und Ansprache	32
	2.3.2 Non-Disclosure Agreement als Vertraulichkeitserklärung	33
	2.3.3 Käufergespräche	35
	2.3.4 Letter of Intent als Absichtserklärung	35
	2.4 Finalisierungsphase	39
	2.4.1 Due Diligence	39
	2.4.2 Vertragsverhandlung	41

	2.4.3 Vertragsabschluss	44
2.5	Integrationsphase	47

III. Käufergruppen 49

1. Strategische Käufer 49
2. Finanzinvestoren 51
3. Management 54

IV. Investitionsentscheidung 57

1. Risikoerfassung 57
2. Risikoberücksichtigung 58
    - 2.1 Sicherheitsäquivalente 58
    - 2.2 Kapitalkosten und Risiko angepasster Zinssatz 59
        - 2.2.1 Eigenkapitalkosten mittels CAPM 60
        - 2.2.2 Eigen- und Fremdkapital 66
        - 2.2.3 Fremdkapitalkosten 67
        - 2.2.4 WACC als gewichtete durchschnittliche Kapitalkosten 68

V. Bewertungsmethoden 71

1. Systematische Einordnung 71
2. Die Telefonanlagen GmbH als begleitendes Fallbeispiel 72
3. Einzelbewertungsmethoden 74
    - 3.1 Liquidationswertmethode 75
    - 3.2 Reproduktionswertmethode 76
4. Gesamtbewertungsmethoden 76
    - 4.1 Die Multiplikatorenmethode als Vergleichswertverfahren 76
        - 4.1.1 Bereinigter EBIT als Faktor 77
            - 4.1.1.1 Die Erfolgsgröße EBIT 77
            - 4.1.1.2 Bereinigung um die neutralen Erfolgsgrößen 79
            - 4.1.1.3 Bereinigung um die kalkulatorischen Kosten 80
        - 4.1.2 Branchen-Multiple 83
        - 4.1.3 Gewichteter durchschnittlicher EBIT als alternative Faktorgröße 85
        - 4.1.4 EBITDA als alternative Faktorgröße 86
        - 4.1.5 Umsatz als alternative Faktorgröße 88
        - 4.1.6 Fallbeispiel 89
        - 4.1.7 Kritische Reflexion 89

4.2	Discounted Cashflow-Methoden			93
	4.2.1	Entity-Methode		94
		4.2.1.1 WACC-Ansatz		94
			4.2.1.1.1 Bereinigte freie Cashflows	96
			4.2.1.1.2 Kapitalisierungszinssatz	100
			4.2.1.1.3 Terminal Value	101
			4.2.1.1.4 Abzugskapital	101
			4.2.1.1.5 Nicht betriebsnotwendiges Vermögen	102
			4.2.1.1.6 Zwei-Phasenmethode nach dem IDW	102
		4.2.1.2 Fallbeispiel		104
		4.2.1.3 TCF-Ansatz		107
	4.2.2	APV-Methode		107
	4.2.3	Equity-Methode		109
4.3	Ertragswertmethode nach IDW			111
	4.3.1	Ertragswert		111
	4.3.2	Fallbeispiel		114
5. Abschließende Beurteilung				115

VI. Akquisitionsbeurteilung aus Käufersicht — 117

1. Wertorientierung — 117
2. Vermögensrendite — 119

VII. Transaktionen — 125

1. Fallstudie I: Verkaufsmandat eines mittelständischen Unternehmens — 125
   1.1 Maklervertrag — 125
   1.2 Unternehmensbewertung — 126
       1.2.1 EBIT-Multiple — 127
       1.2.2 DCF-Methode — 128
           1.2.2.1 Free Cashflow — 129
           1.2.2.2 WACC — 130
           1.2.2.3 Unternehmenswert — 130
           1.2.2.4 Plausibilitätsprüfung — 131
           1.2.2.5 Gesamteinschätzung — 133
   1.3 Letter of Intent — 134
   1.4 Vertragsverhandlungen und Closing — 136
   1.5 Erkenntnisgewinn aus Verkäufersicht — 138

2. Fallstudie II: Internationales Kaufmandat eines börsennotierten Unternehmens   139
    2.1 Ausgangslage   139
    2.2 Akquisitionsprofil   140
    2.3 Selektion geeigneter Übernahmekandidaten   140
    2.4 Unternehmensbewertung und Kaufpreisfindung   141
    2.5 Kaufpreisstruktur und Closing   147
    2.6 Erkenntnisgewinn aus Käufersicht   149

VIII. Resümee   151

Literaturverzeichnis   155
Stichwortverzeichnis   159
Glossar   163

ABBILDUNGSVERZEICHNIS

ABB. 1:	Die Verhandlungspositionen und Bewertungsfunktionen bei der Wertermittlung	9
ABB. 2:	Der äußere und der innere Wert eines Unternehmens	15
ABB. 3:	Die Segmentierung der M&A-Berater	18
ABB. 4:	Der M&A-Prozess	20
ABB. 5:	Die Unterscheidung „Share Deal" und „Asset Deal"	36
ABB. 6:	Die Zusammensetzung des WACC	69
ABB. 7:	Die gängigen verwendeten Methoden zur Unternehmensbewertung	72
ABB. 8:	Die Multiplikatorenmethode als ein Vergleichswertverfahren	77
ABB. 9:	Die Bereinigungsgrößen	80
ABB. 10:	Die Multiplikatoren einzelner Branchen	85
ABB. 11:	Die üblichen ertragsorientierten Bewertungsansätze	92
ABB. 12:	Die Prozessschritte der Discounted Cashflow-Methode	95
ABB. 13:	Die Zwei-Phasenmethode nach IDW beim WACC-Ansatz	103
ABB. 14:	Die bilanzielle Optimierung zur Steigerung des Unternehmenswertes	104
ABB. 15:	Die ertragsorientierten Bewertungsansätze und deren Parameter	115
ABB. 16:	Das Shareholder Value-Konzept von Rappaport	118
ABB. 17:	Das Wertmanagement-Konzept	120

TABELLENVERZEICHNIS

TAB. 1:	Die Top 20 M&A-Advisor in Deutschland 2012	2
TAB. 2:	Die Größeneinteilung von Unternehmen der Europäischen Union	3
TAB. 3:	Die Restlaufzeiten von Bundesanleihen	61
TAB. 4:	Eine Übersicht von Branchenbetas	64
TAB. 5:	Die Anpassung von Sondereffekten der Betafaktoren	65
TAB. 6:	Die erweiterte Plan-Gewinn- und Verlustrechnung der Telefonanlagen GmbH	73
TAB. 7:	Die Planbilanz 01 der Telefonanlagen GmbH	74
TAB. 8:	Der „bereinigte" EBIT	78
TAB. 9:	Die Berechnung des gewichteten durchschnittlichen EBIT	85
TAB. 10:	Der „bereinigte" Periodenerfolg	87
TAB. 11:	Der Unternehmenswert der Telefonanlagen GmbH nach der Multiplikatorenmethode	89
TAB. 12:	Die indirekte Ermittlung des Cashflows aus der betrieblichen Tätigkeit	97
TAB. 13:	Die direkte Ermittlung des Cashflows aus der Investitionstätigkeit	98
TAB. 14:	Die Ermittlung des bereinigten Free Cashflow	98
TAB. 15:	Der bereinigte Free Cashflow	99
TAB. 16:	Die alternative Ermittlung des Free Cashflow	100
TAB. 17:	Die freien Cashflows der Planjahre 01 bis 04 für die Telefonanlagen GmbH	105
TAB. 18:	Der WACC für die Bewertung der Telefonanlagen GmbH	105
TAB. 19:	Der Unternehmenswert der Telefonanlagen GmbH nach dem WACC-Ansatz der DCF-Methode	106
TAB. 20:	Der Total Cashflow (TCF)	107
TAB. 21:	Der auszahlungsfähige Cashflow an die Eigentümer	110
TAB. 22:	Der r_{EK} für die Bewertung der Telefonanlagen GmbH	114
TAB. 23:	Der Unternehmenswert der Telefonanlagen GmbH nach der „Ertragswertmethode nach IDW"	114
TAB. 24:	Die Ermittlung des NOPAT	122
TAB. 25:	Die Bilanz der Reha GmbH	126
TAB. 26:	Die Gewinn- und Verlustrechnung der Reha GmbH	126
TAB. 27:	Der Unternehmenswert mit Hilfe der Multiplikatorenmethode	128
TAB. 28:	Die Ermittlung des bereinigten Free Cashflow	129
TAB. 29:	Die Ermittlung des Unternehmenswertes auf der Basis der DCF-Methode (WACC-Ansatz)	131
TAB. 30:	Die Plausibilitätsprüfung auf der Basis von Vergleichsgrößen	132

TAB. 31:	Die Longlist von möglichen Zielunternehmen	140
TAB. 32:	Die Nutzwertanalyse mit den potenziellen Zielunternehmen	141
TAB. 33:	Die Ist- und Plan-Bilanzen der TEL	142
TAB. 34:	Die Ist- und Plan-Gewinn- und Verlustrechnungen der TEL	143
TAB. 35:	Die Beta-Faktoren der Peer Group der TEL	144
TAB. 36:	Der freie Cashflow der TEL	144
TAB. 37:	Die gewichteten durchschnittlichen Kapitalkosten	145
TAB. 38:	Der Unternehmenswert der TEL nach der DCF-Methode	146
TAB. 39:	Die Bewertung von vergleichbaren Unternehmen im Akquisitionszeitraum	147
TAB. 40:	Die Kaufpreisstruktur für die Altgesellschafter der TEL	148

I. Einführung

1. Das Buch

Für die Veräußerung von mittelständischen Unternehmen oder von Konzernteilbereichen gibt es eine Vielzahl von Gründen, wie bspw. eine fehlende Unternehmensnachfolge, eine mangelnde Wettbewerbs- bzw. Renditefähigkeit oder eine strukturelle Portfoliobereinigung.

Die Schwerpunkte der mittlerweile vielen auch deutschsprachigen Publikationen der letzten Jahre, die sich dem Thema Mergers & Acquisitions und auch der damit sehr eng im Zusammenhang stehenden Unternehmensbewertung gewidmet haben, zielen in ihrer Komplexität und Tiefe mehrheitlich auf große und auch börsennotierte Unternehmen ab, wobei letztere aber nur einen sehr geringen Anteil am Gesamtunternehmensvolumen ausmachen. Das ist nicht überraschend, da der Unternehmenswert nicht nur bei der Veräußerung von Eigentumsrechten zur Ermittlung des Transaktionspreises, sondern dieser von den Aktionären immer häufiger auch zur Bestimmung der laufenden Renditeentwicklung herangezogen wird, was zur Folge hat, dass Unternehmen unter dem Primat einer stetigen Wertsteigerung geführt werden, um den Ansprüchen der Eigentümerinteressen gerecht zu werden. **Wertmanagementkonzepte** als integrativer Bestandteil des strategischen Controllings quantifizieren dieses Anliegen. Die Darstellung der Veräußerung von mittelständischen Unternehmen wird im Schrifttum flankierend mit einbezogen oder reduziert sich auf Ratgeber, die dann etwa „Die 10 wichtigsten Tipps zum Unternehmensverkauf" oder ähnlich genannt werden. Diese widmen sich dann mehr oder weniger ausschließlich dem Veräußerungsprozess und geben nur sehr grobe bzw. allgemeingültige Hilfestellungen in Bezug auf den Unternehmensverkauf in seiner Gesamtheit.

Das vorliegende Buch mit dem Titel **„Bewertung und Verkauf mittelständischer Unternehmen"** beschäftigt sich im Wesentlichen mit der Bewertung und dem Verkauf nicht börsennotierter mittelständischer Unternehmen und ist primär an den Unternehmer bzw. Miteigentümer gerichtet, der seinen Eigenkapitalanteil veräußern oder die **Werttreiber** einer am Unternehmenswert orientierten Unternehmensführung kennenlernen möchte. Natürlich sind die Adressaten auch alle Beteiligten an einem Veräußerungsprozess, wie Investoren, Wirtschaftsprüfer, Steuerberater, Rechtsanwälte, Unternehmens- bzw. M&A-Berater und logischerweise auch diejenigen, die sich im Rahmen einer betriebswirtschaftlichen Ausbildung mit der Unternehmensbewertung als einer erweiterten Form der Investitionsrechnung beschäftigen müssen, wie Studierende an Universitäten, Fachhochschulen, Berufsakademien und an die Teilnehmer von berufsbegleitenden Ausbildungsmaßnahmen.

Inhaltlich werden die einzelnen Phasen und Prozessschritte einer **Unternehmensveräußerung** im Detail kennengelernt, um anhand von durchgeführten Transaktionen auf potenzielle Risiken hinzuweisen. Mit der Darstellung der einzelnen **Käufergruppen** soll die strategische Absicht einzelner am Markt auftretender Investorentypen vorgestellt werden, um sich auf daraus ergebende unterschiedliche Verhandlungssituationen einstellen zu können. Auch zeigt sich in den Zusammenkünften von Käufern und Verkäufern immer wieder, dass jede Interessengruppe bestimmte Bewertungsverfahren zur Kaufpreisermittlung präferiert. Umfassend werden einzelne **Bewertungsmethoden** vorgestellt, die bei entsprechender Modifizierung und Datenaufbereitung auch für die praktische Wertermittlung von kleinen und mittleren Unternehmen herangezogen werden können, die als **Multiplikatorenmethode, Ertragswertmethode** und als **Discounted Cashflow-Methode** mit den Ausprägungsformen Entity-, APV- und Equity-Ansatz diskutiert werden. Die bei einer Werteinschätzung am häufigsten vorkommenden Bewertungsfaktoren wären bspw. die vergangenen, die aktuellen und die prognostizierten Umsatzerlöse, Jahresüberschüsse und Cashflow-Größen des Unternehmens, die Höhe der verzinslichen langfristigen Verbindlichkeiten, der strategische Nutzen für den Käufer und die jeweilige Marktpositionierung des Zielunternehmens. Dabei kann die Unternehmensbewertung mit den einzelnen Bewertungsverfahren immer nur als ein **Wertkorridor** verstanden werden, der die Grenzpositionen von Verkäufer und Käufer darstellt. Mit in das Bewertungsszenario einfließen muss natürlich auch die individuelle steuerliche Situation beider Parteien, die hingegen nicht Gegenstand der Publikation sein kann. Auch als Beitrag ausgeschlossen wird die Veräußerung über die Börse, da der Börsengang bzw. das Initial Public Offering (IPO) ein eigenständiges Beratungssegment ist und im Wesentlichen von den Geschäftsbanken initiiert und strategisch sowie operativ begleitet wird.[1]

2. Mergers & Acquisitions

Mergers & Acquisitions oder kurz M&A bedeutet Fusion oder Erwerb von Unternehmen bzw. Unternehmensanteilen und ist ein Teilbereich des Corporate Finance und Investment Banking. Für börsennotierte Unternehmen und große mittelständische Unternehmen ab etwa 500 Mitarbeitern wird diese Beratungsleistung im Wesentlichen von den Investment Banking-Abteilungen der großen Geschäftsbanken durchgeführt. Die von Bloomberg[2] veröffentliche Studie „Global Financial Advisory, Mergers & Acquisitions Rankings Q1 2013" verdeutlicht die Dominanz der großen international agierenden M&A-Häuser in Deutschland, wie Rothschild und die Deutsche Bank AG:

TAB. 1:	Die Top 20 M&A-Advisor in Deutschland 2012
1.	Rothschild
2.	Deutsche Bank AG
3.	JP Morgan
4.	Morgan Stanley
5.	Citygroup Inc
6.	Macquarie Group Ltd
7.	Goldman Sachs & Co
8.	Bank of America Merill Lynch
9.	Credit Suisse Group AG
10.	Banco BTG Pactual SA
11.	Banco Bradesco BBI SA
12.	Banco Itau BBA SA
13.	TD Securities Inc
14.	KPMG Corporate Finance LLC

---

1 Vgl. hierzu die Ausführungen in Exler 2010, S. 138ff.
2 Bloomberg 2013, abgerufen am 23. 6. 2013.

15.	ABN AMRO Bank NV
16.	BNP Paribas SA
17.	HSBC Bank PLC
18.	DC Advisory Partners Ltd
19.	UniCredit SpA
20.	Evercore Partner Inc
Transaktionsvolumen 2012: 19,2 Mrd. US-$	

Für den klassischen deutschen Mittelstand gilt, dass der eigene Steuerberater, der Rechtsanwalt oder auch die Industrie- und Handelskammer die ersten und meistens auch einzigen Ansprechpartner sind. Sehr häufig verfügen die letztgenannten Berufsgruppen und Organisationen aber nicht über eine fundierte Problemlösungskompetenz. Häufig sind die Industrie- und Handelskammern für die Unternehmer eine erste Anlaufstelle zum Einholen von Informationen und an vielen Standorten auch Bereitsteller von anonymisierten Unternehmensprofilen kauf- oder verkaufswilliger Unternehmer, die in Datenbanksystemen verwaltet werden und gegen Gebühr ein Zugriff gewährt werden kann. Die Beratung für einen Generations- oder Führungswechsel ist aber für den mittelständischen Unternehmer eine einmalige Angelegenheit, die er persönlich und mit der nötigen Fach- und Ergebniskompetenz gelöst haben möchte. Unter dem so genannten Mittelstand werden Unternehmen verstanden, die vollständig Eigentümer geführt sind. Die Europäische Union[3] hat zum 1. 1. 2005 in einem „Merkblatt KMU-Definition der EU" Kleinstunternehmen sowie kleine und mittlere Unternehmen, kurz **KMU**, wie folgt quantifiziert:

TAB. 2:	Die Größeneinteilung von Unternehmen der Europäischen Union		
Bezeichnung	Beschäftigte	Jahresumsatz (in Mio. €)	Bilanzsumme (in Mio. €)
Kleinstunternehmen	< 10	< 2,0	< 2,0
Kleine Unternehmen	< 50	< 10,0	< 10,0
Mittlere Unternehmen	< 250	< 50,0	< 43,0

Als eigenständig, gemäß EU Definition gelten Unternehmen,

▶ die keine Anteile von mehr als 25 % an einem anderen Unternehmen halten,

▶ an denen keine Anteile von mehr als 25 % gehalten werden sowie

▶ die nicht Teil eines konsolidierten Jahresabschlusses sind.

In diesem Zusammenhang gilt, dass der Mittelstand, bestehend aus kleinen und mittleren Unternehmen, konzernunabhängig das operative Geschäft führt und auch Investitionsentscheidungen in ihrer strategischen Ausrichtung sowie die Variante der Kapitalbeschaffung autonom getroffen werden können. Sehr häufig ist die fehlende bzw. nicht dokumentierte über das aktuelle Jahr hinausgehende **Unternehmensplanung** auffällig, was darauf zurückgeführt werden kann, dass das Skizzieren von Visionen einen selbständigen Unternehmer charakterisiert. Auch wenn eine stra-

---

[3] Europäische Union 2005, abgerufen am 2. 6. 2013.

tegische und operative Planung nicht dokumentiert werden, sind diese sehr häufig in der Vorstellung des Unternehmers vorhanden. Dieses Phänomen führt in den Verhandlungssituationen auf der Seite der potenziellen Investoren vielfach zu Missverständnissen in der Kommunikation und letztlich auch zu einer Situation des Misstrauens, was natürlich durch das Auftreten einer häufig sehr engen Verbindung bzw. einer nicht immer eindeutigen Trennung zwischen persönlichen und Unternehmenszielen verstärkt wird.

Die für die Kaufpreisfindung notwendigen **Plandaten**, die dann durchaus geliefert werden, können in vielen Fällen nicht hinreichend auf ihre Plausibilität hin überprüft werden, da die vorgelegten Ist-Daten aus dem Rechnungswesen auch nicht präzise genug erfasst und dargestellt wurden. Bei Letzterem werden besonders deutliche Diskrepanzen zwischen dem dokumentierten und dem „tatsächlichen" Ergebnis liegen, wenn Rechnungen aus der Privatsphäre im Unternehmen mit abgerechnet werden, was eine nachträgliche **Bereinigung**[4] der Vergangenheitsdaten, wie bspw. personenbezogene und spezifische Erfolgsfaktoren, periodengerechter Erfolgsausweis sowie die Höhe eines angemessenen Unterlohns zur Folge haben muss. Häufig wird in diesem Zusammenhang vom potenziellen Investor ein entsprechendes Jahresabschlusstestat gefordert, um eine eindeutige Datenlage in Bezug auf die Wertermittlung zu bekommen.

Ein weiteres wesentliches Kriterium ist der fehlende Zugang zum organisierten Kapitalmarkt, was bedeutet, dass das Spektrum der Finanzierungsmöglichkeiten sehr eingeschränkt ist. Die Unternehmensfinanzierung wird zu einem großen Teil über **Bankkredite** abgewickelt, deren Beschaffung aber aufgrund der zunehmend restriktiven Handhabung des Bankensektors gerade für kleinere Unternehmen immer schwieriger wird. Kapitalerhöhungen als **Eigenkapitalzuführung** von außen sind für den Mittelstand in vielen Fällen mit einem Verlust an Unabhängigkeit verbunden, da diese Finanzierungsform, wenn man von einem stillen Gesellschafter einmal absieht, mit der Aufnahme zusätzlicher Eigentümer verbunden ist, die sich auch aktiv in das operative Geschäft einbringen möchten. Auch ist, unabhängig von der Tatsache der Einflussnahme, der Eigentümerkreis für das Generieren von Eigenkapital begrenzt und wird verständlicherweise für von außen hereinkommende potenzielle Eigentümer unattraktiver, wenn der Gesellschafterkreis durch die Familienmitglieder der Eigentümer dominiert wird, die dann auch noch operativ im Unternehmensverbund mitarbeiten.

Bei sehr kleinen Unternehmen tritt sehr häufig das Problem der geringen **Organisationstiefe** auf. Fehlt eine etablierte zweite Führungsebene, stellt sich für einen potenziellen Investor logischerweise die Frage, wer das Unternehmen nach dem Ausscheiden des Seniors führen soll. Die Rekrutierung eines Geschäftsführers wäre demzufolge nach dem Abschluss einer Transaktion die notwendige Konsequenz, doch weder strategische Käufer und erst recht nicht Finanzkäufer halten sich für derartige Fälle Manager auf Vorrat bereit, die dann je nach Bedarf eingesetzt werden könnten.

Zu beobachten ist eine deutliche Veränderung des Mergers & Acquisitions-Geschäfts in den letzten Jahrzehnten. Standen in den 1950er Jahren kleinere Unternehmen mit überwiegend lokaler Bedeutung zum Verkauf, so nahm die überregionale Vernetzung seit den 1960er Jahren verstärkt

---

[4] IDW 2008 (103), S. 22 und (40), S. 11; vgl. hierzu auch das Kapitel V.4.1.1.2 „Bereinigung um die neutralen Erfolgsgrößen".

zu und hat ihre höchste internationale Ausprägung gegen Ende der 1990er Jahre, kurz vor den drastischen Einbrüchen der Börsenkurse zu Beginn des neuen Jahrtausends erreicht.

In **Europa** wurden in den 1960er Jahren aus Angst vor amerikanischen Mitbewerbern Unternehmensübernahmen als Abwehrstrategien entwickelt. Die 1970er Jahre waren im Wesentlichen durch eine starke Diversifikation der einzelnen Unternehmensteile charakterisiert. Die grenzüberschreitende Fusionswelle, unterstützt durch die Schlagworte „Europäisierung" und „Globalisierung" war eine signifikante Ausprägungsform der 1980er Jahre. In den 1990er Jahren hingegen wurde in Deutschland das Erscheinungsbild der Branche im Wesentlichen durch die pressewirksamen Unternehmenstransaktionen, wie der Zusammenschluss der Firmen Daimler und Chrysler und die Übernahme der Mannesmann AG durch Vodafone AirTouch plc. im Jahr 2000 geprägt. Die Jahre 2001 bis 2003 wurden der Konsolidierung nach dem Börsenhype 1998 und 1999 der Branchen Internet, Software, Telekommunikation, Biotechnologie und Pharmazie geschuldet. Ab 2004 konnte ein verstärktes Auftreten der Private Equity- und Buy Out-Fonds beobachtet werden, die sich zunehmend auch an schwächelnden börsennotierten Unternehmen beteiligten. Verstärkte Akquisitionstätigkeiten fanden 2006 von einigen großen börsennotierter Unternehmen, wie bspw. Linde AG mit der Übernahme der britischen BOC Ltd. oder von Bayer AG mit der Übernahme der Schering AG statt. Die Lehman-Pleite mit der einhergehenden wirtschaftlichen Flaute hat auch das M&A-Geschäft nicht unbeeinflusst gelassen.

In jüngerer Zeit kann eine Zunahme an so genannten „**Distressed M&A**"-Aktivitäten beobachtet werden, eine Spezialisierung von Eigenkapitalinvestitionen auf die Übernahme von Unternehmen in Turnaround- und Umbruchsituationen. Im Fokus stehen Unternehmen mit operativen Schwächephasen und Liquiditätsengpässen innerhalb eines gesunden Marktumfeldes, deren Wertsteigerung mit der Übernahme einer aktiven Managementverantwortung generiert werden kann. Unternehmensverkäufe in einer Krise oder auch einer Insolvenz stehen meist unter einem hohen Zeitdruck. Das Ziel einer übertragenden Sanierung in einem eröffneten Verfahren ist es, mit dem Aufsetzen eines strukturierten und zügigen M&A-Prozesses (meist ein Asset Deal), den Geschäftsbetrieb des Unternehmens, die Arbeitsplätze sowie eine bestmögliche Gläubigerbefriedigung zu erhalten.

Weniger spektakulär, aber dennoch nicht uninteressant und auch stark zunehmend sind **Cross Border-Transaktionen** von Mittelstandsunternehmen, also Unternehmen in einer Größenordnung zwischen 5,0 Mio. € und 1 Mrd. € Jahresumsatz. Um diesem Trend beraterseitig Folge zu leisten, sind internationale Netzwerke der bei einer Transaktion beratenden Berufe eine unverzichtbare Hilfe. War es früher nur den Großkonzernen vorbehalten, Akquisitionen im Ausland zu tätigen, erkennen heute immer mehr mittelständische Unternehmer den Erwerb von ausländischen Unternehmen als den kostengünstigeren und schnelleren Weg, um vor allem in den neuen osteuropäischen EU-Beitrittsländern Fuß zu fassen.

Internationale M&A-Beraternetzwerke[5], die in vielen Fällen einen eher losen Unternehmensverbund von mittelstandsorientierten M&A-Beratern darstellen, sind für den Mittelstand häufig eine hervorragende Plattform, Auslandspläne ohne großen zusätzlichen finanziellen Aufwand zu verwirklichen. Der Unternehmer bedient sich hierbei in vielen Fällen eines der lokalen

---

5 Internationale M&A-Beraternetzwerke, wie beispielsweise Global M&A Partners, www.globalma.com oder M&A International Inc., www.mergers.net.

Büros, mit denen ein entsprechendes **Kauf-** und **Verkaufsprofil** entwickelt wird. Dieses Profil wird dann über das entsprechende Netzwerk an die weltweit tätigen Büros weitergeleitet und dient diesem als Suchgrundlage. Gerade für das Bearbeiten der wichtigen Auslandsmärkte wie bspw. die osteuropäischen Beitrittsländer oder der immer stärker werdenden Wachstumsregionen in Asien ist ein professionelles internationales Forum eine unverzichtbare Hilfe. Der lokal ansässige Berater kann den Kontakt je nach landesspezifischen Merkmalen arrangieren, um das aus dem Ausland kommende Akquisitions- oder Veräußerungsprofil vorzustellen. Wird ein entsprechendes Interesse signalisiert, folgt ein Besuchstermin in dem zur Veräußerung anstehenden Unternehmen.

Der lokale Berater nimmt hierbei nicht nur die Rolle des Moderators ein, sondern ist in den meisten Fällen eine unverzichtbare Hilfe, um sprachliche Barrieren zu überwinden. Das wird vor allem im weltweiten Prozess des Akquisitionsvorhabens, insbesondere in den Phasen der **Due Diligence** und der **Vertragsgestaltung** immer wichtiger, wenn unterschiedliche Steuer- und Rechtssysteme aufeinander abzustimmen sind bzw. eine Grundlage zu schaffen ist, die den handelnden Parteien eine sachgerechte Verständigung ermöglicht. Bei komplexeren Transaktionen ist es sinnvoll, schon in einem frühen Stadium mit der Auswahl der später sowieso unumgänglichen Unterstützung von Wirtschaftsprüfern und Rechtsanwälten zu beginnen.[6]

3. Veräußerungsmotive

Mittelständische Unternehmen werden häufig verkauft, wenn der Unternehmer, meist in der Rolle des geschäftsführenden Gesellschafters, das Pensionsalter erreicht hat, bei gleichzeitig nicht gelöster familiärer oder außerfamiliärer **Nachfolgeregelung**. Setzt sich der Gesellschafterkreis bei familiengeführten Unternehmen sehr heterogen zusammen, sind häufig unterschiedliche Präferenzen bezüglich Engagement oder auch Lebensplanung vorhanden. Ein „nicht loslassen können" der Gründergeneration ist auch sehr häufig das Motiv für ein Nichtübernehmen der potenziellen Nachfolger. Aussagen, wie „das haben wir immer schon so gemacht" oder das Ablehnen von strukturellen Neuerungen tragen nicht dazu bei, dass sich junge Menschen, die auch sehr häufig schon Ende dreißig sind, im elterlichen Betrieb engagieren wollen. Überlegungen in Bezug auf sicherere, ruhigere und aussichtsreichere Karrierealternativen werden oft der Vorzug gegenüber einer eher nervenaufreibenden Unternehmertätigkeit gegeben. Der Unternehmer steht vor der Entscheidung das Unternehmen zu verkaufen oder bis „zuletzt" weiter zu führen.

Eine Entscheidungshilfestellung wird gerne über den ermittelten **Unternehmenswert** herbeigeführt. Da kann es dann schon einmal vorkommen, dass das jährliche Einkommen über die Positionen Geschäftsführergehalt, Firmenfahrzeug, Mieteinkünfte der selbst vermieteten Betriebsimmobilie, Gehalt einer im Unternehmen nicht mitarbeitenden Ehefrau, Abrechnung von Haushalts- und Reinigungsdiensten und der Abrechnung sonstiger Spesen, auf die nächsten Jahre gesehen, höher ist, als bei der Veräußerung des Unternehmens nach Steuern zu erzielen wäre. In einer solchen Situation böte sich bspw. ein Lösungsansatz über das Etablieren einer **zweiten Führungsebene** an, die in der Lage ist, die notwendigen Innovations- oder Umstrukturierungsmaßnahmen zu treffen, um das Unternehmen mittelfristig attraktiver zu machen und dadurch

---

6 Die Mergers&Acquisitions Marktentwicklung in den USA und in Kontinentaleuropa von den 80er Jahren ausgehend bis heute beschreiben Müller-Stewens, Spickers und Deiss (1999).

die Verkaufschancen sowie den Verkaufspreis zu erhöhen. Auch ein Teilverkauf an einen so genannten **Finanzinvestor**, wie bspw. an einen **Private Equity Fonds** wäre eine denkbare Lösung. Eine derartige Variante hat zum Ziel, den Kapitalanteil sukzessive zu vergrößern. Der Unternehmer bekommt Managementimpulse und das notwendige Kapital zur Finanzierung von Expansions- und Investitionsvorhaben.

In jüngerer Zeit ist es auf dem Markt für Unternehmensverkäufe mittelständischer Unternehmen auffällig, dass immer mehr jüngere Eigentümer, jung in der Altersklasse zwischen Mitte 30 und Ende 40, ihr Unternehmen verkaufen. Das Unternehmen wird, ähnlich wie in den USA als reines **Investitionsobjekt** gesehen, welches gegründet und aufgebaut wird, um es mit einem entsprechenden Aufgeld zu veräußern. In vielen Fällen wird der Veräußerungserlös nicht mehr in eine eigene betriebliche Tätigkeit investiert, sondern dient konservativ angelegt der Finanzierung der Privatisierung, die manchmal auch in klimatisch angenehmen Regionen verwirklicht wird. Der Autor bezeichnet das als „Mallorca Effekt". Weitere Gründe für eine Unternehmensveräußerung wären eine fehlende zukünftige Marktbehauptung ohne große Investitionen, Angst vor weiteren steuerlichen Hindernissen oder das einmalige Angebot eines Investors.

Neben der Veräußerung von Eigentümer geführten Unternehmen ist natürlich auch das **Herauslösen von Tochterunternehmen aus der Konzernstruktur** ein Verkaufsprozess, welcher im Zuge einer strategischen Neuausrichtung oder auch Portfoliobereinigung getätigt wird. Unabhängig von der Unternehmensgröße ist kennzeichnend für jede Transaktion, dass sich aufgrund der unterschiedlichen Interessenslage von Verkäufer und Käufer gegensätzliche Positionen in den Gesprächen und Verhandlungen ergeben.

4. Verkäufer- vs. Käufersicht

Der mittelständische Unternehmer, der ein Unternehmen gegründet bzw. maßgeblich entwickelt hat, wird bei dem Thema des Wertansatzes in aller Regel eine andere subjektive **Wertvorstellung** entwickeln, als ein außen stehender Investor, der relativ rational und nüchtern das Unternehmen als ein mehr oder weniger reines Investitionsobjekt betrachtet. Erfahrungsgemäß werden der gute Name des Unternehmens, der Standort, die Betriebsimmobilie, der Kundenstamm, die Belegschaft und auch der persönliche Service vom Veräußerer wesentlich überhöht eingeschätzt, der sich aber häufig nicht in den entsprechenden Erfolgsgrößen niederschlägt. Diese Einschätzung ist durchaus verständlich, da zum einen die Distanz zum Unternehmen nicht gegeben ist und zum anderen der für die Wertermittlung notwendige Vergleich mit anderen Unternehmen nicht geführt werden kann. Für einen Investor wird das Betriebsvermögen aber mehrheitlich als die für die Wertschöpfung notwendige Infrastruktur und der Goodwill als ersparter Aufwand betrachtet, die über den Wertansatz der freien Liquidität nicht zusätzlich abgegolten werden.

Bei Veräußerungsvorhaben weicht der „**objektivierte**" Unternehmenswert sehr häufig von dem tatsächlich gezahlten Kaufpreis ab, da Verkaufspreise auch für Unternehmen der jeweiligen Marktsituation ausgesetzt sind und aufgrund von Angebot und Nachfrage zustande kommen. In Verbindung mit Unternehmensverkäufen dient die Unternehmensbewertung zur Wertermittlung, um beiden Parteien eine solide Verhandlungsgrundlage an die Hand zu geben. Die Bewertungsproblematik liegt dabei weniger in der richtigen Anwendung der Formel, sondern vielmehr in der sachgerechten Aufarbeitung der Ist-Daten und der Prognose der einzelnen Planwerte. Es kann ein Wertekorridor aufgezeigt werden, der den Verhandlungsspielraum der potenziellen Vertragspartner bestimmt. Das Verhandlungsergebnis ist dann ein Einigungswert, zu dem die Parteien bereit sind, die Transaktion abzuschließen.

Der **„subjektive"** Unternehmenswert, interpretiert im Kontext der **subjektiven Werttheorie** orientiert sich an der **Grenznutzentheorie**, bei der der jeweilige Nutzen eines Gutes von der letzten konsumierten Teilmenge bestimmt wird. Dementsprechend wird sich der Unternehmer für die Wertbestimmung intuitiv primär auf diejenigen Teilbereiche des Unternehmens konzentrieren, die ihn direkt betreffen und möglicherweise dadurch einen direkten monetären Nutzen bezieht, was natürlich auch damit zu tun hat, dass der Verkaufserlös einen großen Teil der individuellen Altersversorgung des Unternehmers ausmacht. Andere Bereiche hingegen würden weniger oder überhaupt nicht in dem Bewertungskalkül mitberücksichtigt werden.

Das signifikante Merkmal der **objektivierten Werttheorie** ist das Loslösen von Personen, um eben subjektive Einflüsse von vorneherein auszugrenzen. Bewertet werden die Eigenschaften von der Summe aller Bewertenden.[7] Demnach ist der objektive Wert der **Marktpreis**, der wiederum aber auch von Marktteilnehmern mit fehlenden oder auch falschen Informationen besetzt sein kann. Für nicht börsennotierte Unternehmen ist aber gerade das Fehlen einer Vielzahl von Marktteilnehmern das entscheidende Kriterium für die Schwierigkeit der Kaufpreisbestimmung, da bei dem Aufeinandertreffen von Käufer- und Verkäuferinteressen bei der Wertbestimmung mit unterschiedlichen Methoden gerechnet wird, so dass unterschiedliche Unternehmenswerte die jeweilige Wertposition bestimmen. Genauso kann die Bewertungsmethodik gleich sein, es werden aber aufgrund von Unerfahrenheit, aus persönlichen oder auch strategischen Gründen unterschiedliche Basisdaten und Parameter verwendet, die wiederum zu unterschiedlichen Wertpositionen führen. Heraushelfen aus dem skizzierten Bewertungsdilemma wird dann nur noch ein neutraler Dritter,[8] der einen so genannten **Schiedswert** bestimmt, dessen **Wertekorridor** dann ausschließlich mit der Anwendung von unterschiedlichen **Bewertungsverfahren** zustande kommt.

Vor dem Herangehen an die Wertermittlung des Zielunternehmens wird der Zweck dafür bestimmt, der wiederum die Grundlage für die **funktionale Werttheorie** bildet. Die folgende Abbildung fasst die unterschiedlichen Positionen und sich daraus ergebenden Funktionen des Unternehmenswertes zusammen.[9]

---

[7] Vgl. hierzu IDW 2008 (29), S. 9: „*Der objektivierte Unternehmenswert stellt einen intersubjektiv nachprüfbaren Zukunftserfolgswert aus der Sicht der Anteilseigner dar. Dieser ergibt sich bei Fortführung des Unternehmens auf Basis des bestehenden Unternehmenskonzeptes und mit allen realistischen Zukunftserwartungen im Rahmen der Marktchancen, -risiken und finanziellen Möglichkeiten des Unternehmens sowie sonstigen Erfolgsfaktoren. ...*".

[8] Vgl. hierzu auch IDW 2008 (12), S. 5, in dem die verschieden Positionen eines Wirtschaftsprüfers aufgegriffen werden. In seiner Funktion als „neutraler Gutachter" ermittelt dieser einen objektivierten Unternehmenswert, als „Berater" einen subjektiven Entscheidungswert, wohingegen dieser als „Schiedsgutachter/Vermittler" einen Einigungswert feststellt oder vorschlägt.

[9] Wirtz (2003) legt den Schwerpunkt auf die Perspektive des Käufers, mit den neben dem Transaktionsprozess notwendigen Vertiefungen auf die Darstellung der Phasen „Post Merger Integrationsmanagement" und „Demerger Management".

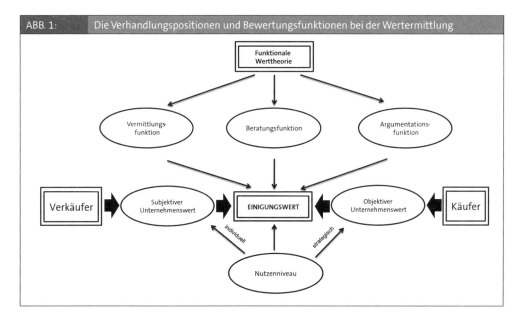

ABB. 1: Die Verhandlungspositionen und Bewertungsfunktionen bei der Wertermittlung

Die drei meist diskutierten Funktionen des Unternehmenswertes sind die **Vermittlungs-**, **Beratungs-** und **Argumentationsfunktion**, was letztlich dazu führt, dass in den Verhandlungen beim Gegenübersitzen von Verkäufer und potenziellem Investor alle drei Funktionen des Unternehmenswertes abwechselnd eine Rolle spielen. Das Ziel ist, innerhalb des entstehenden Wertekorridors mit Hilfe von Verhandlungsforderungen und Zugeständnissen einen Kaufpreis zu ermitteln, der am Ende vom Verkäufer akzeptiert und vom Käufer auch gezahlt wird bzw. gezahlt werden kann. Dieser wird als **Einigungswert** definiert und ist in den wenigsten Fällen mit dem arithmetischen Mittel der beiden Verhandlungseckwerte identisch.

Sehr häufig kommt aber auch ein Kaufpreis zustande, der weitab des auf einer rationalen Basis einer Bewertung gerechneten Unternehmenswertes liegt, also im Extremfall zu einem Kaufpreis führen kann, der jenseits der gerechneten Wertermittlung liegt, somit sich je nach der zum Verhandlungszeitpunkt vorhandenen **Angebots-** und **Nachfragesituation** richtet. Insgesamt wird es bei der praktischen Anwendung immer wieder Abweichungen von Werteinschätzungen geben, da gerade die normalerweise vollkommen unterschiedliche monetäre Interessenslagen zwischen Verkäufer und Käufer unterschiedliche Bewertungsverfahren, Basisgrößen und Parameter provozieren und demzufolge unterschiedliche Unternehmenswerte das Ergebnis sind, die dann entsprechend zu einem Einigungswert bzw. Kaufpreis verhandelt werden müssen. Ein echter **Werttreiber** für einen Unternehmer, der sein Unternehmen verkaufen möchte, ist aber in jedem Fall der richtig gewählte Verkaufsprozess, der im Folgenden besprochen werden wird.

II. Verkaufsprozess

1. Die am Prozess beteiligten Akteure

Der Prozess der Veräußerung eines mittelständischen Unternehmens ist normalerweise kein streng rational ablaufender Desinvestitionsvorgang, sondern eine Angelegenheit, bei der Menschen in unterschiedlichen Rollen und Interessen zusammenkommen, um gemeinsam eine für alle Beteiligten zufriedenstellende Gesamtlösung zu entwickeln. Dabei werden die beiden Hauptakteure, Verkäufer und Käufer, von Beratern und auch manchmal von Intermediären unterstützt.

1.1 Verkäufer und Käufer

Für einen mittelständischen Unternehmer ist die Veräußerung seines Unternehmens ein für ihn einmaliger Vorgang, der in den meisten Fällen am Ende des beruflichen Lebenszyklus steht. Mögliche Gründe und Motive wurden in den obigen Ausführungen bereits dargestellt. Für einen Großteil aller durchgeführten Transaktionen ist aber bezeichnend, dass die **Übertragung der Eigentumsanteile** auf den Investor im Verhandlungs- bzw. Vertragsabschlussjahr sehr häufig rückwirkend zum 1. Januar des entsprechenden Abschlussjahres vollzogen wird, die operative Verantwortung aber noch während der nächsten ein bis drei Geschäftsjahre bestehen bleibt. Die Gründe dafür sind vielfältig. Zum einen muss das akquirierte Unternehmen in die **Konzernstruktur** integriert werden, was üblicherweise mit der Einführung eines abzustimmenden Controlling- und Rechnungslegungssystems, mit der Koordination von Beschaffungs-, Produktions- und Absatzaktivitäten und der Integration der Mitarbeiter in die neu zu schaffende Organisation einhergeht. Zum anderen werden in den Vertragsverhandlungen vom Käufer eher Zugeständnisse in Bezug auf einen **höheren Kaufpreis** gemacht werden können, wenn dieser nicht sofort bei Anteilsübertragung, sondern verteilt erst in den späteren Geschäftsperioden zu Auszahlungen führen (**Earn Out-Regelung**).[10]

Ein Teil des vereinbarten Kaufpreises wird bei der Übertragung der Gesellschaftsanteile oder beim Einbringen in eine neue operative Gesellschaft, einer so genannten NewCo, zurückbehalten und in Abhängigkeit der zukünftigen operativen Ergebnisse nach einem vorher verhandelten und mit Ober- und Untergrenzen festgelegten **Auszahlungsplan** ausbezahlt. Man sollte meinen, dass für den Unternehmer, außer dass er einen größeren Geldbetrag auf seinem Konto im Gegenzug für seine Anteile hat, die operative Situation unverändert geblieben ist. Aus den Beobachtungen vieler Transaktionen der letzten Jahre ist sehr häufig eine **Veränderung in der Rolle des Unternehmers** als operativ Verantwortlicher festzustellen. Rein formal wird er zum angestellten Manager eines Konzerns. Funktional ist die Rolle des Geschäftsführers auch genauso auszufüllen wie vorher in Eigenregie.

Das unternehmerische Handeln ist aber auf Visionen und klaren Zielvorstellungen aufgebaut, die mit einer gewisser Eitelkeit und auch Egoismus entwickelt und begleitet werden. Das steht nach einer erfolgreichen Transaktion aber sehr häufig im Widerspruch zu den Bedingungen eines **Geschäftsführervertrages**, wie monatliche Berichterstattung an die Muttergesellschaft über das operative Ist- und Plangeschäft, die Investitionsvorhaben, die Finanzierungs- und Kapitalstruktur,

---

10 Vgl. hierzu Kapitel II.2.4.2 „Vertragsverhandlung".

die Personalbeschaffung und -herauslösung, genauso aber auch Arbeitszeitregelung, Urlaubsanspruch, Spesenbudget und am langen Ende in der Dienstwagenverordnung gipfelt, die sehr häufig analog der vorhandenen Konzernregelungen umgesetzt werden. Der Verkäufer wird plötzlich mit einer Situation konfrontiert, die für ihn in dieser Form nicht nur ungewohnt ist, sondern sich auch manchmal gegen die persönliche Disposition richtet. Damit sind Stressmomente im Beziehungsgeflecht zwischen Konzernleitung und jetzt angestellten Manager die häufige logische Konsequenz, die dann durchaus zu einer vorzeitigen Vertragslösung kommt oder auch die **Rückabwicklung** zur Folge hat. In vielen Fällen ist diese Möglichkeit als eigener Paragraph im Unternehmenskaufvertrag mit aufgenommen, den dann jede Partei zwar unterschreibt, aber doch fest damit rechnet, dass so ein Szenario niemals eintreten wird und der Vertrag nicht aus der Schublade herausgeholt werden muss, um etwaige Ansprüche zu befriedigen.

Demgegenüber gibt es natürlich auch Transaktionen, die sich komplett in die positive Richtung hin entwickeln. Der ehemalige Unternehmer erlebt eine zweite **Karriere als Konzernmanager** im obersten Führungskreis des Unternehmens. Das ist dann der Fall, wenn nach der erfolgreichen Integration des gekauften Unternehmens die operative Fortführung durch einen dann eingeführten Fremdgeschäftsführer vom Verkäufer übergeben wurde. Gesetzt den Fall, dass sich das Zielunternehmen analog der Planvorgaben entwickelt, wird zum einen die letzte Kaufpreistranche fällig, zum anderen wäre auch die Berufung in die Vorstandsetage, bspw. als Chef für Vertrieb und dem Erschließen neuer Märkte denkbar. Das ist weniger Handwerk, was auch ein Nichtunternehmer lernen könnte. In derartigen Positionen ist Unternehmer-Know How gefragt, welches in der persönlichen Disposition vorhanden sein muss, um in einem hohen Maße erfolgreich zu sein. Bei weiteren geplanten Akquisitionen des Konzerns kann das potenzielle Zielunternehmen, vor allem in Bezug auf die Qualität des vorhandenen Managements wesentlich kompetenter beurteilt werden, da die Kommunikation dann auf „Augenhöhe" erfolgen kann.[11]

Für den **Käufer**, als handelndes Organ für Investoren im Sinne von Eigenkapitalgebern als Aktionäre oder Ähnliche tätig, ist die Akquisition von Unternehmen eine in aller Regel eher routinierte Angelegenheit, deren Prüfung ein auch zu einem großen Teil **standardisiertes Vorgehen** mit sich bringt, was nicht heißen soll, dass es nur standardisierte Lösungsansätze des Transaktionsdesigns gibt. Ganz im Gegenteil. Jedes einzelne Akquisitionsvorhaben hat spezifische Problemstellungen, die erfasst, beurteilt und für beide Parteien zufriedenstellend gelöst werden müssen. Unterschiedliche Wertvorstellungen wurden im obigen Kapitel bereits angesprochen. Andere wichtige Parameter sind die mit der Akquisition verbundenen Synergieeffekte und der „Fit" in der gesamten strategischen und operativen Ausrichtung des Zielunternehmens in Bezug auf den Konzernverbund. Im Folgenden wird versucht, die für den Käufer relevanten Motive zu systematisieren, welche in leistungswirtschaftliche, finanzwirtschaftliche und persönliche Motive unterteilt werden können.

Im **leistungswirtschaftlichen Bereich** wird bei der Formulierung von strategischen Zielen der Begriff **Synergieeffekt**, also die Tatsache, dass die Wertschöpfung zweier zusammengehöriger Unternehmen größer ist als nur die bloße Additionssumme des Einzelnen, immer wieder deutlich

---

[11] Als prominentestes Beispiel für eine zweite Karriere kann René Obermann genannt werden, der nach dem Verkauf seiner Unternehmensanteile eines Mobilfunkproviders an Hutchison Mobilfunk über die Geschäftsführung der T-Mobile Deutschland GmbH im November 2002 in den Vorstand der Muttergesellschaft Deutsche Telekom AG berufen und wenig später zum Vorstandsvorsitzenden ernannt wurde.

herausgestellt. Dieser lässt sich in eine quantitative und eine qualitative Komponente aufteilen. Die **quantitative** Auslegung ist in diesem Zusammenhang sehr stark verbunden mit dem Wertansatz der Fixkosten, zum einen, da bei der Produktion höherer Stückzahlen **Degressionseffekte** entstehen, zum anderen da über die Beschaffung größerer Losmengen eine stärkere Verhandlungsposition in Bezug auf Mengenrabatte ausgenutzt werden kann. Auch kann die Gesamtproduktion auf einzelne Produktionsanlagen gebündelt werden, die dann entsprechend unter einer optimierten Vollauslastung produziert. Derartige Skalierungseffekte werden dann auf der Absatzseite über das Weitergeben niedrigerer Preise für den Verbraucher sichtbar.

Die **qualitative** Komponente schafft ein differenzierteres Angebotsspektrum im Sinne einer **Angebotsvollkommenheit**, um die am Markt artikulierten Bedürfnisse der Kundschaft optimal bedienen zu können. Vor dem Treffen einer Investitionsentscheidung sollten Synergieeffekte monetär bewertet werden können, was aber in den seltensten Fällen geleistet werden kann, da Annahmen darüber getroffen werden müssen, in wie weit das Käuferunternehmen seine Marktposition nach der Transaktion festigen oder unter Umständen sogar erweitern kann. Fundierte Studien als Feldforschungen, die eine monetäre Größe bewerteter Marktpositionierungen als Ergebnis haben, sind bis jetzt nur im Ansatz vorhanden. Anhand von Untersuchungen mit börsennotierten Unternehmen hingegen ist eindeutig belegt, dass die einzelnen Marktteilnehmer nicht bereit sind, eine Zusatzprämie für entstehende Synergien zu bezahlen, was sich demzufolge nicht in einem höheren Börsenkurs bzw. einer höheren Marktkapitalisierung des gelisteten Unternehmens niederschlägt. Der primäre monetäre Niederschlag ist in entsprechend **höheren Umsatzerlösen** oder in einzelnen **reduzierten Kostenpositionen**, was aber erst subsidiär zu einem höheren Unternehmenswert führen wird, da sich die entsprechend heranzuziehenden Ertragsgrößen positiv entwickeln müssen. Nach dem IDW[12] werden für den potenziellen Käufer die eingeleiteten (echten) sowie die geplanten (unechten) Synergieeffekte für die Ermittlung eines subjektiven Entscheidungswertes einbezogen.

Auch in Bezug auf den **finanzwirtschaftlichen Bereich** im Kontext kapitalmarktrelevanter Erfordernisse bezüglich der Kapitalbeschaffung ist ein wichtiges Motiv das Erreichen kritischer Größen. Sehr häufig ist das dann im Zusammenhang mit einem Börsengang. Für ein erfolgreiches Debüt auf dem Börsenparkett bedarf es einer stimmigen Equity Story, die quantitative Mindestanforderungen, wie Umsatzgröße, Marktanteile und die Anzahl an Mitarbeitern erfüllen muss, genauso aber auch qualitativer Komponenten wie eine aktuelle Produktvielfalt, Diversifizierungsstrategie und künftiges Produktpotenzial, welche über die dafür relevanten Forschungs- und Entwicklungsaktivitäten zum Ausdruck gebracht werden. Das Phänomen „Managementeitelkeit" ist mit quantitativen und qualitativen Parametern nicht erfassbar und muss an dieser Stelle abseits ökonomischer Zielvorstellungen betrachtet werden.

Ein wesentlicher Faktor im Zusammenhang mit den **persönlichen Motiven** der Entscheidungsträger für den Zukauf von Unternehmen ist die Annahme eines vergrößerten Einflussbereiches des Managements, sei es in Bezug auf das operative Geschäft, sei es aber auch in der Führungsverantwortung von weiteren Mitarbeitern. Beides wiederum soll einer Festigung der eigenen Position dienen und letztlich die Ausgangslage für das Verhandeln der eigenen Ansprüche positiv beeinflussen. Gerade nach einem erfolgreichen Börsengang des Unternehmens wird dem Manage-

---

12   IDW 2008 (50f), S. 12 f.

ment von Seiten der Eigenkapitalgeber erheblich Druck ausgeübt, die Expansion des Unternehmens entsprechend voranzutreiben, um die gewünschte **Verzinsung des eingesetzten Kapitals** für sie zu erreichen. Das bedeutet nichts anderes als das renditeorientierte Investieren der jetzt im Unternehmen vorhandenen liquiden Mittel. Da das interne, so genannte organische Wachstum einen längeren Zeitraum einnimmt, ist die Unternehmensführung auf Zukäufe angewiesen und natürlich bemüht, sich entsprechend auf dem Markt nach Übernahmekandidaten umzusehen.

In diesem Zusammenhang muss natürlich kritisch angemerkt werden, dass eine Begrenzung des vorhandenen Unternehmensrisikos, wie es aus der **Portfoliotheorie** bekannt ist, nur bedingt möglich ist. Eine Reihe von Beobachtungen und Untersuchungen zeigen immer wieder, dass die Wertentwicklung von Unternehmen über das Generieren von Fusionen und Akquisitionen nur sehr eingeschränkt zum Erfolg führt. Dabei ist es nicht unbedingt nötig, nur in den Medien spektakulär erfasste Transaktionen, wie bspw. die Fusion der beiden Großunternehmen Daimler und Chrysler als Beleg heranzuziehen. Eine Vielzahl von mittelständischen Unternehmen, die nach erfolgter Transaktion in einer Konzernstruktur integriert wurden, erwirtschaftet nicht annähernd die gleiche positive Performance wie zu Zeiten ihrer Eigenständigkeit.

Aufgrund der Tatsache, dass die betriebliche Wertschöpfung mit der richtigen Ressourcenallokation erreicht wird, um den Ansprüchen der Share- und Stakeholder gerecht zu werden, muss das Management, insbesondere von kapitalmarktorientierten Unternehmen, Maßnahmen ergreifen, die zu einer Steigerung des Unternehmenswertes beitragen können. Es wird die Rendite der eingesetzten Vermögenswerte quantifiziert, die über den Kapitalkosten liegen sollten bzw. müssen. Geistiger Vater der heute von vielen kritisierten **Shareholder-Value**-Lehre ist der Amerikaner Alfred Rappaport, heute 81-jährig, der in seiner Zeit als Professor an der Northwestern University in Chicago das Buch „Creating Value, The New Standard for Business Reporting"[13] veröffentlicht hat. Er quantifiziert den Unternehmenswert mit der Summe diskontierter Zahlungsüberschüsse, von denen die Netto-Finanzverbindlichkeiten in Abzug gebracht werden. Im Zusammenhang mit Akquisitionen von Unternehmen oder Unternehmensanteilen ist die Mindesterwartung an die Rendite die Höhe der Kapitalkosten, die sich aus den Eigen- und Fremdkapitalkosten zusammensetzt.

Die Entscheidungsträger börsennotierter Unternehmen stehen unter dem Zwang, den so genannten „äußeren Wert", der sich über die notierte Marktkapitalisierung (Produkt aus Börsenkurs und Anzahl der Aktien) abbildet mit dem **„inneren Wert"**, erfasst über eine auf Plandaten basierte Unternehmensbewertung in Einklang zu bringen. Fällt die Marktkapitalisierung des Unternehmens höher aus als das Ergebnis einer auf Plandaten basierten Unternehmensbewertung (bspw. mit der DCF-Methode) gilt das Unternehmen als überbewertet. Das Management genießt einen **Vertrauensvorschuss**, den es einzulösen gilt, indem es den inneren Unternehmenswert steigert. Der „Ergebniszukauf" mittels der Akquisition eines Unternehmens wird in einer derartigen Situation sehr häufig als eine Alternative gegenüber dem internen Wachstum entschieden. Eine Unterbewertung wird dagegen als eine **Vertrauenslücke** interpretiert.

---

13   Rappaport 1986.

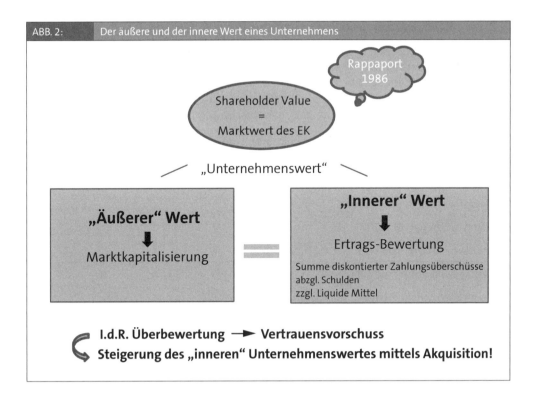

ABB. 2: Der äußere und der innere Wert eines Unternehmens

In aller Regel ist es dann nur eine Frage der Zeit, bis das Papier auf der Empfehlungsliste des Finanzsektors steht und die Investoren mit entsprechenden Kauforders den Aktienkurs anheizen und damit die Marktkapitalisierung in die Höhe treiben. Das Dogma der Risikostreuung kann auch gebrochen werden, wenn man überlegt, dass die Anteilseigner auf der Individualebene ihre Diversifikationsstrategie individuell wesentlich effektiver gestalten können. Dabei sind sie eben nicht nur auf eine bestimmte Branche angewiesen, sondern können sich bei der Zusammenstellung eines diversifizierten Aktienportfolios individuell einen Mix aus den Papieren unterschiedlicher Branchen zusammenstellen. Konsequenterweise ist das auch zu wesentlich geringeren Transaktionskosten möglich.

Die meisten Unternehmenstransaktionen werden aufgrund ihrer Komplexität oder speziellen Problemstellung von externen Beratungsdienstleistern unterstützt, deren wesentliches Wirken in der Akquisitionsphase, also zwischen dem Initiieren des Kontaktes zwischen Verkäufer und Käufer und dem so genannten Closing, also dem Abschluss der Transaktion in Form der notariellen Beurkundung der Übertragung der Gesellschaftsrechte, liegt. Je nach Mandatsvolumen reicht die Bandbreite der involvierten Intermediäre vom so genannten „One Man Show-Broker", bspw. die lokal ansässige Steuerberatungs- oder Rechtsanwaltskanzlei, bis hin zu den großen international tätigen Investmentabteilungen der Banken, die im Folgenden, gegliedert nach ihrer Verbundenheit innerhalb eines M&A-Prozesses, vorgestellt werden.

1.2 Vermittler, Banken und Wirtschaftsprüfer

Für einen mittelständischen Unternehmer wird das Thema Unternehmensveräußerung nicht immer von innen heraus artikuliert, sondern auch häufig von außen herangetragen. Vom eigenen Steuerberater, vom betreuenden Bankmitarbeiter oder von Akteuren aus dem privaten Umfeld werden häufig auch Anstöße zur Unternehmensveräußerung gegeben. Die Frage, die sich dann unmittelbar anschließt ist, wer soll diesen Gesamtprozess kompetent begleiten?

Seit den 1980er Jahren haben sich auch in Deutschland zunehmend so genannte **M&A-Boutiquen**, wie bspw.[14]

- Allert & Co. GmbH, Mannheim
- Angermann M&A International GmbH, Hamburg
- Aquin & Compagnie AG, München
- Aschenbach Corporate Finance GmbH, München
- C-H-Reynolds Corporate Finance AG, Frankfurt
- Concentro Management AG, Nürnberg
- Ferber & Co. GmbH, München
- Hübner Schlösser & Cie, Grünwald
- IEG (Deutschland) GmbH, Berlin
- IMAP M&A Consultants AG, Mannheim
- InterFinanz GmbH, Düsseldorf
- IPONTIX Equity Consultants GmbH, Frankfurt
- Lincoln International AG, Frankfurt
- Mayerhöfer & Co Corporate Finance Beratung GmbH, Frankfurt
- M&A International GmbH, Kronberg
- Network Corporate Finance GmbH, Düsseldorf
- Quest Consulting AG, Rosenheim
- Rödl Consulting AG, Nürnberg

entwickelt, die, manchmal spezialisiert auf einzelne Branchen, einen umfassenden Marktüberblick über die Vielfalt der in Frage kommenden Käufer und über Kenntnisse der Unternehmenswertfindung und Prozessdurchführung verfügen. Die Gruppe der bankenunabhängigen Unternehmen, die M&A-Dienstleistungen anbieten können, sind als Unternehmensvermittler oder Broker tätig, die ihre Mandatsgrundlage auf einen Maklervertrag nach § 652 BGB stützen. Bei einer verkäuferseitigen Mandatserteilung erstreckt sich das **Leistungsspektrum** häufig auf:

---

[14] Eigene Beobachtungen, ergänzt um Unternehmen aus FINANCE Magazin 2013, abgerufen am 26. 6. 2013.

- die Identifikation und die Ansprache potenzieller Käufer
- die Erstellung eines Verkaufsmemorandums mit allen für eine erste Kaufpreisindikation relevanten Daten
- die Bewertung des Unternehmens mit verschiedenen Wertermittlungsverfahren, um den Verhandlungsspielraum einschätzen zu können
- die Moderation der Gespräche zwischen Verkäufer und Käufer
- das Festhalten der wichtigsten Verhandlungspositionen für die vom Käufer zu erstellende Absichtserklärung
- die Moderation der Due Diligence
- die Mitgestaltung der Übernahmeverträge, gemeinsam mit den beauftragten Rechtsanwälten und Steuerberatern
- das strategische Agieren, besonders in sehr angespannten Verhandlungssituationen als Vertreter für den Verkäufer aufzutreten, um die Ergebnisse emotionslos und strukturiert zur Entscheidung aufzuarbeiten und vorzulegen
- die Protokollierung der notariellen Beurkundung der Transaktion

Die Erfahrungen einzelner Transaktionen zeigen in diesem Zusammenhang aber sehr deutlich, dass diese Branche alles andere als homogen ist. Es gibt Marktteilnehmer, die sich ausschließlich auf das Vermitteln von Kontakten beschränken, während andere ein Komplettangebot im Kontext des oben aufgezählten Leistungsspektrums für den Verkäufer generieren. Zwar liegt dem einzelnen Mandat ein Maklervertrag zugrunde, die Mandatserteilung und auch die Honorarzahlung werden ausschließlich von einer Partei vollzogen. Im Zusammenhang mit Finanzkäufern kommt es vereinzelt vor, dass man dem herantragenden Beratungsunternehmen, selbst wenn dieses exklusiv für den Verkäufer tätig ist, eine so genannte „**Finders Fee**" bezahlen muss.

Die **Honorierung** ist üblicherweise erfolgsabhängig und in der Höhe ein vorher vereinbarter Prozentsatz von der Transaktionssumme. 3 % bis 5 % der verhandelten Transaktionssumme für ein Erfolgshonorar sind branchenüblich. Durchaus häufig ist auch eine Vorabvergütung, in der Branche als „**Retainer**" bezeichnet, um das Mandat in Bezug auf die Käuferrecherche, die Unternehmensbewertung und die Exposéerstellung zu entwickeln.

Das Mergers & Acquisitions-Geschäft hat in Deutschland insgesamt erst in der zweiten Hälfte der 1990er Jahre so richtig an Aufmerksamkeit gewonnen. Ein großer Leistungsvorteil der großen Beratungshäuser in Bezug auf eine verkäuferseitige Mandatserteilung ist die Möglichkeit der Nutzung eines gut ausgebauten nationalen und auch internationalen Netzwerkes, was eine breite Generierung potenzieller Käufer und auch eine optimale **Transaktionsstruktur** anhand steuerlicher und juristischer Parameter erwarten lässt. Sehr deutlich wird die Beratungskompetenz zum Ausdruck gebracht, wenn, bei käuferseitigen Mandatsverhältnissen, ein Finanzierungsbedarf entsteht, dem dann, quasi aus einer Hand, ganzheitlich und kompetent begegnet werden kann.

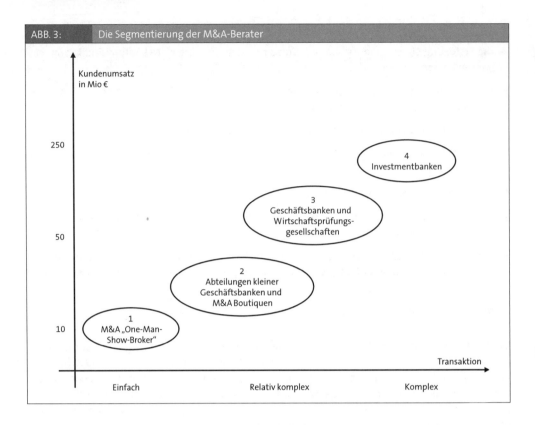

ABB. 3: Die Segmentierung der M&A-Berater

Die neben dem Verkäufer und Käufer auftretenden Akteure werden grundsätzlich dem Banken- und dem Nichtbankensektor zugeordnet. Die **Investmentabteilungen** der Universalbanken agieren als so genannte **Full Service Anbieter**. Diese bieten die gesamte Beratungs- und Problemlösungskompetenz an, die im Rahmen einer Transaktion auftreten können. Der wesentliche Unterschied zum Nichtbankensektor ist die Möglichkeit zum Generieren von verschiedenen Varianten zur klassischen **Akquisitionsfinanzierung** aus einer Hand sowie **Beteiligungs-** und **Risikokapitalfinanzierung**, was den Banken ermöglicht, käuferseitig ein kompetentes Beratungspaket anzubieten. In Deutschland sind, wie bereits erwähnt, in diesem Beratungssegment die erfolgreichsten zehn Häuser Morgan Stanley, JP Morgan, Credit Suisse Group AG, Lazard Ltd., Evercore Partner Inc., Goldman Sachs & Co, Deutsche Bank AG, Rothschild, Citygroup, UBS AG sowie Macquarie Group Ltd.

In Bezug auf die notwendige Integration von steuerlichen und juristischen Beratungsinhalten müssen auch die Geschäftsbanken das Leistungsspektrum mit dem Know How der Steuerberater, Wirtschaftsprüfer und Rechtsanwälte komplettieren. Die Rolle der Vertreter der steuerberatenden Berufe erstreckt sich im Wesentlichen auf das Erstellen testierter Jahresabschlüsse, welche als fundierte Basis für eine notwendig werdende Unternehmensbewertung zugrunde gelegt werden können. Im Zusammenhang mit der Erstellung von Bewertungsgutachten ist es auch die Aufgabe des Wirtschaftsprüfers, die vom Unternehmen genannten Planungsgrößen unter der Zuhilfenahme von Plausibilitätsprüfungen und Sensitivitätsanalysen kritisch zu hinterfragen und entsprechend zu gewichten. Nach dem IDW[15] hat sich der Wirtschaftsprüfer in einem **Bewertungsgutachten** klar zu positionieren, inwieweit und mit welchen Konsequenzen vereinfachte Preisfindungen, wie die einzelnen Varianten der Vergleichswertverfahren, wie bspw. die „Multiplikatorenmethode", die in Kapitel V.4.1 noch ausführlich besprochen wird, herangezogen werden können.

Das Institut der Wirtschaftsprüfer e. V. (IDW) hat im IDW Standard „Grundsätze zur Durchführung von Unternehmensbewertungen (IDW S 1 i. d. F. vom 2. 4. 2008) **Mindestanforderungen** für die Erstellung von Bewertungsgutachten vorgeschlagen. Dazu zählen die Bestimmung eines eindeutigen Unternehmenswertes bzw. das Festlegen eines **Wertekorridors**, um die Grenzpositionen der am Verhandlungstisch vertretenen Positionen bestimmen zu können. Die verwendeten Bewertungsverfahren sind in diesem Zusammenhang nicht nur zu beschreiben, sondern genauso die verwendeten zukünftigen finanziellen Überschüsse auf ihre **Plausibilität**, gerade in Bezug auf die geprüften Jahresabschlüsse, hin zu überprüfen. Das gilt im Besonderen auch für den verwendeten **Diskontierungssatz**, der natürlich im Einklang mit der aktuellen Börsenentwicklung sein muss. Insgesamt kann der Wirtschaftsprüfer bei der Wertermittlung des Unternehmens unterschiedliche Positionen einnehmen.

Die häufigste ist die des **neutralen Gutachters** bzw. **Sachverständigen**, in der die jeweiligen Verhandlungspositionen keine Rolle spielen sollten. In diesem Zusammenhang kann die Synthese zwischen dem subjektiven und dem objektiven Wertansatz als **objektivierter Unternehmenswert** definiert werden. Ein **subjektiver Entscheidungswert** wird bestimmt werden, wenn das Gutachten für eine Verhandlungspartei, also eine Preisobergrenze für den Käufer oder eine Preisuntergrenze für den Verkäufer als Bewertungsergebnis aufweist. Der Wirtschaftsprüfer ist dann entweder für den Käufer oder Verkäufer als Berater tätig. Ein Vermittlungswert in Richtung **Einigungswert** wird angestrebt, wenn die verhandelnden Parteien einen Transaktionspreis zwischen ihren jeweiligen Grenzwerten anstreben. Bei der im Anschluss an die Absichtserklärung durchzuführenden Bücherprüfung im Rahmen der „**Financial Due Diligence**", die als Kaufprüfung zum Ziel hat, die in den Verhandlungen besprochenen Sachverhalte anhand der Originalbelege und Buchungsvorgängen zu überprüfen, nehmen die vom Käufer beauftragten Wirtschaftsprüfer eine zentrale Rolle innerhalb des Transaktionsprozesses ein.

Die Kollegen der Jurisprudenz, im Wesentlichen die Vertreter großer international tätiger Anwaltskanzleien, werden vom Käufer für die Kaufvertragsgestaltung und für die Durchführung der „**Legal Due Diligence**" beauftragt. In diesem Zusammenhang muss dann konsequenterweise auch herausgestellt werden, dass die großen Wirtschaftsprüfungsgesellschaften im Vergleich zu den Geschäfts- und Investmentbanken kein „Full-Service-Angebot" für ihre Kundschaft bereitstellen und deshalb im Wesentlichen auch nur als Vermittler fungieren.

Die Anbieter von M&A-Dienstleistungen nutzen für ihre Legitimation die geringe Transparenz des M&A-Marktes, um dann innerhalb des Kontaktnetzwerks Transaktionen zu generieren. Für eine erfolgreiche Mandatsbegleitung zählen neben Fachwissen und Diskretion eine Vielzahl persönlicher Kontakte und Verbindungen, die genutzt werden, um entsprechend interessante Käufer an den Verhandlungstisch zu bringen, mit denen dann der Transaktionsprozess abgewickelt werden kann. Dieser wird üblicherweise in einzelne Prozessphasen gegliedert.

---

15 IDW 2008 (169), S. 33.

2. Die einzelnen Prozessphasen

Die Begleitung einer Transaktion, die normalerweise einen Zeitraum von neun bis fünfzehn Monaten in Anspruch nimmt, umspannt den **M&A-Prozess** von dem Entschluss des Unternehmers sein Unternehmen verkaufen zu wollen bis zum Notartermin (**Closing**), bei dem die Beurkundung der Übertragung der Gesellschaftsanteile stattfindet.

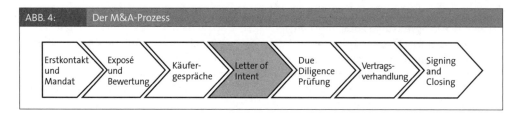

ABB. 4: Der M&A-Prozess

2.1 Vorbereitungsphase

Ein sehr wichtiger Parameter für eine erfolgreiche Unternehmensveräußerung ist der **richtige Veräußerungszeitpunkt**. Aus makroökonomischer Sicht ist in konjunkturstarken Geschäftsjahren, wie sie am Ende der 1990er Jahre herrschten, induziert aufgrund eines Nachfrageüberhangs ein besserer Kaufpreis zu erzielen, als in Jahren schwacher konjunktureller Entwicklungen. Ein guter **Indikator ist die Börse**, da in der Branche eine Korrelation zwischen hohen Börsenkursen und hohen Kaufpreiszahlungen zu beobachten ist. Das **Kurs-Gewinn-Verhältnis**, die so genannten **Price-Earnings-Ratio**, die an der Börse erzielt wurden, waren in der zweiten Hälfte der 1990er Jahre bei durchschnittlich etwa 25. Die Kaufpreise für mittelständische Unternehmen waren zwar auch sehr hoch, aber nicht annähernd bei dieser Größenordnung, da die Anteile aufgrund des wesentlich höheren Veräußerungsaufwandes weniger fungibel sind.

Die börsennotierten Käufer aus der Branche haben in einer Boomphase üblicherweise eine höhere Marktkapitalisierung, die es ihnen leichter macht, über Kapitalerhöhungen die für potenzielle Akquisitionen notwendigen finanziellen Mittel einzunehmen. Auch der Bankensektor ist in den Phasen stabiler Konjunkturdaten stärker bereit, die notwendigen Fremdkapitalanteile bereitzustellen.

Die **Marktkapitalisierung** als das Produkt aus Börsenkurs und der Anzahl der Aktien ist der Unternehmenswert, der an der Börse durch Angebot und Nachfrage bestimmt wird. In Bezug zum erwirtschafteten Gewinn des Unternehmens wird das **KGV** (Kurs-Gewinn-Verhältnis) ermittelt, das bei den im DAX notierten Unternehmen bei einem soliden Marktumfeld mehrheitlich zwischen zwölf und fünfzehn ausfällt. Ist es wesentlich höher, gilt die Aktie als überbewertet, die Kapitalgeber versehen das Unternehmen und dessen Management mit einem **Vertrauensvorschuss**, während ein geringeres KGV eine Unterbewertung, also eine **Vertrauenslücke** zum Ausdruck bringt.

Mikroökonomisch betrachtet, also auf der Ebene des zu verkaufenden Unternehmens, sollte nicht nur der Zeitraum der Veräußerung ertragsstark sein, sondern der wirtschaftliche Erfolg über einen Zeitraum der vergangenen drei Jahre dokumentiert werden können. Ein **nachhaltiges Wachstum**, belegt mit Planbilanzen über die nächsten drei Jahre, lässt käuferseitig eine Einschätzung über die Amortisationsdauer zu. Dazu gehört auch, dass anstehende Ersatz- oder Erweiterungsinvestitionen, in Bezug auf die künftige Integration vom Veräußerer wohlüberlegt sein müssen.

Investitionen oder bilanzpolitische Maßnahmen in Bezug auf die Gestaltung der bilanziellen Abschreibungen und Rückstellungen, die ausschließlich eine Optimierung der Steuerlast zum Ziel haben, sollten auf jeden Fall vermieden werden. Dagegen tragen der **Abbau von zinstragenden Verbindlichkeiten**, wie bspw. bei Darlehen und Kontokorrentkrediten sowie das Initiieren von sinnvollen **Kostensenkungsprogrammen** zu einer Steigerung des Unternehmenswertes bei. Wie in den Ausführungen zur Unternehmensbewertung[16] noch gezeigt wird, führt eine Erhöhung der so genannten Werttreiber über eine Erhöhung der jährlichen Cashflow-Erlöse zu einem höheren Unternehmenswert.

Ohne einen direkten Einfluss auf den rechnerisch ermittelten Unternehmenswert ist aber dennoch eine schlanke und **funktionierende Organisation** ein unverzichtbarer Parameter bei der Beurteilung von Akquisitionsvorhaben. Der mittelständische Unternehmer, der sehr häufig in den Rollen des Gründers, Mehrheitseigentümers, Geschäftsführers, Produktinnovator und oberster Produktverkäufer eine strategische und operative Alleinherrschaft im Unternehmen ausübt, ist gut beraten frühzeitig eine **zweite Führungsstruktur** im Unternehmen einzurichten, um nach der Übergabe an den Käufer eine dauerhafte Managementbindung nicht nur zu initiieren, sondern auch nach dem Ausscheiden die Führungsverantwortung der einzelnen Ressorts auf mehrere „Nachfolger" zu verteilen.

Auf Neueinstellungen in der Planungsphase sollte verzichtet werden, da der Käufer die Möglichkeit haben muss, diesen Prozess zu Gunsten der gesamtorganisatorischen Einbindung zu beeinflussen. Auch auf eine umfassende Information der Mitarbeiter wäre in dieser Phase zu verzichten, da nicht nur mit einer gewissen Unruhe, sondern auch mit Neuorientierung der leistungsstarken Mitarbeiter zu rechnen ist. Einzelne Mitarbeiter, wie bspw. die Leitung des Rechnungswesens, sollten wegen der Notwendigkeit der Datenbereitstellung informiert werden. Die Planungsphase mündet zu der Überlegung, wie der Veräußerungsprozess gestaltet werden soll. In den meisten Fällen ist es sinnvoll, einen Berater zu beauftragen, der den gesamten Prozess koordiniert und fachlich begleitet.

2.2 Akquisitionsphase

Die daran anschließende Akquisitionsphase hat zum Ziel, die für die Veräußerung relevanten Unterlagen zu sichten, zu bewerten und strukturiert aufzubereiten, um am Ende eine sinnvolle individuelle Verkaufsstrategie zu entwickeln.

2.2.1 Mindestunterlagen

Um einem potenziellen Käufer vorab einen möglichst umfassenden Überblick über das zu verkaufende Unternehmen zu verschaffen, ist es ratsam, die folgenden **Unterlagen** heranzuziehen:

▶ Jahresabschlüsse der letzten drei Jahre

▶ Jahresabschlüsse der Komplementär GmbH

---

16 Vgl. hierzu Kapitel V „Bewertungsmethoden".

- Bericht der letzten Betriebsprüfung
- Betriebswirtschaftliche Auswertung des laufenden Jahres
- Planbilanzen des aktuellen und der nächsten zwei Jahre
- Finanzplan der nächsten drei Jahre
- Investitionsplanung
- Kapitalflussrechnung
- Kopie des Gesellschaftervertrages
- Kopie des Handelsregisterauszuges
- Kopie des Grundbuchauszuges
- Pensionsplan und -verträge
- Organigramm und Personalaufstellung
- Firmenprospekt, Festschriften, Pressemappen, Kundeninformationen u. Ä.
- Produktkataloge
- Lageplan
- Luft- und Modellfoto
- Verkehrswertgutachten oder Feuerversicherungsgutachten
- Angemeldete bzw. erteilte Schutzrechte und Patente

Eine starke Gewichtung liegt auf der **Analyse der Jahresabschlüsse** der einzelnen Perioden. Normalerweise liegen die Steuerbilanzen der vergangenen Geschäftsperioden vor, die dann um bilanz- bzw. um steuerpolitische Effekte „**bereinigt**" werden müssen. Planbilanzen, Finanz- und Budgetpläne sowie Kapitalflussrechnungen sind von mittelständischen Unternehmern eher nicht zu erwarten, auch nicht in ihren Grundzügen. Die BWA (Betriebswirtschaftliche Auswertung) des laufenden Jahres ist sehr häufig die einzige Datenquelle, mit der das Datenmaterial für die nähere Zukunft bestimmt werden kann. Für eine sachgerechte Unternehmensbewertung zur Kaufpreiseinschätzung sollte das Management des Unternehmens, gemeinsam mit dem M&A-Berater eine integrierte Planung, also die Zusammenführung einer GuV-Planung mit dem „Cash-Ausweis" in der Bilanz, entwickeln. Beim Verkauf von größeren mittelständischen Unternehmen, die eine konzernähnliche Organisationsstruktur aufweisen, kann hingegen erwartet werden, dass verlässliche Planbilanzen und Budgetrechnungen vorliegen.

2.2.2 Unternehmensanalyse

Untersuchungen und die praktische Erfahrung in den Unternehmen haben gezeigt, dass das Arbeiten mit fünf bis zehn gut ausgewählten und definierten **Leistungskennzahlen** in einem Unternehmen völlig ausreicht. Das Unternehmensmanagement ist gut beraten, die Auswahl und Definition der verwendeten Kennzahlen von den Ergebnissen einer vorangestellten und immer wieder neu adaptierten Unternehmensanalyse abhängig zu machen. Eine Analyse soll im Kontext einer Eigenreflexion erfolgen. Dieses Vorgehen impliziert eine „Nach innen Schau", welche die **Stärken** und **Schwächen** herausfindet und definiert. Dabei geht es wie bei einer humanmedizinischen Analyse bevorzugt nicht um Symptomforschung, sondern um Ursachenforschung, um anhand von Erfolgsfaktoren offen zu legen, welche Teile bzw. Teilbereiche für die Sicherung des Unternehmenserfolges den höchsten Beitrag leisten. Trotz der Kenntnis, dass es für das Herausarbeiten der einzelnen Erfolgsfaktoren keine pauschalen Analysemethoden geben kann, sollen die im Folgenden aufgeführten beispielhaften Erfolgsfaktoren als Denkanstoß verstanden werden.

1. Wo liegen die Kernkompetenzen?
Einzigartigkeit sichert Innovationsvorsprung. Ziel eines jeden unternehmerischen Handelns ist die Erreichung einer soliden Existenzsicherung der im Unternehmen arbeitenden Menschen. Die Interaktion mit der Unternehmensumwelt, dem Zulieferer-, dem Kunden- und dem Finanzierungssystem ermöglicht das Herantasten an Hindernisse und Grenzen. Mit einer klaren Fokussierung auf die definierten **Kernkompetenzen** und einer fundierten **Differenzierungsstrategie** kann das Mitschwimmen in einem Verdrängungsmarkt weitgehend vermieden werden. Ausgangsbasis für ein erfolgreiches Unternehmenskonzept gegenüber der Konkurrenz ist die bessere Lösung für ein bestehendes Problem. Von einer Kernkompetenz sollte erst dann gesprochen werden, wenn das Problemlösungsangebot einen überdurchschnittlichen Beitrag für den Kundennutzen leistet, auf einem breiten Marktsegment dargestellt werden kann und die Eintrittsbarrieren für Mitanbieter entsprechend hoch genug sind.

2. Wie ist die Kapitalstruktur aufgebaut?
Eigenkapital schafft Unabhängigkeit, da es – im Gegensatz zur Kreditierung – keine festen Rückzahlungstermine und Zinszahlungsverpflichtungen nach sich zieht. Natürlich ist abzuwägen, ob sich ein mittelständisches Unternehmen einer zusätzlichen unternehmerischen Einflussnahme unterziehen soll. Als eine echte Alternative kann durchaus daran gedacht werden, ein **Private Equity** im Eigenkapital zu integrieren. Eine Private Equity Gesellschaft als Finanzinvestor erwirbt Gesellschaftsanteile, meistens in Verbindung mit einer Kapitalerhöhung und einer Rückbeteiligung des Unternehmers. Der Private Equity Geber optimiert im Wesentlichen die Kapitalstruktur der Unternehmung und hält sich meist grundsätzlich aus dem operativen Tagesgeschäft heraus. Nach einer Haltedauer des Investments von etwa fünf bis sieben Jahren wird der so genannte „Exit" vorbereitet, also der Weiterverkauf der Gesellschaftsanteile über die Börse, an einen strategischen Käufer, an einen anderen Finanzkäufer[17] oder zurück an den ursprünglichen Unternehmer.

Eine andere Alternative ist die Finanzierung über **Private Debt** bzw. über **Mezzanine Kapital**. Dieses ist eine Art nachrangiges Fremdkapital, welches im Gegensatz zu einer „klassischen" langfristigen Kreditfinanzierung zwar wesentlich teurer ist (Zinssätze bis zu 18 %), für das aber grundsätzlich keine Sicherheiten gestellt werden müssen. Im Gegensatz zur Beteiligungsfinanzierung, also der Eigenkapitalbeschaffung von außen, erfolgt keine Änderung der Gesellschafterstruktur. Sinngemäß ist das eine „Zwischenstockfinanzierung" zwischen Eigen- und Fremdkapital und haftet nachrangig zum übrigen Fremdkapital, im Wesentlichen gegenüber den Bankendarlehen, wird jedoch im Falle von finanziellen Engpässen vor dem Eigentümerkapital bedient.

---

17 Der Weiterverkauf des Unternehmens an einen Finanzkäufer wird als „Secondary Buy-out" bezeichnet.

3. Wie ist die Kostenstruktur aufgebaut?

Fixkosten reduzieren die Flexibilität unternehmerischen Handelns. Auch ohne ein detailliertes Kostenrechnungssystem ist der jeweilige Entscheidungsträger gut beraten, die **Kostenstruktur** des Unternehmens bis ins Kleinste zu analysieren. Dort wo es möglich und sinnvoll erscheint, sollten auch kurzfristig fixe Kosten in variable Kostenbestandteile überführt werden. Warum sich bspw. ein sehr teures Hochregallager leisten und fixe Positionen in Form von Abschreibungen induzieren, wenn ein gewisser Teil an Produktionsspitzen temporär in gemieteten Lagerflächen eingestellt werden kann? Warum nicht auch Gehaltsteile von Mitarbeitern, die nicht im Verkauf tätig sind in eine unternehmenserfolgs- oder auch unternehmenswertorientierte Vergütungsregelung einbinden?

4. Sind die Mitarbeiter Partner des Wertschöpfungsprozesses?

Die Mitarbeiter sind der Kern des Unternehmens. Die Leistungsbereitschaft des einzelnen Mitarbeiters kann nur optimiert werden, wenn das jeweilige innere Gleichgewicht zwischen Be- und Entlastung des Einzelnen erreicht wird. Die Unternehmensorganisation muss mit Mitarbeitern aufgebaut sein, die entsprechend ihrer individuellen Qualifizierung eingesetzt werden, um so die für den einzelnen Arbeitsplatz definierte Aufgabe optimal zu erfüllen. Operationale **Anreizsysteme** sollten entsprechend für alle Mitarbeiter entwickelt werden. Unumgänglich sind periodisch durchgeführte Leistungsbeurteilungen der Mitarbeiter. Die zugrunde gelegten Wertmaßstäbe und Leistungskennzahlen sollen an die Ergebnisparameter der **Werttreiberanalyse** angelehnt sein. Ein zu Beginn der Bewertungsperiode formulierter und akzeptierter Leistungsvertrag wird mit den einzelnen Mitarbeitern vereinbart und dann regelmäßig auf die Erfüllung hin überprüft. Bei Erreichung oder Übertreffen der vereinbarten Zielvorgaben müssen dann auch attraktive und transparente Belohnungen gewährt werden, was bei Nichterreichung natürlich auch mit entsprechenden Maßnahmen begegnet werden muss.

5. Sind die Zielvorgaben wertorientiert?

Wertorientierte Vorgaben steigern den Unternehmenswert. Die vereinbarten Zielvorgaben werden detailliert auf die einzelnen Teilbereiche des Unternehmens transformiert und festgelegt, was bedeuten muss, dass von einer pauschalen Formulierung, wie bspw. die Steigerung des Umsatzes im nächsten Jahr um 3 %, abzusehen ist. Das setzt natürlich voraus, dass das Management eine fundierte Kenntnis über die wirtschaftlichen und betrieblichen Zusammenhänge der einzelnen Geschäftsbereiche haben muss. Zwar bedeutet das eine Transformation der Ziele auf die einzelnen Einheiten der jeweiligen Geschäftsbereiche, die Unternehmung als Ganzes darf dabei aber nicht aus dem Analyseschema ausgeklammert werden.

6. Sind die Jahresabschlussdaten um neutrale Aufwandspositionen zu bereinigen?[18]

Die Erfassung der finanzwirtschaftlichen Unternehmenssituation macht es erforderlich, dass die vorgelegten Jahresabschlüsse **um bilanz- und steuerpolitische Bewertungsgrößen bereinigt** werden. Im Wesentlichen geht es um die in der Gewinn- und Verlustrechnung erfassten Aufwands- und Ertragspositionen, die das ausgewiesene Betriebsergebnis entsprechend beeinflussen. Zu hinterfragen wären die neutralen Aufwandspositionen als betriebsfremde, periodenfremde, außerordentliche und bewertungsbedingte Aufwendungen und die kalkulatorischen Kosten als Zusatz- und Anderskosten. Bspw. sollte ein Geschäftsführergehalt bei kleineren Unternehmen,

---

18 Vgl. hierzu Kapitel V.4.1.1.2 „Bereinigung um die neutralen Erfolgsgrößen".

häufig das Gehalt des Gründers für die Funktion des geschäftsführenden Gesellschafters, in seiner Höhe der branchenüblichen Größenordnung angepasst werden. Dabei sind die Abweichungen nach unten aber auch noch oben hin zu korrigieren, unabhängig der möglichen zusätzlichen Gewinnausschüttung. Die Bestimmung der kalkulatorischen Miete ist verständlich, wenn die Betriebsimmobilie im Betriebsvermögen integriert ist. Häufig muss aber der Umstand der Trennung in eine Betreiber- und Besitzgesellschaft berücksichtigt werden. Die manchmal erfassten höheren Mietaufwandspositionen der zu Gunsten im Privatvermögen befindlichen Besitzgesellschaft müssen dann entsprechend nach unten korrigiert werden. Mit den kalkulatorischen Abschreibungen werden sowohl die planmäßigen Abschreibungen als auch die Sonderabschreibungen angepasst.

Die im Anlagenspiegel aufgeführten Wirtschaftsgüter werden in der langfristigen **Investitions- und Finanzplanung** mit den prognostizierten Wiederbeschaffungskosten und der Wiederbeschaffungsdauer erfasst, sich ergebende Kapitalbedarfsdeckungslücken wiederum sind integriert in einem langfristig angelegten Finanzierungsplan. Im Falle einer Thesaurierung von Jahresüberschüssen sollten Kapitalkosten als kalkulatorische Zinsen zur Darstellung der finanziellen Verhältnisse herangezogen werden. In der Bilanzierungspraxis üblich gewordene Aufwandspositionen, wie Gehalt und Kraftfahrzeug einer im Unternehmen nicht mitarbeitenden Unternehmergattin, Reinigungskräfte, Mitarbeitergehälter für private Botengänge sind in entsprechender Höhe dem Jahresergebnis zu addieren, da diese kalkulatorisch herausgerechnet werden müssen.

2.2.3 Umfeldanalyse

Die Analyse der Umfeldfaktoren und die jeweiligen Schlussfolgerungen daraus sind ein unverzichtbarer Bestandteil des unternehmerischen Handelns. Gerade in Käufer dominierten Märkten leistet die Umfeldanalyse das Erkennen der eigenen Positionierung. Von Nutzen sind hierfür strategische Frühaufklärungssysteme, Netzwerk- und Szenariotechniken. Das Erkennen und Herausarbeiten von **Technologievorsprüngen** der Mitbewerber ist genauso wichtig wie die Analyse und Einschätzung der politischen und rechtlichen Rahmenbedingungen. Das **Chancen- und Risikopotenzial** kann nur im Zusammenhang mit der Fähigkeit zur Bewältigung der Umweltherausforderungen definiert werden. Die Marktanalyse erfasst den Ist-Zustand der Teilbereiche Volumen, Segmentierung und Wachstum. Bevor echte operative Absatzziele formuliert werden können, müssen die Ist-Daten vorliegen, in Bezug auf Marktinformationen über die Marktteilnehmer und dessen Segmentierung, auf die Kundenstruktur, auf das Konkurrentenumfeld sowie auf die Struktur der Absatzmittler. Innerhalb dieses Prozesses spielt die Marktforschung eine wesentliche Rolle. Sie dient der Bereitstellung sämtlicher notwendiger Daten, um die bestehende Ungewissheit so niedrig wie möglich halten zu können. Darauf aufbauend kann in einem nächsten Schritt eine fundierte Absatzplanung entwickelt werden. Die logische Überleitung der Marktanalyse ist der Fokus auf die Konkurrentenanalyse.

Beobachte die Konkurrenz, um besser zu sein bzw. zu werden. Im Einzelnen bedeutet das die **Kenntnis über Mitbewerber** in Bezug auf Haupt- und Nebenanbieter, den Marktanteil, die Strategien, das Produktions-Know How und die Produktionskapazitäten, die Sortimentsstruktur, die Absatzgebiete und das Kundenpotenzial, die Anzahl und die Struktur der Belegschaft, die Führungsstruktur und die Qualität des Managements. Wenn möglich, sollte auch der Finanzbereich mit den Daten über die Finanzstruktur, der Eigenkapitalrentabilität und die weiteren Finanzierungsmöglichkeiten in Erfahrung gebracht werden. Konkret bedeutet das ein Herausfinden des Einsatzes der produkt-, preis- und distributionspolitischen Instrumente. Die **Bedrohung durch neue Konkurrenten** wird von den vorhandenen Eintrittsbarrieren bestimmt. Eine Rolle spielen Innovationsvorsprünge in Bezug auf die erstellte Leistung, belegt durch Patente, Lizenzen, Produktmarken und Einzigartigkeit. In den meisten Branchen wird die Wettbewerbssituation durch das Primat des Käufermarktes bestimmt. Der Engpass ist der Absatz. Die Reaktion der einzelnen Akteure am Markt ist der Verdrängungswettbewerb über Preissenkungen und Ausschöpfen des Kostensenkungspotenzials. Für jeden ist das täglich im Lebensmittel- und Möbeleinzelhandel sichtbar.

Die Ergebnisse einer gezielten Konkurrenzanalyse bilden den Gradmesser für die Reaktion der Preis- und Kostenanpassungen. Die betriebliche Praxis hingegen vernachlässigt häufig eine fundierte Konkurrentenanalyse mit dem Argument man kenne sein Umfeld. Mögliche Quellen wären Internetauftritte, Homepages, Geschäftsberichte, Messeauftritte, Presseveröffentlichungen, Industrie- und Handelskammern, Verkaufs- und Präsentationsunterlagen, Preislisten und Befragungen von Beratern, Kunden und früheren Mitarbeitern. Die auf diese Weise gewonnenen Daten werden mit den eigenen in einer Matrix verknüpft, um in Bezug auf die Konkurrenz ein **Stärken- und Schwächenprofil** zu bekommen. Die Sicherung einer nachhaltigen Unternehmensexistenz macht es für das Management erforderlich, die stetigen externen Bedingungen aufzuspüren und Maßnahmen für eine erfolgreiche Positionierung zu entwickeln. Aus dem Blickwinkel des Eigentümers bedeutet das eine stetige Steigerung des Unternehmenswertes.

2.2.4 Kaufpreisindikation

Damit die Vertragsparteien eine Vorstellung über die Höhe der Kaufpreiszahlung bekommen, wird eine **Bewertung des Unternehmens** vorgenommen. Es ist zu beobachten, dass das subjektive Werteempfinden von Verkäufer und Käufer entgegengesetzt angelegt ist. Für einen mittelständischen Unternehmer ist der Verkauf seines Unternehmens bzw. seines Lebenswerkes ein mehr oder weniger einmaliger Prozess und eben nicht nur eine rationale Desinvestition, sondern ein Vorgang mit dem er emotional verbunden ist. Dementsprechend fällt die subjektive Bewertung des eigenen Unternehmens höher aus als es die Marktbedingungen zulassen.

Der richtige Unternehmenswert wird nicht gerechnet werden können, da die dafür notwendigen Parameter käufer- und verkäuferseitig unterschiedlich herangezogen und eingeschätzt werden. Bei der Wertbestimmung über eine fundierte Unternehmensbewertung geht es vielmehr um die Einengung von verschiedenen Werten zu einem **Einigungswert** als akzeptabler Kompromiss, zu dem Käufer und Verkäufer bereit sind, eine Transaktion abzuschließen. Dabei ist es wenig zielführend, den Wert eines Unternehmens über die Summe der bilanzierten Aktiva-Positionen zu bestimmen, welches im Weiteren noch als die Substanzwertmethode vorgestellt wird, da vom „Going Concern-Prinzip", einer unendlichen Fortführung der unternehmerischen Tätigkeit ausgegangen wird.

Aufbauend auf den Unternehmensplanzahlen über die nächsten drei bis fünf Jahre wird eine Wertermittlung über die **diskontierten Einzahlungsüberschüsse** der zukünftigen operativen Geschäftstätigkeit aufgestellt, was als eine Bewertung nach dem Ertragswert (im weiteren Sinn) definiert wird. Der Unternehmenswert kann zum einen mittels Abzinsung der um die Fremdkapitalkosten verminderten finanziellen Überschüsse, wie bspw. bei dem in Kapitel V „Bewertungsmethoden" noch zu besprechenden Ertragswertverfahren (im engeren Sinn nach dem IDW S 1) oder auch über den Equity-Ansatz als eine Variante der Discounted Cashflow-Methode (DCF) ermittelt werden. Rechnerisch werden die ausschüttungsfähigen Unternehmensgewinne eines verschuldeten Unternehmens, also der Jahresüberschuss, gekürzt um die periodenspezifischen Zahlungen an die Fremdkapitalgeber als Abzinsungsgröße zur Wertermittlung herangezogen.[19]

Bei dem Konzept der gewogenen Kapitalkosten, dem Weighted Average Cost of Capital-Ansatz (WACC-Ansatz), der Bruttovariante der **DCF-Methode** werden die finanziellen Überschüsse der Planjahre aus der operativen Geschäftstätigkeit komplett diskontiert und anschließend um den Marktwert des Fremdkapitals gemindert.[20] Als **Diskontierungsgröße** werden die aus den Planzahlen gerechneten freien Cashflows, also diejenigen Werte, die nach Abzug aller liquiditätswirksamen Zahlungsströme des Unternehmens, wie bspw. die Investitionsleistungen, als Nettogröße verbleiben, herangezogen, die dann mit einem **risikoadäquaten Zinssatz** kapitalisiert werden. In diesem Zusammenhang weist das IDW[21] auf den Einfluss der **Kapitalstruktur** des zu bewertenden Unternehmens hin, da die Größen des Eigen- und des Fremdkapitals mit unterschiedlichen Zinssätzen abgezinst werden, um der Tatsache Rechnung zu tragen, dass ein hoher Verschuldungsgrad mit einem hohen finanziellen Risiko in einem kausalen Zusammenhang steht und mit entsprechend höheren Risikozuschlägen berücksichtigt werden muss.

Ein sehr pragmatisch orientiertes Verfahren mit einer sehr hohen Akzeptanz in der Beratungspraxis, vor allem zur Ersteinschätzung über die Erfolgschance einer Unternehmensveräußerung, welches das **Betriebsergebnis** (EBIT) der Gewinn- und Verlustrechnung als Grundlage mit einbezieht, ist die so genannte **Multiplikatorenmethode** als eine Form der Vergleichswertverfahren,[22] die in den weiteren Kapiteln auch noch ausführlich besprochen wird. Bei der Wertermittlung im Zusammenhang mit kleinen und mittleren Unternehmen muss zusätzlich der Tatsache Rechnung getragen werden, dass der Unternehmer sehr häufig die Doppelrolle des geschäftsführenden Gesellschafters ausübt, was eine genauere Überprüfung und Quantifizierung der Managementleistung notwendig macht,[23] im Gegensatz zu großen Unternehmen, die eine klare Trennung zwischen Eigentümer- und Geschäftsführerrolle verwirklicht haben. Erschwerend kommt die sehr häufig **fehlende Nachfolgeregelung** innerhalb des Unternehmens hinzu, wenn nicht rechtzeitig eine zweite Führungsebene aufgebaut wurde, die dann zum Zeitpunkt der Übertragung an den Käufer das operative Ruder übernehmen kann. Über die Bestimmung der Entlohnung,[24] bei fehlender Aufwandsbildung, über den Ansatz kalkulatorischer Kosten wird in Kapitel V.4.1.1.2 nachgedacht werden.

Für einen erfolgreichen Verkauf eines Unternehmens ist zum einen der richtige Verkaufszeitpunkt entscheidend, da bei einer wirtschaftlichen Prosperität die am Markt auftretenden Käufer grundsätzlich eine größere Bereitschaft haben, höhere Kaufpreise zu bezahlen, zum anderen ist auch die sachgerechte Aufbereitung der notwendigen Unterlagen ein durchaus wichtiger Erfolgsgarant.

---

19   IDW 2008 (138), S. 28.
20   IDW 2008 (126), S. 26.
21   IDW 2008 (133), S. 27.
22   IDW 2008 (143), S. 29.
23   IDW 2008 (156), S. 31.
24   IDW 2008 (40), S. 11.

2.2.5 Unternehmensexposé

Nach dem Erhalten der Vertraulichkeitserklärung des Interessenten wird im Gegenzug eine Zusammenstellung der wichtigsten Daten übermittelt. Ein Unternehmensexposé ist eine strukturierte **Präsentation von Informationen** und Daten, die es einem potenziellen Interessenten auch ohne genaue Kenntnis des Unternehmens ermöglichen soll, eine erste Kaufpreiseinschätzung vorzunehmen. Gegenstand eines Angebotsvorschlages ist im Wesentlichen

- ein Entwurf der Transaktionsstruktur
- eine Indikation des Kaufpreises
- eine Kaufpreisstruktur
- ein Vergütungsrahmen für das Top-Management
- eine Aufstellung weiterer noch beizubringende Unterlagen

im Zusammenhang mit den formulierten operativen Zielen und der Zeitplan mit den einzelnen Teilschritten und -ergebnissen bis zum finalisierenden Vertragsabschluss. In einem **Unternehmensexposé** sollten insgesamt die folgenden Positionen aufbereitet und dargestellt werden:

- **Rechtliche Verhältnisse**
  Abbildung der formaljuristischen Informationen, wie Eigentümerstruktur, Geschäftsführung und mögliche Vertretungsbefugnisse der Gesellschaft.

- **Historische Entwicklung**
  Veränderung der gesellschaftsrechtlichen Struktur, des Standortes, des Produktions-, Dienstleistungs- und Verkaufsprogramms und mögliche Meilensteine.

- **Produkt-/Dienstleistungsprogramm**
  Welchen Anteil am gesamten Umsatzvolumen haben die einzelnen Produktbereiche?

- **Produktion und technische Ausstattung**
  Mit welcher Technologie wird das Produktionsverfahren durchgeführt? Welche technische Ausstattung steht im Fertigungsbereich zur Verfügung? Wie hoch ist die derzeitige Kapazitätsauslastung? Wie hoch ist der Anteil der Fremdfertigung an der Gesamtproduktion? Welcher Investitionsbedarf kann für die nächsten drei Geschäftsjahre prognostiziert werden?

- **Forschung & Entwicklung**
  Welche neuen Produkte bzw. Produktionsverfahren, die über die laufenden Forschungs- und Entwicklungsleistungen hinausgehen, wurden in jüngster Zeit entwickelt? Wie sieht die personelle Besetzung der Entwicklungsabteilung aus? Sind im Firmen- oder im Privatvermögen der Gesellschafter Schutzrechte bezüglich einzelner Produkte?

- **Vertrieb**
  Wie sind die Organisation und die Struktur des internen und externen Vertriebssystems aufgebaut? Insbesondere ist hier interessant, die Anzahl der angestellten Mitarbeiter, freien Handelsvertreter, Eigenhändler, Werksvertretungen im Ausland, Vertrieb über verbundene Unternehmen, Schwerpunkte bei Absatzmärkten und Vertriebsgebieten.

▶ **Kunden**
Bei der Konzentration des Vertriebs auf wenige Kunden ist es wichtig zu wissen, welche die fünf größten Kunden des Unternehmens sind und welches Volumen am Gesamtumsatz diese ausmachen. Bei einer Struktur vieler heterogener Abnehmer ist wichtig zu wissen, auf wie viele Kunden 70 % des Gesamtumsatzes verteilt sind. Wie hoch ist die Gesamtzahl der belieferten Kunden? Zu welchen Gruppen können die Kunden kategorisiert werden? Wie viele Rechnungen mit welchem Gesamtvolumen wurden in der letzten Geschäftsperiode geschrieben? Wie hoch war der durchschnittliche Auftragswert der letzten Geschäftsjahre, wie hoch ist der durchschnittliche Exportanteil und welche sind die wichtigsten Exportländer?

▶ **Lieferanten**
Auf wie viele Lieferanten sind 70 % der Materialbeschaffungen konzentriert? Welche davon sind zurzeit die einzigen Bezugsquellen?

▶ **Werbung**
In welcher Form wird die Werbung für das Unternehmen gestaltet? Wie hoch sind die Werbeausgaben der letzten drei Jahre? Ist das Unternehmen auf Ausstellungen oder Messen präsent?

▶ **Personal**
Zusätzlich zu einem Organigramm wäre bei der Anzahl der Mitarbeiter und der Strukturierung des Personalbestandes zwischen tariflichen Angestellten, außertariflichen Angestellten und gewerblichen Mitarbeitern zu unterscheiden. Wie ist die funktionale Segmentierung in Verwaltung, Entwicklung, Einkauf, Produktion, Lagerhaltung, Transport und Vertrieb? In Bezug auf das Führungspersonal wären die Parameter Name, Alter, Funktion, Eintrittsdatum und Jahresgehalt wichtige Informationsgrößen. Die Gesamtzahl der Mitarbeiter wäre nach der Jahre der Betriebszugehörigkeit aufzuteilen. Darzustellen wäre auch: Welche Pensionszusagen bestehen? Bestehen Gewinnbeteiligungen? Bestehen Tarifverträge oder Verträge mit Gewerkschaften? Gibt es Betriebsvereinbarungen oder freiwillige Sozialleistungen? Ist ein Betriebsrat aktiv?

▶ **Betriebsimmobilien**
Bei mittelständischen Unternehmen ist sehr häufig die betrieblich genutzte Immobilie nicht im Unternehmensvermögen enthalten. Formaljuristisch liegt eine Trennung von Grund- und Immobilienvermögen und dem operativen Geschäft vor, so dass zwischen einer Besitz- und einer Betreibergesellschaft unterschieden wird, die wiederum beide im Eigentum des Unternehmers oder der Unternehmerfamilie gehalten werden und entsprechend Miet- oder Pachtzinsaufwandspositionen für die Betreibergesellschaft anfallen.

▶ **Marktentwicklung und Marktchancen**
Die Reflexion über das Unternehmen sollte die Einschätzung einer Marktpositionierung ermöglichen, die wichtigsten Mitbewerber skizzieren und eine Aussage über das Stärken- und Schwächepotenzial treffen. Das Marketingkonzept wird sich an die operativen Gegebenheiten der Positionierung anpassen. Welche Marktentwicklungen sich abzeichnen und welche Rolle das zu veräußernde Unternehmen in diesem Kontext einnehmen kann, ist Gegenstand weiterer Ausführungen.

▶ **Geschäftsentwicklung**
Die Umsatzentwicklung des aktuellen Geschäftsjahres sollte detailliert nach den einzelnen Geschäftsbereichen und Produkten dargestellt werden. Welche Auftragsbestände sind für das laufende Geschäftsjahr vorhanden? Gibt es saisonale Schwankungen? Nach welchen Verbrauchsfolgeverfahren werden die Vorräte bewertet? Für welche Risiken werden Rückstellungen in welcher Höhe gebildet?

▶ **Sonstige Informationen**
Gibt es langfristige Miet-, Pacht- oder Leasingverpflichtungen?
Liegen Schutzrechte, Patente oder Lizenzen auf Produkte im Unternehmens- oder Privatbereich vor?
Sind für die Bankverbindlichkeiten Sicherheiten gestellt?
Welche Kreditlinien werden gewährt?
Ist das Unternehmen zertifiziert?
Wann war die letzte Betriebsprüfung?
Sind Umweltproblembereiche bekannt?
Welche Stärken und Schwächen hat das Unternehmen gegenüber den direkten Mitbewerbern?
Was ist der Anlass der Veräußerungsabsicht?
Wurde in jüngster Vergangenheit über eine Veräußerung mit jemandem aus dem Unternehmensbereich gesprochen?

▶ **Aufstellung der beizufügenden Unterlagen**[25]

2.2.6 Verkaufsstrategie

Aufgrund der Einmaligkeit eines Unternehmensverkaufs für einen mittelständischen Unternehmer ist der Prozess sorgfältig vorzubereiten. Eine entsprechende **Verkaufsstrategie** sollte verkäuferseitig entwickelt werden. Oberstes Prinzip in jeder Phase des Transaktionsprozesses ist die uneingeschränkte **Verschwiegenheit** Dritten gegenüber. Das gilt selbstverständlich auch für die Belegschaft, die, gerade in konjunkturell und arbeitspolitisch schwachen Phasen, sehr sensibel auf mögliche Ankündigungen oder auch Gerüchte reagiert. Genauso gilt das selbstverständlich auch für **sensible Daten** dem interessierten Käufer gegenüber. So hat der Verfasser bei dem Verkauf eines Unternehmens, dessen Kundenstruktur sehr überschaubar war, dem Veräußerer geraten, die Abnehmerliste nicht vor dem Abschluss der Transaktion offen zu legen. In der Absichtserklärung, dem Letter of Intent wurde ein Paragraph vereinbart, in dem die Abnehmer mit den dazugehörigen Absatzmengen zwar beschrieben, die konkreten Namen aber erst am Notartermin Zug um Zug dem Käufer übergeben werden sollen. Diese Variante war zwar für den involvierten Käufer etwas fremd, was zur Folge hatte, dass dies zuerst auf entschiedenen Widerstand gestoßen ist, doch die Vorteile für den Verkäufer lagen auf der Hand. Im Fall eines Scheiterns der Verhandlungen, mit dem zu jedem Zeitpunkt innerhalb des gesamten Transaktionsprozesses immer wieder gerechnet werden muss, hätte dadurch ein Missbrauch der sensiblen Unternehmensdaten verhindert werden können.

---

25 Vgl. hierzu Kapitel II.2.2.1 „Mindestunterlagen".

In Bezug auf die **Höhe des Kaufpreises** empfiehlt es sich, eine bestimmte **Untergrenze** zu bestimmen, um gerade in den kritischen Phasen nicht uneingeschränkt und zu jedem Preis das Unternehmen zu verkaufen. Eine gleiche Empfehlung gilt übrigens auch für den Käufer. Sobald anhand der Datenlage eine fundierte Einschätzung über den Unternehmenswert gegeben werden kann, ist es anzuraten, eine **Obergrenze** festzulegen. Gerade in sehr hartnäckig geführten Verhandlungen wird, vorausgesetzt das Zielunternehmen ist interessant, käuferseitig sehr häufig das ursprünglich auszugebende Budget aus den Augen verloren, was dann dazu führt, dass eine zusätzliche Akquisitionsfinanzierung das Generieren von Krediten oder Kapitalerhöhungen die dann notwendige Folge ist.

Bei der Ansprache der potenziellen Käufer wird mit dem Verkäufer eine so genannte „**Short List**" vereinbart. Das bedeutet das Festlegen einer bestimmten gewünschten Reihenfolge mit den einzelnen Parteien die Verhandlungen aufzunehmen. Gerade gegenüber den **strategischen Käufern** bestehen häufig Zweifel, ob diese in einen ehrlichen Übernahmeprozess einsteigen wollen oder nur neugierig das angebotene Unternehmen begutachten, um dadurch Konkurrenzvorteile zu bekommen. Eine neutrale Position nehmen die **Finanzkäufer** ein, die in aller Regel nur ein Renditeinteresse und weniger ein operatives Interesse haben. Bei interessanten zu verkaufenden Unternehmen empfiehlt es sich, den Kreis der potenziellen Erwerber übersichtlich zu halten, um die dafür notwendige Vertraulichkeit und Originalität aufrecht zu erhalten. Für den Käufer ist es ein sehr ungutes Gefühl, zu wissen, dass mit beinahe jedem verhandelt wird. Der Kaufpreis wird in derartigen Fällen dann verkäuferseitig nicht mehr nach oben getrieben werden können.

Eine andere Variante der Prozessgestaltung ist der so genannte **M&A auction process**. Hier wird von vorneherein ein begrenzter Kreis in Frage kommender Erwerber angeschrieben und für eine „Auktion" eingeladen. Bei diesem Verfahren werden den Parteien in einem ersten Schritt ein Unternehmensexposé mit allen notwendigen Daten und Unterlagen bereitgestellt, um auf dessen Basis ein erstes **indikatives Angebot** erstellen zu können. Dieses muss innerhalb einer bestimmten Frist, i. d. R. zwei bis drei Wochen, der Verkäuferpartei vorliegen. Für den Käufer bedeutet es ein Festlegen auf ein Kaufpreisangebot in einer sehr frühen Phase des Transaktionsprozesses, vor allem ohne das zu verkaufende Unternehmen vor Ort besichtigt zu haben. Anhand der eingegangenen Angebote kann die entsprechende Reihenfolge der einzuladenden Interessenten festgelegt werden. In einem zweiten Schritt finden die **Managementpräsentationen** statt. Zu dieser Phase werden dann drei bis fünf Interessenten in die engere Wahl genommen. Bei diesen stellen sich die erste und bei größeren Unternehmen auch die zweite Führungsebene persönlich vor. Das sind dann die Geschäftsführer mit den Leitern des Vertriebs und des Rechnungswesens.

Von der Käuferpartei wird eine detaillierte Auskunft über die **operative Integration des Zielunternehmens** in den Konzern, die möglichen Beschäftigungsszenarien in Bezug auf die zu übernehmende Belegschaft, die Frage der Standortsicherung und die Strukturierung des Kaufpreises erwartet. Die daran anschließende Sondierung wird sehr häufig unter dem Primat der Standortsicherung betrieben. Mit dem Interessenten, der das operativ schlüssigste Konzept und das stringenteste Finanzierungsdesign aufweist, wird nach der Erteilung einer Exklusivität in einem dritten Schritt in die konkreten **Verhandlungen** eingetreten. Hier findet dann einführend ein konstruktiver Austausch über die wesentlichen Funktionalbereiche wie Beschaffung, Produktion, Absatz, Lagerhaltung, Transport sowie Forschung und Entwicklung für neue Produkte statt. Im Idealfall wird diese Phase des Transaktionsprozesses mit einer **Absichtserklärung** (Letter of Intent) finalisiert. Die Kaufpreisprüfung, bekannt als **Due Diligence**, schließt sich dann an, um auf deren Grundlage die Inhalte des Letter of Intent zu präzisieren und die gesamten Ergebnisse juristisch in die Übernahmeverträge einzuarbeiten. Mit der **Beurkundung** vor dem Notar wird die Übertragung der Eigenkapitalanteile rechtswirksam.

2.3 Transaktionsphase

Nach der Zusammenstellung aller für den Veräußerungsprozess relevanten Unterlagen kann nun die eigentliche Phase der Transaktion bzw. der Marktauftritt eingeleitet werden. Die einzelnen Prozessschritte sind das Ansprechen potenzieller Käufer, das Einholen einer Vertraulichkeitserklärung und der Abschluss einer Absichtserklärung.

2.3.1 Käuferidentifikation und Ansprache

Für beinahe jedes Unternehmen gibt es eine Vielzahl von potenziellen Käufern. Die Bandbreite reicht bei den strategischen Käufern, je nach Unternehmensgröße, vom leitenden Mitarbeiter über den direkten Mitbewerber bis hin zum Marktführer der Branche. Daneben sind die in Kapitel III.2 noch zu besprechenden Finanzinvestoren, wie Kapitalbeteiligungsgesellschaften in Form von Private Equity Fonds oder Buy Out Fonds eine immer stärker bevorzugte Käuferalternative. Der erste Schritt ist der so genannte **First Screening-Prozess**. In diesem werden alle in Frage kommenden Käufer herausgesucht und in einer **Longlist** erfasst. Diese ist eine undifferenzierte quantitative Erfassung von Alternativen. Vorschläge kommen zum einen aus dem operativen Umfeld des Unternehmers, zum anderen aus der eher strategisch ausgerichteten Suche des jeweiligen Beratungsunternehmens. In einem **Second Screening-Prozess** wird eine genauere Differenzierung der anzusprechenden Interessenten vorgenommen. Dieser muss in enger Abstimmung zwischen Berater und Unternehmer erfolgen. Der Unternehmer oder das Management wird mögliche Interessenten ablehnen bei:

▶ Fehlendem Erkennen eines gemeinsamen Entwicklungspotenzials

▶ Fehlender Bereitschaft für eine zukünftige Zusammenarbeit, auch wenn es nur um den Zeitraum der Integration geht

▶ Misstrauen gegenüber Mitwettbewerbern, denen gegenüber interne Daten kommuniziert werden müssen

▶ Sonstigen persönlichen Gründen

Das Ergebnis dieser Einengung ist die so genannte **Shortlist**, die auf Basis der Präferenzreihung aufgestellt ist. Ein entsprechendes Kaufangebot wird in Deutschland und in anderen kontinentaleuropäischen Ländern üblicherweise schriftlich angetragen. Hingegen ist es im angelsächsischen Wirtschaftsraum eher üblich, dass die den Prozess begleitenden Berater Erstkontakte bzw. Käuferansprachen über das Telefon abwickeln.[26] In dieser Phase wird der Name des verkaufenden Unternehmens noch nicht offen gelegt, sondern mittels eines so genannten „**Blindprofiles**"

---

26 DePamphilis 2012, S. 175.

mit den Eckdaten, wie Art des Geschäfts, Umsatzgröße, Gewinn und Mitarbeiterzahl angeboten. Beigelegt wird eine Vertraulichkeitserklärung, die vom Interessenten bei nachhaltigem Interesse unterschrieben wird.

2.3.2 Non-Disclosure Agreement als Vertraulichkeitserklärung

Die Vertraulichkeitserklärung[27] hat zum Ziel, dass sich der potenzielle Investor verpflichtet, über das Führen von Verhandlungen Dritten unmittelbar oder mittelbar keine Kenntnisse zu geben. Im Wesentlichen geht es um technische oder wirtschaftliche Daten sowie Personalinformationen. Eine Verpflichtung beinhaltet auch die Nichtweitergabe an Abnehmer, Lieferanten, Banken oder Mitarbeiter der angebotenen Gesellschaft, es sei denn, dass ausdrücklich eine schriftliche Zustimmung gegeben wird. Im Falle eines Verstoßes drohen **Schadensersatzansprüche**, die an den potenziellen Investor herangetragen werden. Die Vertraulichkeitserklärung soll für den Prozess sicherstellen, dass durch die Tatsache des Führens von Kaufverhandlungen der angebotenen Gesellschaft, noch deren Gesellschaftern, Nachteile irgendwelcher Art entstehen. Mit in dieser Haftung sind auch Zuwiderhandlungen der Mitarbeiter und Berater des Interessenten. Nichtsdestotrotz liegt die Beweislast beim Geschädigten.

---

27 Eine Vertraulichkeitserklärung wird in der Praxis nur kurz mit „NDA" (non-disclosure agreement) bezeichnet.

MUSTER DER VERTRAULICHKEITSERKLÄRUNG

Die Firma XXX AG – kurz Interessent –, vertreten durch den Geschäftsführer Herrn Mustermann, ist daran interessiert, in Kaufverhandlungen mit der XXX GmbH einzutreten. Der Interessent verpflichtet sich hiermit gegenüber der genannten Gesellschaft sowie deren Gesellschaftern zu Folgendem:

1. Der Interessent verpflichtet sich, über die Tatsache des Führens von Verhandlungen dieser Art Dritten ohne schriftliche Zustimmung der Gegenseite unmittelbar oder mittelbar keine Kenntnis zu geben.

2. Der Interessent verpflichtet sich, die durch Verhandlungen gewonnenen Erkenntnisse, insbesondere technischer und wirtschaftlicher Daten, sowie Kenntnisse sonstiger Art, bspw. über Personal und Ähnliches, für sich selbst, für Konzerngesellschaften oder für sonstige Dritte nicht unmittelbar oder mittelbar zu verwerten. Das gleiche gilt auch für die Mitarbeiter des Interessenten.

3. Unterlagen, die während der Verhandlungen zugänglich gemacht werden, sind stets eigenverantwortlich und unter Verschluss zu halten, so dass sie Dritten nicht zugänglich sein können. Sie sind geheim zu halten und nach Beendigung der Verhandlungen vollständig und ohne Entnahme von Ablichtungen oder Ähnlichem zurückzugeben.

4. Der Interessent verpflichtet sich, nicht an Dritte, wie bspw. Abnehmer, Lieferanten, Banken oder Mitarbeiter der angebotenen Gesellschaft, heranzutreten, es sei denn, dass ausdrücklich eine schriftliche Zustimmung der Gegenseite gegeben wird.

5. Sollte der Interessent gegen diese Geheimhaltungsverpflichtung verstoßen, so ist das angebotene Unternehmen bzw. sein Gesellschafter berechtigt, Schadensersatzansprüche geltend zu machen.

6. Gerichtsstand ist der Ort des Geschäftssitzes des angebotenen Unternehmens.

Mit dieser Vertraulichkeitserklärung soll sichergestellt werden, dass durch die Tatsache des Führens von Kaufverhandlungen der angebotenen Gesellschaft, noch deren Gesellschaftern, Nachteile irgendwelcher Art entstehen.

Bestätigt und anerkannt:

Ort, den (Datum)

Unterschrift _____

Die Erfahrungen im Zusammenhang mit dem Begleiten von Veräußerungsprozessen mittelständischer Unternehmen verdeutlichen immer wieder, dass es in den wenigsten Fällen gelingt, einen Verstoß nachzuweisen und juristisch Schadensersatzansprüche geltend zu machen. Auch wenn bei M&A-Transaktionsprozessen dem Unterschreiben einer Vertraulichkeitserklärung sehr viel Bedeutung zugestanden wird, ist es eigentlich nicht mehr als eine **Goodwill-Erklärung**. Nach dem verkäuferseitigen Erhalt der unterschriebenen Vertraulichkeitserklärung wird dem Interessenten im Gegenzug das **Verkaufsmemorandum** zugeschickt. Dieses sollte nicht nur so gut aufbereitet sein, dass ein erstes indikatives Angebot formuliert werden kann, welches Kaufpreis, Transaktionsstruktur und Zeitplan enthalten sollte, auch wären die relevanten Fragen an den Unternehmer für die daraufhin folgenden persönlichen Gespräche entsprechend abzuleiten.

2.3.3 Käufergespräche

Das **erste Gespräch**, welches im Wesentlichen dem persönlichen Kennenlernen dient, findet in den Geschäftsräumen des Veräußerers statt. Zu empfehlen sind Uhrzeiten, die am Rande oder außerhalb der eigentlichen Dienstzeit liegen, um bei den Beschäftigten keine Neugierde oder Misstrauen zu erzeugen. Beim Empfang könnte der Besuch vom Unternehmer vorab angekündigt werden, damit der Interessent seinen Besuch nicht aufwendig legitimieren muss. „Getarnt" werden könnte so ein Besuch möglicherweise als Bank- oder Finanzierungsgespräch. Wenn bei einem Erstgespräch auf einen Rundgang im Betrieb, wie bspw. durch die Produktionsstätte verzichtet werden kann, ist es manchmal sinnvoll, sich an einem neutralen Ort zu treffen. In derartigen Fällen bieten sich die Räumlichkeiten der Steuerberater, Wirtschaftsprüfer, Anwälte oder M&A-Berater an. Genauso gibt es in jedem größeren Hotel Business-Suiten zu mieten. Ein unnötiges Aufsehen mit einem entsprechenden Erklärungsbedarf beim Empfang oder im Sekretariat kann dadurch vermieden werden.

An dieser Stelle sei auch erwähnt, dass der Kreis der mit der Veräußerungsabsicht Eingeweihten sehr eng gehalten werden sollte. Der Autor erlebt manchmal, dass dieser Hinweis von Unternehmern häufig nicht mit der notwendigen Sorgfalt beachtet wird. Die Folgen sind dann bspw. ein Abwandern einzelner Leistungsträger des Unternehmens, die aufgrund Ihrer Qualifikationen und Kontakte bei Mitbewerbern unter Vertrag genommen werden. Treten derartige Effekte in einem Transaktionsprozess gehäuft auf, wird das Unternehmen sukzessive entwertet, was Kaufpreisverfall oder sogar ein verringertes Kaufinteresse des potenziellen Investors zur Folge haben kann. Eingeweiht wird die kaufmännische Leitung bzw. die Mitarbeiter des Controllings, da wesentliche Daten und Informationen für die Exposéerstellung und die Due Diligence-Prüfung bereitgestellt werden müssen. Wenn ein gewisses Vertrauensverhältnis zwischen Verkäufer und Käufer entstanden ist und sich beide Parteien über die mündlich besprochenen Rahmenbedingungen einig sind, werden diese in einer Absichtserklärung schriftlich festgehalten.

2.3.4 Letter of Intent als Absichtserklärung

Die Absichtserklärung, im angelsächsischen Sprachgebrauch auch „**Letter of Intent**" (LOI), oder auch „Heads of Agreement" genannt, ist eine Art **Vorvertrag** und der erste entscheidende Meilenstein bei Übernahmegesprächen, deren Rahmenbestandteile im weiteren Transaktionsprozess als **Basis für die eigentlichen Kaufverträge** herangezogen werden. Die Initiative für den Entwurf eines LOI geht vom Käufer aus, der auf in der Vergangenheit verfasste Standards zurückgreifen kann. Die in den vorangegangenen Gesprächen besprochenen, teilweise auch schon verhandelten Positionen werden individuell angepasst.

Je nachdem wie der LOI verfasst wird, ist er rechtlich bindend. Ein gut formulierter LOI deckelt das Ausmaß der rechtlichen Bindung der beiden Vertragsparteien. Ein **Mindeststandard** und eine formaljuristische Form sind nicht vorgegeben, zumal auch eine rechtliche Bindung nicht abgeleitet werden kann. Wobei es allerdings problematisch ist, einen Haftungsausschluss von vorneherein festzulegen. In der praktischen Anwendung geht es vielmehr um eine Art **haftungspsychologische Wirkung**, die beiden Parteien ein Festhalten an besprochenen Rahmendaten möglich macht. Darüber hinaus ist dieser für den Erwerber die Basis für die Diskussion mit für die Transaktion zustimmungspflichtigen Gremien.

Der **Umfang** eines LOI richtet sich nach der Komplexität der Transaktion und nach dem Pragmatismus des Käufers. Gerade die Finanzkäufer legen sehr häufig eine Absichtserklärung vor, deren Inhalt auf nur wenigen Seiten dargestellt wird. Ein typischer Basisinhalt einer Absichtserklärung ist einführend Gegenstand und Art der Transaktion. Dabei geht es um die Erfassung der zu verkaufenden Gesellschaft und bei einem **„Share Deal"** (Beteiligungserwerb) um die Höhe der zur Disposition stehenden prozentualen Gesellschaftsanteile. Letzteres ist umso wichtiger, wenn der Gesellschafterkreis aus mehreren Gesellschaftern besteht.

Bei einem Share Deal werden die Eigenkapitalanteile notariell auf den Erwerber übertragen. Bei der Übertragung von Gesellschaftsanteilen bei Kapitalgesellschaften oder handelsrechtlichen Personengesellschaften kommt dieser Variante eine besondere Bedeutung zu. Der Rechtskauf nach § 453 BGB stellt die dafür relevante Rechtsgrundlage dar. Der zu entrichtende Kaufpreis ist der Übergang sämtlicher **Vermögens- und Kapitalpositionen unter Ausschluss der zinstragenden bzw. zinsbringenden Verbindlichkeiten/Forderungen**, die vom Veräußerer aus dem zugeflossenen Kaufpreis zu regulieren sind. Letzteres hängt natürlich von dem Verhandlungsergebnis ab. Vereinzelt werden die vorhandenen Bankverbindlichkeiten auch vom Käufer übernommen, indem er in die laufenden Kreditverträge eintritt oder die Kredite von der eigenen Hausbank ablösen lässt. Die entsprechenden Kreditsicherheiten werden demzufolge dann käuferseitig ausgereicht.

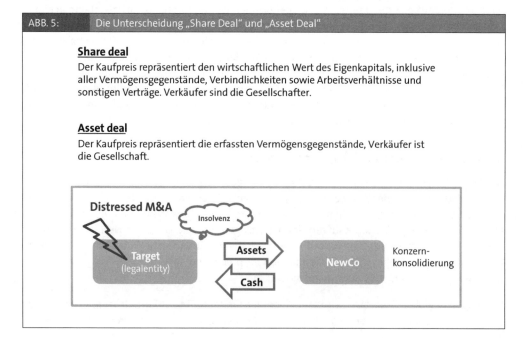

ABB. 5: Die Unterscheidung „Share Deal" und „Asset Deal"

Share deal
Der Kaufpreis repräsentiert den wirtschaftlichen Wert des Eigenkapitals, inklusive aller Vermögensgegenstände, Verbindlichkeiten sowie Arbeitsverhältnisse und sonstigen Verträge. Verkäufer sind die Gesellschafter.

Asset deal
Der Kaufpreis repräsentiert die erfassten Vermögensgegenstände, Verkäufer ist die Gesellschaft.

Hingegen werden bei einem „**Asset Deal**" (Vermögenserwerb) nur die entsprechenden **Vermögenspositionen** aus der Gesellschaft herausgekauft und in das Eigentum des Investors überführt. Im Wesentlichen handelt es sich bei dieser Besitz- und Eigentumsübertragung um einen Sachkauf nach § 433.1 BGB. Die Gesellschaft bleibt in ihrer formaljuristischen Form und manchmal auch in ihrer operativen Wirkung unverändert. Die gesamte Passivseite der Bilanz, insbesondere die **Eigenkapitalstruktur wird fortgeführt**. Für den Erwerber ergeben sich mit dieser Variante der Transaktion **steuerliche Vorteile**. Nach der Auflösung möglicher stiller Reserven können die einzelnen Vermögenswerte direkt in die Käuferbilanz integriert und planmäßig über die verbleibende Restlaufzeit abgeschrieben werden. Bei der Übernahme einer Einzelgesellschaft ist ausschließlich die Übertragungsvariante des Asset Deals möglich.

Diese Variante kommt insbesondere bei so genannten „Distressed M&A-Aktivitäten" (Unternehmensverkauf in der Krise bzw. im eröffneten Insolvenzverfahren) zur Anwendung. Bei einer übertragenden Sanierung werden die Assets auf einen neuen Rechtsträger (i. d. R. in Form einer NewCo als Erwerbergesellschaft) übertragen, der diese dann operativ nutzt. Die bestehenden Arbeitsverhältnisse werden gemäß § 613a BGB, sofern die Arbeitnehmer dem nicht widersprechen, analog der bestehenden Konditionen auf die neue Gesellschaft übertragen. Die Verbindlichkeiten bleiben in der insolventen Gesellschaft und werden im Insolvenzverfahren beglichen.

Ein weiterer inhaltlicher Bestandteil eines LOI ist die Höhe und die Zusammensetzung der vereinbarten **Kaufpreiszahlung**. Es ist abzuraten, sich auf einen konkreten Wert festzulegen. Besser ist das Formulieren einer Kaufpreisbandbreite oder das Definieren einzelner Parameter eines Bewertungsverfahrens, wie bspw. eine bestimmte Erfolgsgröße und ein Multiplikator.[28] Beim Vorliegen der geprüften Daten und Informationen nach Abschluss der Due Diligence wäre dann die indikative Wertangabe zu präzisieren.

Sehr häufig wird bei der Veräußerung von Anteilen ein Teil der vereinbarten Transaktionssumme sofort nach dem Closing bereitgestellt. Der verbleibende Teil wird dann mit einer so genannten „**Earn Out-Regelung**" bzw. einem „Besserungsschein" in Abhängigkeit zu den operativen Entwicklungen ausgehändigt. Die erzielten Ist-Werte werden dann in den Folgejahren mit den jeweiligen Planergebnissen verglichen. Dem Messen an den Planzahlen wird deshalb eine so hohe Bedeutung zugestanden, da diese auch Gegenstand der einzelnen Verfahren zur Wertermittlung sind. Bei Abweichungen nach oben bzw. unten werden die noch ausstehenden Kaufpreistranchen entsprechend adaptiert. Bestandteil eines LOI sind dann die definierten Erfolgsgrößen und die dazu entsprechenden Kaufpreiszahlungen, die dann in den Folgejahren abgeglichen werden. Die Ausführungen über **Geschäftsführerkonditionen** runden diesen Teilbereich ab. Bei jeder Transaktion wird der Käufer in einer Absichtserklärung auch verschiedene Bedingungen formulieren.

Als ein wesentliches Element wird auch eine **Exklusivitätsvereinbarung** zu Gunsten des potenziellen Erwerbers gesehen, die für einen festgelegten Zeitraum vereinbart wird. Um im Falle eines Scheiterns der Verhandlungen beide Parteien zu einem Stillschweigen Dritten gegenüber zu verpflichten, wird gegenseitig eine Vertraulichkeitserklärung vereinbart. Darüber hinaus kommt es auch vereinzelt vor, dass im Falle eines Scheiterns der Verhandlungen eine Regelung über die Aufteilung der entstehenden Kosten während des Transaktionsprozesses, im Wesentlichen in Bezug auf die Kosten der Due Diligence Prüfung, getroffen wird.

---

28 DePamphilis 2012, S. 177.

II. KAPITEL — Verkaufsprozess

Ein weiterer wesentlicher Bestandteil, der für den Erfolg des Prozesses eine große psychologische Wirkung hat, ist die Festlegung eines Zeitplans mit den einzelnen noch zu erledigenden Schritten und festgelegten **„Milestones"** bis zum angestrebten notariellen Beurkundungstermin. Da, wie oben schon angesprochen der Letter of Intent als Basispapier zur Entscheidungsvorbereitung über die Zustimmung einer Transaktion herangezogen wird, empfiehlt sich bei sehr sensibel geführten Verhandlungen das Vereinbaren eines **„Letter of Interest"**. Der Vorteil besteht darin, dass diese völlig unverbindliche Vereinbarung in einer sehr frühen Phase, meist schon nach dem näheren Kennenlernen abgeschlossen werden kann, was den Parteien ein Festhalten bzw. einen Leitfaden für ein weiteres konstruktives Vorgehen innerhalb des Prozesses ermöglicht. Die unten stehende Checkliste enthält die Mindestunterlagen eines Letter of Intent.

CHECKLISTE: DIE MINDESTUNTERLAGEN EINES LETTER OF INTENT

Checkliste für einen LOI:

▶ Überblick über die grundsätzliche Transaktionsstruktur

▶ Rechtliche Besonderheiten wie Share Deal oder Asset Deal

▶ Indikation eines Unternehmenswertes in Form einer Bandbreite oder Formel

▶ Zahlungsmodalitäten und Earn Out-Regelungen

▶ Führungskräfte-Konditionen

▶ Festlegung einer Obergrenze für insgesamt aufzunehmende Verbindlichkeiten bis zum Vertragsabschluss

▶ Mögliche Gewährleistungen und Garantien

▶ Due Diligence Zeitplan und Erfordernisse

▶ Exklusivitätsvereinbarung

▶ Vereinbarungen über die Aufteilung von Beraterhonoraren

▶ Zusätzlich benötigte Unterlagen bzw. Informationen

▶ Zeitplan mit Meilensteinen und Notartermin

Nach der beidseitigen Unterzeichnung des Letter of Intents, welcher für den Erwerber eine entscheidende Vereinbarung der Transaktion bedeutet und auch als Vorlage für die zustimmungspflichtigen Gremien[29] herangezogen wird, steht als nächster Prozessschritt die Due Diligence Prüfung, dessen Zeitraum im Zusammenhang mit einem LOI auch schon fixiert werden sollte.

---

29 Nach § 15 WpHG (Wertpapierhandelsgesetz) müssen Tatsachen, die den Börsenkurs maßgeblich beeinflussen können veröffentlicht werden. Demzufolge muss der Vorstand eines börsennotierten Unternehmens einen unterschriebenen Letter of Intent zum Kauf eines Unternehmens entsprechend kommunizieren.

2.4 Finalisierungsphase
2.4.1 Due Diligence

Die Due Diligence, aus der angelsächsischen Rechtswissenschaft wörtlich übersetzt mit „erforderliche Sorgfalt" ist eine **detaillierte Prüfung** der für die Investitionsentscheidung relevanten Unterlagen. Primär geht es darum, die in den vorangegangenen Präsentationen und Gesprächen aufgegriffenen Inhalte anhand der originären Dokumente wie Belege oder Verträge nachzuprüfen, mit dem Ziel, die abgegebene Kaufpreiseinschätzung zu überdenken und falls notwendig auch erneut zu verhandeln, die zu erstellenden Übernahmeverträge entsprechend zu gestalten und möglicherweise die Integration des Zielunternehmens in die Konzernstruktur vorzubereiten (Post Merger Management). Die eigentliche Informationsgewinnung steht vollständig unter dem Primat der **Bewertung der Ertragskraft**, die wiederum Einfluss auf die Höhe des Kaufpreises hat bzw. unter Umständen auch das gesamte Investment vollständig in Frage stellen kann. Eine aufschiebende Wirkung wird manchmal in einem Letter of Intent vereinbart, um ein Festhalten am geplanten Unternehmenskauf vom jeweiligen Ergebnis abhängig zu machen. Werden hingegen grundlegende bzw. wichtige Anforderungen des potenziellen Käufers nicht erfüllt, so genannte „Deal Breaker", dann kommt es zu einem Rückzug des Käufers, also zu einer Beendigung der Verhandlungen.

Das darf aber im Einzelnen nicht nur verstanden werden, dass ausschließlich der Käufer ein Interesse an der Durchführung einer Due Diligence hat, um **Schadensansprüche** zu generieren. Dem Veräußerer liegt auch sehr viel daran, dass die möglicherweise von ihm geforderten **Gewährleistungszusagen** und **Garantien** in einem dem Risiko angemessenen Verhältnis ausfallen. Zu empfehlen ist sogar, dass der Verkäufer auf die üblichen Prüfungsmodalitäten vor den eigentlichen Vertragsverhandlungen besteht, damit spätere Ansprüche ausschließlich nur auf der Basis kaufvertraglicher Gewährleistungen geltend gemacht werden können. Diese Gewährleistungen sind heute weitgehend standardisiert, was im Normalfall einen Unternehmer, der sein Unternehmen kennt und die relevanten üblichen Informationen liefert, nicht in Unruhe versetzen muss. Kritischer sind Veräußerungen im Wettbewerbsumfeld, da aus durchaus verständlichen Gründen vom Verkäufer nicht alle für eine Transaktion notwendigen Informationen herausgegeben werden können und demzufolge ein umfassender Katalog an Gewährleistungen vereinbart werden muss. Da kommt es dann schon einmal vor, dass es im Nachhinein zu unterschiedlichen Auslegungen kommt, die dann für den Kaufpreis relevant werden.

Mit dem primären Ziel der Informationsgewinnung für den Käufer soll insgesamt die Due Diligence zu einer geregelten **Lastenverteilung** für beide an der Transaktion beteiligten Parteien beitragen. Für die Durchführung wird eine der großen Wirtschaftsprüfungsgesellschaften beauftragt, die innerhalb eines vorher festgelegten Zeitraumes, etwa eine bis zwei Wochen, von der verkaufenden Partei einen so genannten **Datenraum** mit der Zusammenstellung der für Prüfung notwendigen Unterlagen zur Verfügung gestellt bekommt. War dieser bis noch vor wenigen Jahren physisch mit Ordnern der angeforderten Unterlagen bestückt, ist dieser heute eine virtuelle, **passwortgeschützte elektronische Plattform**, auf der die vereinbarten Unterlagen abgelegt werden. Der große Vorteil liegt zum einen in der Ortsunabhängigkeit der Einsichtnahme zum anderen, und das ist noch viel wichtiger, in der Registrierung eines Zugriffsdatums, so dass nachvollzogen werden kann, wer die Einsichtnahme vorgenommen hat und wann dies geschah. Das Argument, man habe das nicht gelesen, kann schnell widerlegt werden. Im Wesentlichen wird die Prüfung nach **kaufmännischen** (financial due diligence), **rechtlichen** (legal due diligence) und wenn erforderlich nach **umweltbedingten** (environmental due diligence) Sachverhalten angelegt, für die am Ende ein entsprechender Abschlussbericht erstellt wird, der dann in der nächsten Verhandlungsrunde Gegenstand der Gespräche ist.

Im Einzelnen bedeutet das anhand von **Prüflisten** die Daten des Rechnungswesens mit den Ist- und Planwerten auf die gegenwärtigen und künftigen Erfolgsfaktoren hin zu überprüfen und in Bezug auf ein realistisches Ertragspotenzial einzuschätzen. Genauso werden sämtliche relevante **Verträge**, wie

▶ Gesellschafter- und Geschäftsführerverträge,

▶ Arbeitsverträge für Mitarbeiter,

▶ Kunden- und Lieferantenverträge sowie

▶ sonstige auf Vermögen basierende Tatbestände,

die einen möglichen Rechtsstreit nach sich ziehen können genau betrachtet. Da der Erwerber das Zielobjekt in die neu zu gestaltende Konzernbilanz integrieren möchte, wird er zu diesem Zeitpunkt schon sehr ausführlich die potenziellen Möglichkeiten in Bezug auf die **Abschreibungsfähigkeit** des Zielunternehmens bzw. dessen Vermögensgegenstände in das Beurteilungskalkül mit einbeziehen (legal bzw. tax due diligence). Neben den oben genannten klassischen Prüfungsfeldern wird, je nach Volumen der bevorstehenden Transaktion, die Due Diligence Prüfung um die Themen Markt/Marketing (market due diligence), Personal (human resource due diligence oder auch management audit), Informationstechnologie/Organisation (IT due diligence) und Kultur (cultural due diligence) ergänzt.

Bei der Marktbetrachtung wird in der Innensicht die **Innovationskraft** und die **Zukunftsorientierung** des jeweiligen Produkt- bzw. Dienstleistungssegments bewertet, während bei der Prüfung der externen Unternehmenszusammenhänge der Fokus auf **Markt-, Branchenstruktur-** und **Wettbewerbsanalyse** gerichtet ist. Dabei geht es im Wesentlichen um die Positionierung der Produkte bzw. Dienstleistungen auf dem Markt. Fast bei jedem Projekt zum Unternehmenserwerb ist es für den Käufer unverzichtbar, eine fundierte Übersicht über den zu übernehmenden **Mitarbeiterbestand** zu bekommen, wobei die wesentlichen Informationen in der Unternehmensdokumentation bereits enthalten sein sollten. Darüber hinaus wird im Rahmen der Due Diligence die aktuelle Situation des Krankenstandes, der Mitarbeiterfluktuation und die bestehenden bzw. geplanten Konzepte zur Personalentwicklung Gegenstand der Prüfung sein.

Reicht bei nationalen Transaktionen die formale Information über die im Unternehmen arbeitenden Mitarbeiter aus, ist es bei länderübergreifenden Unternehmenskäufen immer üblicher, eine Cultural Due Diligence durchzuführen, um die jeweils nationalen mitarbeiterbezogenen Besonderheiten aufzugreifen und Überlegungen in Bezug auf die dann bevorstehende **Post Merger-Integration** (PMI) vorzubereiten. Obwohl bspw. die Zusammenführung der Mitarbeiter bei der Fusion der Bayerischen Vereinsbank AG mit der Bayerischen Hypotheken- und Wechselbank AG zu Beginn der 1990er Jahre eine rein nationale Angelegenheit war und beide Kreditinstitute in ihrer formalen Struktur, dem Produktschwerpunkt, nämlich die Ausreichung von Hypothekardarlehen und dem Fokus der räumlichen Präsenz auf Bayern beinahe identisch waren, hat sich im

Laufe des Post Merger-Prozesses herausgestellt, dass die in der jeweiligen Organisation gelebte Unternehmenskultur sehr unterschiedlich war. Wer so etwas einmal miterlebt hat kann sich nur zu gut vorstellen, welche komplexen Sachverhalte es abzugleichen gibt, wenn ein Unternehmen aus einem völlig anderen Kulturkreis in die bestehende Konzernstruktur integriert werden soll.

Im Anschluss an die Due Diligence werden die einzelnen Positionen des Letter of Intent präzisiert und in einem so genannten **„Memorandum of Understanding"** dokumentiert, welches ein detailliertes vorvertragliches Instrument mit den Einzelheiten der finanziellen, steuerlichen und juristischen Ausführungen ist und die Finalisierung einer Transaktion einleitet. Der guten Ordnung halber muss an dieser Stelle festgehalten werden, dass der Käufer nach einer Due Diligence-Prüfung einen durchaus fundierten Wissenshintergrund über das Zielunternehmen gewonnen hat, der ihm mit Sicherheit auch einen Wettbewerbsvorteil verschafft und möglicherweise ein Abbruch der Verhandlungen als durchaus plausibel erscheinen würde. Dem ist aber entschieden entgegen zu stellen, dass eine Due Diligence-Prüfung, wenn sie mit der entsprechenden Tiefe durchgeführt wird, eine finanziell sehr aufwendige Maßnahme ist. Als Honorar an die mit einem Mandat betrauten Wirtschaftsprüfungsgesellschaften ist sehr schnell ein sechsstelliger Betrag fällig, der gegenüber den eigenen Kontrollgremien gerechtfertigt werden muss.

Inwieweit aber die Verkäuferpartei wirklich alle angeforderten Unterlagen bereitstellen möchte, ist im Einzelfall zu prüfen. In manchen Fällen kann es durchaus sinnvoll sein, sensible Angaben im Zusammenhang mit Lieferanten- oder auch Kundendaten in einem ersten Schritt zu anonymisieren und erst bei der Vertragsunterzeichnung im Detail zu übergeben. Insgesamt ist eine Due Diligence eine für beide Seiten notwendige Prüfungsmaßnahme, um auf Käufer- und Verkäuferseite die bis dahin aufgetretenen Unsicherheiten auszuräumen und **Chancen** und **Risiken** eines Erwerbs gegenüber zu stellen. Die Ergebnisse sind dann wiederum die Grundlage für eine detaillierte Unternehmensbewertung und für die Verhandlung und Ausarbeitung der Übernahmeverträge.

2.4.2 Vertragsverhandlung

Kommt der verkaufende Unternehmer oder Manager bei der Prüfung des LOI mit der ausschließlichen Unterstützung des M&A-Beraters oder des Steuerberaters noch aus, empfiehlt sich spätestens im Zusammenhang mit den Vertragsverhandlungen, einen Wirtschaftsanwalt mit Transaktionserfahrung hinzuzuziehen. Bei einem Großteil von Veräußerungen werden mit notarieller Beurkundung die Eigenkapitalanteile auf den Erwerber übertragen, so genannter **Share Deal** (Beteiligungserwerb), während bei einem **Asset Deal** (Vermögenserwerb) die Vermögensgegenstände festgehalten werden, die mit dem ermittelten und verhandelten Kaufpreis abgegolten werden. Selbstverständlich muss das verbuchte Eigenkapital vollständig einbezahlt sein und darf sich auch nicht durch Entnahmen vermindern.

Angemerkt werden muss, dass der zu zahlende Kaufpreis sehr häufig vom ermittelten Unternehmenswert abweicht, da dieser das Ergebnis von meistens längeren Verhandlungen abbildet. Dieser sollte nicht isoliert betrachtet werden, sondern unter Einbeziehung der gesamten **Transaktionsstruktur** reflektiert werden. Zu unterscheiden wären:

- ▶ Die Differenzierung einzelner Käufergruppen, die auch unterschiedliche steuerliche Gestaltungsspielräume im Zusammenhang mit dem Erwerb generieren können
- ▶ Die individuelle Zukunftsperspektive des Verkäufers, der möglicherweise jung genug ist, um im kaufenden Konzern Karriere in der Geschäftsleitung zu machen
- ▶ Die Übernahme verschiedener Gewährleistungen und Haftungen
- ▶ Die konkreten Teile, die verkauft werden bzw. die Möglichkeit, dass bestimmte Teile von der Veräußerung ausgeschlossen werden
- ▶ Die Frage der Verwendung des aktuell erfassten Jahresüberschusses bzw. ob das Unternehmen mit oder ohne aufgelaufene Gewinne übergeben wird
- ▶ Der Zeitpunkt der Übergabe, der meistens als Stichtagsregelung rückwirkend zum 1. Januar des Jahres der Vertragsunterzeichnung angesetzt wird
- ▶ Die Struktur der Kaufpreiszahlung in bar, in Aktien sowie möglicherweise mit dem Einbehalten eines Kaufpreisteils und einer Auszahlung anhand der zukünftigen Ertragsentwicklung (Earn Out-Regelung)

Die konkrete Ausgestaltung der einzelnen Bestandteile des **Übertragungsvertrags** richtet sich nach der Komplexität der geplanten Transaktion. Die Positionen in Bezug auf die Anteilsübertragung definieren die Art und die **Höhe der zu übergebenden Kapitalanteile**. Das verbuchte Haftungskapital muss vollständig einbezahlt sein und darf durch Verluste oder Entnahmen nicht gemindert werden. Bei Eigenkapitalstrukturen mit Komplementär- und Kommanditanteilen muss die Zuordnung eindeutig definiert werden und den Ausführungen des Gesellschaftsvertrages entsprechen. Eine Besonderheit sind sehr häufig die Darlehenskonten der Gesellschafter. Hier werden die begleitenden Anwälte darauf hinweisen, dass eventuelle Entnahmen wieder zurückgeführt werden müssen. Häufig wird der Übertragungszeitpunkt auf den 1. Januar des laufenden Jahres zurückdatiert, mit der Folge, dass über den Erhalt der bis dahin entstandenen Gewinne eine Vereinbarung getroffen werden muss, die dann unabhängig der steuerlichen Zurechnung zeitanteilig erfolgt oder dem Erwerber zugeordnet und über den Kaufpreis abgeglichen wird.

Der ausgehandelte **Kaufpreis** ist dann der Gegenwert für die Übertragung der Nennwerte der Eigenkapitalanteile einschließlich der Nennbeträge der übertragenen Kapital-, Darlehens- und Rücklagenkonten, der dann beim Notartermin Zug um Zug fällig wird. Zusätzlich zu einem festen Kaufpreis wird bei vielen Transaktionen ein variabler Kaufpreis in Abhängigkeit der tatsächlich verwirklichten Planwerte gezahlt. So eine **Earn Out-Regelung** bzw. Besserungsschein ist gestaffelt und hat eine Minimal- und Maximalgrenze. Der Zahlungshorizont ist bei derartigen Vereinbarungen üblicherweise auf die nächsten drei bis fünf Jahre ausgerichtet, so dass dann in den jeweiligen Folgejahren die erzielten Ist-Ergebnisse mit denen der bei der Unternehmensbewertung zugrunde gelegten Plandaten verglichen werden. Die Auszahlung erfolgt dann an den im Vertrag vereinbarten Stichtagen. Mit einer Earn Out-Regelung können käuferseitig sehr ambitionierte Verkaufspreisvorstellungen abgefedert werden, die auf der Basis einer optimistischen Unternehmensplanung fußen. Gleichzeitig wird eine gewisse Anreizsituation für das Management geschaffen.

Die **Gewährleistungen** und selbständigen **Garantieversprechen** nach § 305 BGB werden in einem weiteren Paragraphen anhand des Abschlussberichts der Due Diligence-Prüfung detailliert aufgeführt. Als weitere Basis werden dazu auch die Sitzungsprotokolle (Minutes of the Meeting) als Grundlage herangezogen. Dass der Gesellschafter in der Rolle des Veräußerers eine Garantieverpflichtung über die wirksame Gründung entsprechend den gesetzlichen Bestimmungen und Formvorschriften sowie über ordnungsgemäße **Handelsregistereintragungen** abgibt, sollte selbstverständlich sein. Auch eine Zusicherung über das Ausbleiben eines Konkurs-, Vergleichs oder Insolvenzverfahrens sollte entsprechend aufgenommen werden. In Bezug auf die dem Kauf- und Übertragungsvertrag beigefügten Jahresabschlüsse und abgegebenen Planungsrechnungen des Zielunternehmens wird unterstellt, dass diese den gesetzlichen Anforderungen und **Grundsätzen ordnungsmäßiger Buchführung** entsprechen. Die im Jahresabschluss enthaltenen Angaben über den Jahresüberschuss und über die Bilanzsumme sind tatsachengerecht und erfolgen nach bestem Wissen und Gewissen sowie nach ordnungsmäßiger Prüfung. Genauso wird vom Veräußerer eine entsprechende Garantie für das zu übergebende Eigenkapital einschließlich möglicher Gesellschafterdarlehen abgegeben.

Im Besonderen müssen auch sämtliche **Steuern** und **Sozialabgaben** beglichen oder entsprechende Rückstellungen gebildet worden sein. Einer besonderen Klärung bedarf es in Bezug auf mögliche weitere Ansprüche der Gesellschafter, insbesondere im Zusammenhang mit der Aufhebung bestehender Geschäftsführerverträge, da diese nach den Bedingungen des Käufers neu verhandelt werden. Ein weiterer sehr wichtiger Vertragsbestandteil sind die Darstellung der Lieferantenstruktur und die Namen der einzelnen Produktionsstätten. In diesen Kontext fallen auch das Aufgreifen der Kundenbeziehungen und die Auflistung der Kunden mit den größten Umsatzerlösen. Die weiteren Positionen könnten sein: Rechtsstreitigkeiten, Grundstücke, weitere Handelsgeschäfte, gewerbliche Schutzrechte, Haftpflichtversicherung und Zustimmungen sowie mögliche Zusatzvereinbarungen.

Neben den formaljuristischen Besonderheiten in Bezug auf die Übertragung der Gesellschaftsanteile wird auch der **Anstellungsvertrag** des dann in der Gesellschaft unter Konzernbedingungen angestellten Geschäftsführers verhandelt. Üblicherweise sind neben den definierten Aufgaben und Pflichten das Jahresgehalt, die Dienstwagenregelung und der Urlaubsanspruch die zu besprechenden Hauptpositionen. Ein sehr sensibles Thema ist häufig die „erlaubte" Größenordnung des Firmenfahrzeugs, da diese, zumindest bei einem großen Teil der deutschen Käufer, in die Konzernhierarchie eingeordnet werden muss. Hier sollte sich ein Verkäufer aber nicht unter Wert verkaufen und im Anstellungsvertrag die in Deutschland üblichen Modelle der Oberklasse fixieren lassen. Eine besondere Aufmerksamkeit haben die **genehmigungspflichtigen Geschäfte**, die in sehr vielen Fällen wie folgt formuliert werden:

▶ Erwerb, Veräußerung oder Belastung von Grundstücken und Erbbaurechten, Veräußerung der Vermögensgegenstände der Gesellschaft im Ganzen

▶ Rechtsgeschäfte, durch die die Gesellschaft außerhalb des üblichen Warenverkehrs Verpflichtungen über eine bestimmte Wertgröße übernimmt

▶ Rechtsgeschäfte im üblichen Warenverkehr, durch die Gesellschaft Verpflichtungen über eine bestimmte Wertgrenze hinaus übernimmt

▶ Erwerb und Veräußerung von Unternehmen oder Beteiligungen daran

▶ Veräußerungen des Unternehmens im Ganzen sowie die Errichtung und Aufhebung von Zweigniederlassungen

- Einstellung und Entlassung von Angestellten, die ein bestimmtes Jahresbruttogehalt übersteigen
- Einstellung von oder Abschluss von Verträgen mit Verwandten oder Ehegatten eines Geschäftsführers oder Gesellschafters der Gesellschaft
- Errichtung von Neubauten und Vornahme von Umbauten, soweit die zusammenhängenden Aufwendungen im einzelnen Fall eine bestimmte Summe übersteigen
- Abschluss, Änderung und Aufhebung (Kündigung) von Miet- und Pachtverträgen über Grundstücke, Gebäude und Betriebe bei längerer Bindung als ein Jahr oder bei einer Jahresmiete oder Jahrespacht über einen bestimmten Betrag hinaus
- Abschluss, Änderung und Aufhebung (Kündigung) von Leasingverträgen jeder Art bei längerer Bindung als 24 Monate oder bei einer Jahresleasingrate über einen bestimmten Betrag hinaus
- Gewährung von Darlehen und der Übernahme von Bürgschaften über einen bestimmten Betrag hinaus

Die Vertragszeit ist üblicherweise auf die Dauer von fünf Jahren begrenzt und kann nicht ordentlich gekündigt werden. In Bezug auf ein **Wettbewerbsverbot** und **Nebenbeschäftigungen** ist eine auf den Erwerb gerichtete Nebentätigkeit häufig nur mit einer ausdrücklichen schriftlichen Genehmigung, bspw. 75 % der Mitglieder eines zustimmungspflichtigen Gremiums, wie ein Aufsichtsrat auszuüben. Auch muss sich der Geschäftsführer i. d. R. verpflichten, innerhalb der ersten beiden Jahre nach Beendigung des Anstellungsverhältnisses keine gewerbliche Tätigkeit auf solchen Gebieten ausüben, in denen er in den letzten vier Jahren seines Anstellungsverhältnisses tätig war. Im Gegenzug verpflichtet sich die Käufergesellschaft, für die Dauer des Wettbewerbsverbots nach Ablauf des Anstellungsverhältnisses eine Entschädigung zu zahlen, deren Höhe sich nach § 74 ff. HGB (Wettbewerbsverbot und Entschädigung) richtet. Ausnahmen von einem im Vertrag vereinbarten Wettbewerbsverbot bedürfen der schriftlichen Genehmigung, üblicherweise mit der Mehrheit des zustimmungspflichtigen Gremiums der Gesellschaft. Mit der Unterzeichnung des Anstellungsvertrages gilt der vorherige Anstellungsvertrag als aufgehoben. Die verhandelten Vertragsbestandteile werden in einem Anteilsübertragungsvertrag aufgenommen und für den Käufer und den Verkäufer vom Notar verlesen und mit Unterschrift rechtswirksam.

2.4.3 Vertragsabschluss

Das **Deal Closing**, als die vor dem Notar vorgenommene Unterzeichnung aller mit der Transaktion im Zusammenhang stehenden Verträgen, ist üblicherweise nach einem Gesprächs- und Verhandlungszeitraum von insgesamt neun bis fünfzehn Monaten zu erwarten und entspricht dem Übertragungsstichtag der unternehmerischen Verantwortung auf den Käufer. An diesem Tag wird dann auch der Kaufpreis fällig, der Zug um Zug mit der Unterzeichnung übergeben wird. Die Vertreter der Käufergesellschaft halten in aller Regel durch eine Bank gedeckte Schecks zur Übergabe bereit. Zunehmend ist es auch üblich geworden, vor der notariellen Beurkundung die verhandelten Verträge von beiden Parteien formal unterschreiben zu lassen, was als ein so genanntes „Signing" bezeichnet wird, dem dann zeitnah das finalisierende „Closing" vor dem Notar folgt. Deckungsgleich des Verhandlungszeitraumes mit dem Verkäufer wird sich der Käufer um die vollständige Finanzierung der Transaktion bemühen.

In den wenigsten Fällen wird der Kaufpreis mit liquiden Mitteln generiert werden können, was eine zusätzliche Kapitalaufnahme nach sich zieht. In Frage kommen dann, je nach Höhe des Finanzierungsvolumens, die klassischen Varianten der Außenfinanzierung wie **Beteiligungs-** und **Kreditfinanzierung**. Aktiengesellschaften bedienen sich in aller Regel dem Instrument der Kapitalerhöhung gegen Bareinlage, was einen liquiden Mittelzufluss und eine Stärkung des Eigenkapitals zur Folge hat. Das setzt natürlich auch voraus, dass ein positives Börsenklima vorhanden sein muss, um insbesondere bei großen Transaktionen das erforderliche Volumen auch erfolgreich auf dem Markt platzieren zu können. Basisvoraussetzung für eine hohe Akzeptanz bei den Aktionären ist die Kommunikation einer zukunftsweisenden Equity Story. Ein **IPO** (Initial Public Offering) ist aufgrund des zu erstellenden Emissionsprospektes und der vielen Präsentationen, den Road Shows, vor potenziellen institutionellen Investoren wie Pensionsfonds, Lebensversicherungsgesellschaften und Banken, eine teure Variante der Kapitalbeschaffung.

Da eine **Kapitalerhöhung** ein für die Bank sehr lukratives Geschäft ist, das, je nach Volumen der Emission, ein Honorarvolumen zwischen 3 % bis 5 % von dieser ausmachen kann, sollte dieser Schritt sehr besonnen und sorgfältig durchgeführt werden. Als Beurteilungskriterien wäre die Erfahrung der Geschäftsbank, der Kontakt zu größeren Investoren, die regionale Reichweite sowie die handelnden Personen heranzuziehen. In der von beiden Seiten unterzeichneten Mandatsvereinbarung könnte auch eine so genannte **Incentive-Fee**, also eine erfolgsabhängige Vergütungsvariante, festgelegt werden, die zusätzlich durchaus mit bis zu 1 % vom Emissionsvolumen ausfallen kann. Darüber hinaus muss zusätzlich für die spätere Eigenkapitalbedienung, im Gegensatz zur Fremdkapitalaufnahme, ein Risikoaufschlag an die Kapitalgeber bezahlt werden.

Für Unternehmen, die nicht an einem organisierten Kapitalmarkt teilnehmen, ist eine geplante Akquisition durchaus eine Gelegenheit, einen Teilverkauf des Käuferunternehmens über die Börse zu generieren. Bei einer entsprechenden Nachfrage bleiben die monetären Zuflüsse dann nicht lange liquide, denn diese werden sofort für den Kauf des Zielunternehmens investiert. Neben der Eigenkapitalerhöhung kann der organisierte Kapitalmarkt natürlich auch für das Generieren von Fremdkapital herangezogen werden, so bspw. mit der **Emission einer Anleihe** (auch Schuldverschreibung oder Obligation). Im Gegensatz zur Bedienung des Eigenkapitals werden die verbrieften Rechte der Gläubiger mit regelmäßigen gewinnunabhängigen Zinszahlungen versehen und am Ende der Laufzeit zum Nennwert zurückgezahlt. Der Kapitalgeber (Zeichner der Anleihe) hat zwar kein Kündigungsrecht, aber die Option, das Kreditverhältnis mit dem Verkauf der Teilschuldverschreibung zu beenden.

Der guten Ordnung halber muss an dieser Stelle angemerkt werden, dass bei der Akquisitionsfinanzierung im Zusammenhang mit mittelständischen Unternehmen nicht unmittelbar die Instrumente des Kapitalmarktes zur Kapitalbeschaffung herangezogen werden. Die Akquisitionsfinanzierung wird i. d. R. mit der **Aufnahme eines Bankkredits** generiert. Für die Prüfung eines möglichen Engagements wird das Kreditinstitut das erstellte Unternehmensexposé und den Due Diligence Bericht als Basisinformation heranziehen. Anhand einer durchgeführten Unternehmensbewertung, meist als **Discounted Cashflow-Methode**[30], die als Basis die auf den Investitionszeitpunkt abgezinsten zukünftigen Cashflows zu Grunde legt, wird die Rentabilität des In-

---

30 Vgl. hierzu Kapitel V.4.2 „Discounted Cashflow-Methoden".

vestments für die Bank geprüft. Nach Durchsicht und Prüfung der Unterlagen wird dem Kredit ansuchenden Unternehmen ein **Term Sheet** mit den **Konditionen** unterbreitet, welches auch die Frage der **Kreditsicherheiten** mit aufgreift.

Die Endphase eines Transaktionsprozesses ist als sehr kritisch einzustufen. Beide Vertragsparteien, inklusive den daran beteiligten Beratern, haben mehrere Monate mit informellen Gesprächen und Verhandlungsrunden hinter sich, in denen durchaus jeder mindestens schon einmal mehr oder weniger energisch seine Verhandlungsposition vertreten hat. Man ist einander gewöhnt, doch jedem ist bewusst, dass die Unterschrift auf dem Übertragungsvertrag etwas Endgültiges und Unwiederbringliches mit sich bringt. Für den **mittelständischen Unternehmer** ist der Verkauf seines Unternehmens eine für ihn einmalige Angelegenheit, dessen Gegenwert seine Altersversorgung sichern soll, ohne den Kapitalstock in Zukunft aufbrauchen zu müssen. Da liegen dann schon einmal die Nerven blank und es kommt bei den abschließenden Gesprächen zu Überreaktionen, die natürlich ein Transaktionsvorhaben so quasi in der letzten Minute auch noch umkippen können.

Beim **Käufer** bedeutet jede Transaktion für das Management in der Folgezeit eine Rechtfertigung gegenüber den zustimmungspflichtigen Organen, den finanzierenden Banken und schließlich gegenüber den Eigentümern, die ihr eingesetztes Kapital entsprechend verzinst haben möchten. Bei vielen Transaktionen steht der Käufer unter einem Abschlusszwang, da unter Umständen der Druck von den Share- und den Stakeholdern sehr groß ist. Doch das Management ist gut beraten, trotz des Abschlussdruckes, sich auf die ursprüngliche Motivation und vor allem auf die eingangs anvisierten Konditionen zu besinnen. Sehr hilfreich ist in derartigen Fällen, das zu Beginn des Prozesses entworfene Akquisitionsprofil zur Hand zu nehmen und zu überprüfen wie hoch die Abweichung im gesamten Transaktionszeitraum fortgeschritten ist. Bei sehr vielen Unternehmensverkäufen können deutliche Zugeständnisse in Bezug auf die Kaufpreishöhe beobachtet werden. Sehr häufig kommt der Punkt, dass die Transaktion aus der Sicht des Managements vollzogen werden muss.

Bei **Verkäufern** ist manchmal zu beobachten, dass in der Anfangsphase eines Transaktionsprozesses ein konkreter Verkauf des Unternehmens noch etwas sehr Abstraktes darstellt. Häufig wird immer argumentiert, dass ein Verkauf überhaupt nicht nötig sei. Man wolle doch nur einmal eine potenzielle Chance ausloten. Das hält so lange an, bis konkrete Summen und mögliche interessante Optionen vom Erwerber genannt werden, die dann beim verkaufenden Unternehmer langsam zu weiteren Überlegungen führen. Mit den berühmten Eurozeichen in den Augen wird der zukünftige Lebensabend geistig vorweg genommen. Das wird richtig gefährlich, wenn es kein Zurück mehr geben soll und die Transaktion dann beinahe zu jedem Preis vollzogen wird.

Nach der Vertragsunterzeichnung, dem **Closing** endet für einen an der Transaktion begleitenden M&A-Berater das Mandatsverhältnis, was bei einem involvierten Steuerberater nicht unbedingt der Fall sein muss. Zwar wird beim Erwerber nach sehr vielen Transaktionen das Reporting im Zusammenhang mit der zu erstellenden Konzernbilanz von der Wirtschaftsprüfungsgesellschaft des Käufers durchgeführt, durchaus üblich ist aber auch das zusätzliche Heranziehen des lokalen Steuerberaters für die Erstellung des Einzelabschlusses.

Insgesamt ist mit dem Closing, also der notariellen Beurkundung der Transaktion, ein für beide Parteien eher anstrengender Prozess zu Ende, zumindest was die Transaktion angeht. Zu feiern haben alle etwas, der verkaufende Unternehmer einen attraktiven Kapitalzugang und der Käufer ein interessantes Investitionsobjekt zur Performancesteigerung des Konzerns. Für diesen allerdings fängt die Arbeit jetzt erst richtig an, da das übernommene Unternehmen in die Konzernstruktur integriert werden muss.

2.5 Integrationsphase

Ist die Euphorie des erfolgreichen Transaktionsabschlusses vorüber, dürfen sich die Protagonisten nicht etwa zurücklehnen, sondern sind aufgefordert, ein stimmiges Ganzes zu entwickeln. Genauso wie es während des gesamten Kaufprozesses ein Team gibt, welches die Transaktion bis zur Vertragsunterzeichnung begleitet, muss auch für die **Integration des Zielunternehmens** ein entsprechendes Team definiert werden, welches ein für sich alleine stehendes Unternehmen in eine komplexe Konzernstruktur integrieren kann. Eine notwendige Voraussetzung ist das Definieren von übergeordneten Zielen wie bspw. eine gemeinsame strategische Ausrichtung für Produktinnovationen und Absatzmarktbedienung, Nutzung von Synergien auf dem Beschaffungsmarkt und innerhalb der Unternehmensverwaltung, Aufbau einer gemeinsamen Personalentwicklung im Kontext eines vorher erarbeiteten Unternehmensleitbildes sowie der Aufbau eines integrierten Informations- und Controlling-Systems. Die **Erfolgsfaktoren für eine erfolgreiche Integration des Zielunternehmens sind**:

▶ Adaptieren der Organisation

▶ Adaptieren der Unternehmenskultur

▶ Adaptieren der Betriebsprozesse

▶ Adaptieren der IT-Infrastruktur

▶ Optimieren der innerbetrieblichen Kommunikation

▶ Optimieren der Mitarbeitermotivation

▶ Einführen von Incentive-Instrumenten für die Führungskräfte

Auf der anderen Seite kann es aber durchaus auch gewollt sein, die Integration nur formal aber nicht funktional durchzuführen. Das ist dann bspw. der Fall, wenn das gekaufte Unternehmen als eine so genannte **„Stand-alone"** Lösung weitergeführt werden soll. Bei der Übernahme durch einen Finanzkäufer ist das der Normalfall, da die Stärkung und Weiterentwicklung jedes einzelnen Portfoliounternehmens bis zum durchgeführten Exit, der dann den entsprechenden Wertehebel zum Ziel hat, das Geschäftsmodell bildet. Natürlich kann aber auch bei unterschiedlichen Unternehmenszielen oder beim gezielten Erhaltenbleiben des Markennamens eine eigenständige Rechtsform sowie ein unabhängiges operatives Agieren die Philosophie sein. Die funktionale Integration beschränkt sich dann im Wesentlichen auf die Einbindung des Zielunternehmens in ein gemeinsames Controllingsystem. Zur Optimierung der Ertragskraft werden gemeinsame Zielvorgaben erarbeitet und eine Unterstützung bezüglich der Finanzmittelbeschaffung sowie Weiterentwicklung der Managementfähigkeiten initiiert. Wie in der Politik, sind auch bei Unternehmensübernahmen die ersten 100 Tage von entscheidender Bedeutung, da in dieser Zeit erste Erfolge geliefert werden müssen. Börsennotierte Unternehmen formulieren die strategischen Ziele ihrer Akquisition in ihrem **Wertmanagement-Konzept**.[31] Sehr häufig müssen sich Akquisitionen spätestens im dritten Jahr nach erfolgter Konzernkonsolidierung amortisieren, also die Vermögensrendite (ROCE) die Kapitalkosten (WACC) übertreffen. Auf alle Fälle muss innerhalb eines umsichtigen Integrationsmanagements auch über die Integrationsgeschwindigkeit nachgedacht werden.

Grundsätzlich gibt es zwei verschiedene divergierende Varianten, die mit der gleichen Berechtigung diskutiert werden können. Als **revolutionäre Integration** wird die schnelle formale und funktionale Einbindung in die bestehende Konzernstruktur bezeichnet. Beinahe überfallartig werden unterschiedliche Strukturen zu einer Einheit zusammengeführt, wie das bspw. bei der Übernahme der deutschen Mannesmann AG durch die britische Vodafone Air Touch plc. der Fall war. Gerade bei internationalen Transaktionen bekommen aufgrund der unterschiedlichen Unternehmenskultur selbst so triviale Themen wie die gemeinsame Weihnachtsfeier oder der gemeinsame Betriebsausflug eine hohe Integrationspräferenz. Die **evolutionäre Variante** der Integrationsgeschwindigkeit ist das langsame integrieren des Zielunternehmens, was den Vorteil eines Herantastens und das genaue Ausloten von Kompetenz und Strategie mit sich bringen kann. Dass die Käufer üblicherweise eine rasche Integration präferieren, um möglichst schnell Synergien für eine schnellere erfolgreiche Handlungsfähigkeit generieren zu können, ist nachvollziehbar. Neben den Käufern aus der Branche, die wir schon als strategische Käufer bezeichnet und auch teilweise schon beschrieben haben, gibt es aber noch die am Markt auftretenden Käufergruppen der Finanzinvestoren und den Erwerb des Unternehmens vom Management, die beide, im Nachgang zu den strategischen Käufern, genauer vorgestellt und besprochen werden.

---

31 Vgl. hierzu das Kapitel VI „Akquisitionsbeurteilung aus Käufersicht".

III. Käufergruppen

1. Strategische Käufer

Der strategische Käufer ist mehrheitlich ein Unternehmen aus derselben Branche und häufig größerer Mitbewerber, der ein eigentümergeführtes Unternehmen erwirbt, um nach einer gelungenen Integration in den bestehenden Unternehmensverbund eine stärkere Marktpräsenz generieren zu können. Die Einflussnahme auf die Geschäftspolitik ist in aller Regel sehr stark, da es für die Zukunft gilt, **Skalierungseffekte** zu erreichen. In Bezug auf die Prüfung des Investments bedeutet das häufig eine aufwendige Transaktionsaktionsphase, weil während des Prüfungsprozesses der Akquisition sehr viele Ressortfachleute eingebunden werden. Der Unternehmenserwerb eines strategischen Käufers wird als **Trade Sale** bezeichnet. Diese akzeptieren häufig höhere Kaufpreise als dies die Finanzkäufer bereit sind, denn sie haben ein ganz spezielles Branchen- bzw. Marktinteresse. Das primäre Motiv für einen Unternehmenskauf leitet sich aus dem betriebswirtschaftlichen Zielsystem, nämlich der richtigen Balance zwischen Rentabilität und Liquidität ab. Liquide Mittel sollen nur so viele im Unternehmen sein, um zu gewährleisten, dass die kurzfristigen Verbindlichkeiten entsprechend bedient werden können.

Eine **wertorientierte Unternehmensführung** setzt die Investition von liquiden Ressourcen in Rendite trächtige Engagements voraus. Da die Eigentümer bzw. Investoren die Allokation des eingesetzten Kapitals sehr genau verfolgen, ist das Management einem sehr hohen Leistungsdruck ausgesetzt. Jede Investition in Gegenstände des Anlagevermögens, zu denen auch Akquisitionen gehören, entzieht dem Unternehmen nicht nur die notwendige Dispositionsfreiheit liquider Mittel, sondern induziert auch zusätzliche Folgeinvestitionen in Gegenstände des Umlaufvermögens. Daraus ergibt sich die Verpflichtung einer sehr sorgfältigen Prüfung der möglichen Investitionschancen. Das Untersuchen des Zielunternehmens beschränkt sich dabei nicht nur auf die Inhalte einer Due Diligence Prüfung, welche die formalen Kriterien zum Prüfungsgegenstand hat, sondern muss als einen wesentlichen Bestandteil eine Renditeberechnung beinhalten, um die funktionale Eingliederung einschätzen zu können.

In einem ersten Schritt wird ein „Als-ob-konsolidierter Jahresabschluss" erstellt, der es ermöglicht, die Verzinsung des eingesetzten Kapitals zu quantifizieren. Dieser kann als Legitimationsgröße gegenüber den zustimmungspflichtigen Gremien und Kapitalgebern herangezogen werden. Über eine **Kennziffernanalyse** als Rentabilität des von den Investoren zur Verfügung gestellten Eigenkapitals mit dem Quotienten aus einer Erfolgsgröße im Zähler und einer Eigenkapitalgröße im Nenner wird eine entsprechende Messgröße bereitgestellt. Als Erfolgsgrößen haben sich in den letzten Jahren national und international verschiedene Begriffe durchgesetzt, die in der betrieblichen Anwendung weitgehend auf die gleiche Akzeptanz stoßen. Wir wollen im Folgenden einmal die nach dem HGB aufgestellte Gewinn- und Verlustrechnung von unten nach oben auf einzelne Erfolgsgrößen[32] ansehen.

Der **Jahresüberschuss** als die ausschüttungsfähige Größe an die Eigenkapitalgeber ist das Nettoergebnis inklusive aller im Geschäftsjahr angefallenen Buchverluste wie die Abschreibungsgrößen auf das Sachanlagevermögen und auf die immateriellen Vermögensgegenstände, wie dem

---

32 Vgl. hierzu die Kapitel V.4.1.1.1 „Die Erfolgsgröße EBIT", V.4.1.1.2 „Bereinigung um die neutralen Erfolgsgrößen", V.4.1.4 „EBITDA als alternative Faktorgröße" sowie V.4.2.1.1.1 „Bereinigte freie Cashflows".

derivativen Firmenwert als der Differenz des verhandelten Kaufpreises und den Zeitwerten der im Anlagevermögen bilanzierten Restbuchwerte sowie der Einstellungsgröße zu den langfristigen Rückstellungen. Eine höhere Erfolgsgröße ergibt das **EGT** (Ergebnis der gewöhnlichen Geschäftstätigkeit), welche sich aus der Summe von Betriebs- und Finanzergebnis zusammensetzt, also ohne außerordentliche Aufwands- und Ertragspositionen und Steueraufwand. Bevorzugt verwendet wird diese Größe von den Geschäftsbanken, während hingegen die Corporate Finance Abteilungen und Investmentbanken den international etablierten **EBIT** (Earnings Before Interest and Taxes) für Analysezwecke heranziehen, der ein Ergebnis ohne Steueraufwand und ohne Zinsergebnis darstellt. Mit der Verwendung dieser Erfolgsgröße können aufgrund des Ausblendens der nationalen Besteuerung Unternehmen international vergleichbar gemacht werden. Die Finanzierungsstruktur bleibt mit dem Herausrechnen des Zinsaufwandes unberücksichtigt, eine vollständige Eigenkapitalfinanzierung des Zielunternehmens wird unterstellt. Als das eigentliche operative Ergebnis ist die Analysegröße **EBITDA** (Earnings Before Interest, Taxes, Depreciation and Amortization) noch restriktiver, da neben dem Zins- und Steueraufwand auch noch die Abschreibungen auf das Sachanlagevermögen und auf die immateriellen Vermögensgegenstände unberücksichtigt bleiben.

Diese Größen dürfen natürlich nicht darüber hinwegtäuschen, dass die Jahresnettoergebnisse alle auszahlungsrelevanten Aufwandspositionen und Buchverluste beinhalten, also mit entsprechenden Umsatzerlösen gedeckt sein müssen. Ein Ausblenden der Buchverluste, als Darstellung der ausschließlich zahlungswirksamen Positionen, hat die **Cashflow-Rechnung** zum Ziel, die notwendigerweise um alle neutralen Aufwands- und Ertragspositionen im Sinne von betriebsfremd, periodenfremd, außerordentlich und bewertungsbedingt sowie um alle kalkulatorischen Kosten bereinigt werden sollte. Mit diesem Wertansatz wird eine Erfolgsgröße hergestellt, die zum einen nur auf die Erfassung der wirklichen liquiden Zahlungsströme aus dem Unternehmen und zum anderen nur dem in der betrachtenden Geschäftsperiode tatsächlichen Aufwandsgrößen Rechnung getragen wird. Diese wird dann als Datenbasis für die Bewertung von Unternehmen für die Abzinsung herangezogen.

In einem „Als-ob-konsolidierten Jahresabschluss" kann der **derivative Firmenwert** des akquirierten Unternehmens aktiviert werden, was dann in den Folgeperioden zu entsprechenden Abschreibungsgrößen führt und in einer Cashflow-Darstellung dementsprechend neutralisiert werden muss. Bei einer Nichtaktivierung des derivativen Firmenwertes[33] hingegen bleibt die Gewinn- und Verlustrechnung unberücksichtigt, da die Ausgabe für die Investition sich nur in der Bilanz als Aktivtausch abbildet. Die **kalkulierten Transaktions- und Integrationskosten** hingegen müssen als entsprechender Aufwand erfolgsmindernd in Ansatz gebracht werden. Weniger mit einem kon-

---

33 Der **derivative Firmenwert** wird nach dem BilMoG in § 246 Abs. 1 Satz 3 HGB ausgelegt als „*Der Unterschiedsbetrag, um den die für die Übernahme eines Unternehmens bewirkte Gegenleistung den Wert der einzelnen Vermögensgegenstände des Unternehmens abzüglich der Schulden im Zeitpunkt der Übernahme übersteigt (entgeltlich erworbener Geschäfts- oder Firmenwert), gilt als zeitlich begrenzt nutzbarer Vermögensgegenstand.*" Dieser wird nach § 246 Abs. 1 Satz 3 HGB als zeitlich begrenzt nutzbarer Vermögensgegenstand planmäßig abgeschrieben (§ 253 Abs. 3 Satz 1 und 2 HGB). Darüber hinaus muss außerplanmäßig auf den beizulegenden Wert abgeschrieben werden, der sich über eine Unternehmensbewertung oder über einen Börsen- bzw. Marktpreis am Abschlussstichtag ergibt (§ 253 Abs. 3 Satz 3 HGB und § 255 Abs. 4 HGB). Nach IFRS ist der derivative Firmenwert ansatzpflichtig (IAS 36.80), wird aber seit dem 31. 3. 2004 nicht mehr planmäßig abgeschrieben, sondern ausschließlich einer jährlichen Werthaltigkeitsprüfung (Impairment test nach IAS 36.80 - 99) unterzogen (IFRS 3.55).

solidierten Jahresabschluss, sondern eher mit der Analyseabsicht eines einzelnen operativ selbständigen Investments als „Stand-alone Lösung" werden entsprechende Zielunternehmen vor der eigentlichen Akquisition von der Käufergruppe der Finanzinvestoren geprüft.

2. Finanzinvestoren

Die Finanzkäufer sind **Kapitalanlegergruppen**, die sowohl mehr- als auch minderheitlich Unternehmensengagements eingehen. Als Fonds- oder ausschließliche Kapitalbeteiligungsgesellschaften organisiert, investieren sie ausschließlich ihnen von dritter Seite mit zeitlicher Befristung zur Verfügung gestellte Mittel außerhalb einer Börsennotierung in Teilbeteiligungen oder Gesamtübernahmen. Der derzeitige Zeithorizont liegt zwischen vier und sieben Jahren. Zum anderen gibt es aber auch Gesellschaften, die ausschließlich eigene Mittel ohne einen vorher festgelegten Zeithorizont als Investment generieren. Eine Beteiligungsfinanzierung mit Private Equity[34] ist außerbörsliches investiertes Eigenkapital und dient der Finanzierung einer bedeutenden Entwicklungsphase des Unternehmens. Es ist für Unternehmen sinnvoll, die sich in einer **Veränderungs-** und auch **Wachstumsphase** befinden und die auf der Basis eines dynamischen Marktes bzw. einer etablierten Marktstellung in den nächsten drei bis fünf Jahren ab dem Beteiligungszeitpunkt für alle daran beteiligten Gesellschafter eine deutliche Wertsteigerung zu erwarten lässt.

Das setzt notwendigerweise ein gut funktionierendes Produkt und Geschäftsmodell voraus, welches durch eine entsprechende logische Fortführung der Vergangenheitswerte in die Zukunft abgebildet werden sollte. Im Gegensatz zur Kreditfinanzierung ist das Generieren von Beteiligungskapital nicht von zusätzlichen beleihungsfähigen Sicherheiten abhängig, sondern wird einzig und alleine auf die potenzielle Ertragskraft des Unternehmens aufgebaut. Insgesamt sind typische **Anlässe für das Engagement** von Beteiligungskapital in Form von Private Equity:

- ▶ Gründung oder Markteintritt
- ▶ Einführung neuer Produkte
- ▶ Erschließung neuer Märkte
- ▶ Kapitalbedarf vor einem Börsengang
- ▶ Akquisition eines anderen Unternehmens
- ▶ Spin-off
- ▶ Gesellschafterwechsel
- ▶ Unternehmensnachfolge
- ▶ Management Buy Out
- ▶ Management Buy In

---

34 Bei der „Private Equity Beteiligungsgesellschaft" wird ein Fonds platziert, um das akquirierte Kapital als Sicherung für die Bankkredite sowie für den Erwerb der Zielunternehmen einzusetzen. Die Haltedauer ist vorher festgelegt, da die Erlöse aus dem Fonds das eigentliche Entgelt für die Kapitalgeber darstellen. Eine Kapitalbeteiligungsgesellschaft hält die einzelnen Portfoliounternehmen auf unbestimmte Zeit.

Das Einmischen des Finanzinvestors in das operative Geschäft ist eher gering und beschränkt sich auf die Unterstützung bei den Controllingaktivitäten und **Ergebniskonsolidierungen** innerhalb der Gesamtorganisation. Um die Geschäftspolitik aktiv beeinflussen zu können, streben auch Finanzinvestoren die Übernahme einer Mehrheitsbeteiligung an. Eher lokal agierende Akteure wie bspw. Beteiligungsgesellschaften von Sparkassenorganisationen haben durchaus das ausschließliche Eingehen von Minderheitsbeteiligungen vorgesehen. Die Kapitalbeteiligungsgesellschaft agiert als Einzelinvestor oder zieht als Lead-Investor Co-Investoren als weitere Kapitalgesellschaften, andere Kapitalgeber oder öffentliche Finanzierungsmittel hinzu, um eine Gesamtfinanzierungslösung für größere Transaktionen zu generieren. Die Dauer der Beteiligung liegt zwischen fünf und längstens zehn Jahren. Aufgrund der Marktentwicklungen von Private Equity-Engagements der letzten Jahre wären zukünftige Investitionen für die Branchen Automobilzulieferer, Informationstechnologie, Metallverarbeitung und Zeitarbeit als sinnvoll einzustufen und zu empfehlen. Der gesamte Wertschöpfungsprozess lässt sich in die Prozessschritte Akquisition, Integration und Weiterentwicklung sowie Exit untergliedern.

Akquisition

Phase 1:

- ▶ Festlegen eines strategischen Konzeptes in Bezug auf das Portfolio
- ▶ Abgrenzung der Bereiche, in denen Unternehmen identifiziert werden sollen, die den Akquisitionsabsichten entsprechen
- ▶ Festlegen des spezifischen Suchprofils
- ▶ Identifikation geeigneter Übernahmekandidaten und Sammlung von unternehmensspezifischem Informationsmaterial, möglicherweise in Kooperation mit M&A-Boutiquen

Phase 2:

- ▶ Selektion und Ansprache von potenziellen Übernahmekandidaten direkt oder mittels M&A-Berater
- ▶ Besuch zum Kennenlernen vor Ort
- ▶ Verhandlungsaufnahme
  - Präsentation des Käufers: Organisationsstruktur, Verantwortlichkeiten für die Koordination der Verhandlungen, Grundsätze zur Unternehmensbewertung aus der Sicht des Käufers und mögliche Transaktionsstruktur
  - Präsentation des Verkäufers: Produkt, Management, Mitarbeiter, Märkte, Jahresabschluss und mögliche Kaufpreisvorstellung
- ▶ Bewertung des Unternehmens anhand der Plan-Jahresabschlüsse
- ▶ Einigung über den Kaufpreis und die sonstigen Rahmenbedingungen
- ▶ Letter of Intent (Absichtserklärung)

Phase 3:
- ▶ Due Diligence (Kaufprüfung durch Wirtschaftsprüfer)

- ▶ Festlegung des Finanzierungsdesigns, wie Earn Out-Regelung, Hinzunahme von Co-Investoren, etc.
- ▶ Ausarbeitung der rechtlichen und steuerlichen Gestaltung der Transaktion
- ▶ Vertragsverhandlungen im Detail
- ▶ Vertragsabschluss vor dem Notar

Interessant in diesem Zusammenhang ist auch, dass der gesamte Transaktionsprozess bei dieser Käufergruppe mehrheitlich wesentlich straffer durchgeführt wird. Sichtbar wird das bspw. bei der Verhandlung und Erstellung des Letter of Intent, deren Inhalt häufig auf nur wenigen Seiten komprimiert dargestellt wird. Genauso stringent laufen die Due Diligence-Prüfungen und die Erstellung der Inhalte zum Kaufvertrag.

Integration und Weiterentwicklung

- ▶ Gemeinsam mit dem Management wird eine strategische und operative Zielvereinbarung getroffen und in einem Budget mindestens die nächsten drei Geschäftsjahre festgehalten
- ▶ Abstimmung des Rechnungswesens mit der Gesamtorganisation
- ▶ Abstimmung der Kapitalstruktur auf die operativen Erfordernisse
- ▶ Abstimmung des Personalbedarfs auf die getroffene Zielvereinbarung
- ▶ Etablieren eines Controllingsystems mit den Instrumenten Kostenrechnung, Liquiditäts-, Finanz- und Investitionsplanung
- ▶ Monatliche Berichterstattung des Zielunternehmens
- ▶ Jährliche Neuvereinbarung der strategischen und operativen Ziele

Exit

- ▶ Börsengang
- ▶ Veräußerung über den Markt an einen strategischen Käufer oder weiteren Finanzkäufer (Secondary Buy-out)
- ▶ Management Buy Out
- ▶ Management Buy In
- ▶ Rückkauf durch das Management
- ▶ Ohne Exit: Erwerb einer Mehrheitsbeteiligung, verbunden mit einer Haltedauer ohne bestimmte Frist

Die Zusammensetzung der Kosten für eine Transaktion wäre für die Bereitstellung der Höhe des Beteiligungsbetrages, die Due Diligence, die Rechtsberatung für die Vertragserstellung, die Notariatskosten, ein mögliches M&A-Berater-Honorar für das Finden von Zielunternehmen, ein mögliches Steuerberater- bzw. Wirtschaftsprüferhonorar, für kalkulatorische Kosten der Fondsmanager und für kalkulatorische Kosten der Assistenz bzw. des Sekretariats. Die gewünschte Verzinsung des Engagements wird über den Wieder- bzw. Weiterverkauf realisiert. Der so genannte **Exit** über einen Börsengang, einen Trade Sale oder über ein Secondary Buy-out (Veräußerung an einen weiteren Finanzkäufer) ist ein fester Strategiebestandteil einer investierenden Fondsgesellschaft. Egal welche Haltedauer für das Investment vorgesehen ist, die Höhe der Wertschöpfung ist von der Höhe des Agios, also der Differenz zwischen Kauf- und Verkaufspreis abhängig.

Die Rückflüsse an die Kapitalgeber sollten umgelegt auf die einzelnen Geschäftsjahre 12,0 % nicht unterschreiten, da das Risiko für die Kapitalgeber aufgrund der fehlenden Einflussnahme auf das operative Geschäft als sehr hoch einzuschätzen ist. Der Engpass, der sich bei der Gruppe der Finanzinvestoren üblicherweise herauskristallisiert, ist das Vorhandensein entsprechender Personalressourcen, um das akquirierte Zielunternehmen auch in der Zukunft erfolgreich weiterführen zu können. Eine Private Equity Gesellschaft arbeitet mit wenigen Fondsmanagern, welche sich im Wesentlichen um das Beschaffen der finanziellen Mittel, dem „**Fundraising**", um die Akquisition von interessanten Zielunternehmen und beim Erreichen der entsprechenden Performance um die Vorbereitung entsprechender Exits der Zielunternehmen kümmern. Aus diesen Gründen ist es deshalb nahe liegend, dass beim Auftreten von Finanzkäufern eine Transaktion sehr gerne in Verbindung mit einer Integration des bestehenden Managements entwickelt und umgesetzt wird. Dieser Sachverhalt wird im Folgenden besprochen.

3. Management

Die dritte große in Frage kommende Käufergruppe sind Privatpersonen mit Übernahmelösungen in Form eines MBO (Management Buy Out) oder eines MBI (Management Buy In). Der **MBO-Kandidat** ist ein im verkaufenden Unternehmen anteilsloser oder minderheitsanteiliger Manager bzw. Geschäftsführer, der mit Eigen- und Fremdmittel das Unternehmen erwirbt. In Zusammenhang mit dem Auftreten einer Kapitalbeteiligungsgesellschaft bzw. einem Private Equity Fonds und dem geplanten Rückzug der verkaufenden Gesellschafter ist diese Variante häufig eine Notwendigkeit, da eine Führung des Unternehmens sonst nicht gewährleistet werden kann. Das setzt natürlich das Vorhandensein einer zweiten Führungsebene im Unternehmen voraus, die am Tag der notariellen Beurkundung das Ruder im Unternehmen übernehmen kann. Ein MBO ist sehr häufig auch eine Übernahmevariante im Zusammenhang mit einem sich in der Krise befindenden Unternehmen, wenn der Kaufpreis zu einem symbolischen Preis erfolgt und der finanzielle Fokus im Wesentlichen auf der sukzessiven Entschuldung des Unternehmens liegt.

Der **MBI-Kandidat** hingegen ist ein Manager, der noch keinen Bezug zum Zielunternehmen hält und sich auch mit Eigen- und Fremdmitteln am Unternehmen beteiligt und darüber hinaus das operative Geschäft übernimmt. Diese sind sehr häufig vermögende Interessentengruppen, die teilweise aus einer Angestelltenposition heraus kommen und es sich auch finanziell leisten können, Kapital in eine Beteiligung zu investieren, um dieses mit dem zusätzlichen Einsatz ihrer Arbeitskraft entsprechend verzinsen zu können. Aus der Sicht eines mitbeteiligten Investors sind die grundlegenden Vorteile von MBO- bzw. MBI-Lösungen eine relativ schnelle Durchführung des gesamten Transaktionsprozesses und aufgrund des eigenen finanziellen Engagements motivierte Geschäftsführer bzw. Mitbeteiligte, die an einer entsprechenden Verzinsung des selbst eingesetzten Kapitals interessiert sind.

Die Bandbreite der in Frage kommenden Käufer mit Ihren individuellen Übernahmelösungen zeigen sehr deutlich, dass der Auswahl ein hoher Stellenwert eingeräumt werden sollte. Die Einengung auf den zu kontaktierenden Interessentenkreis muss zum einen die operativen Zielsetzungen und zum anderen die finanziellen Möglichkeiten in Bezug auf die Kapitalaufbringung berücksichtigen. Die Vorbereitungen für das Generieren einer derartigen Transaktionsvariante sind im Wesentlichen genauso durchzuführen wie bei jeder oben schon angesprochenen Unternehmensnachfolge durch einen Verkauf bzw. Kauf.

Aus der Sicht eines potenziellen MBO- bzw. MBI-Kandidaten in Verbindung mit der Beteiligung eines Finanzinvestors wären von den beteiligten Parteien zusammenfassend im Wesentlichen die folgenden Positionen vorab zu klären:

▶ Ist-Analyse des Unternehmens

▶ Beurteilung der Management Erfahrungen der MBO- bzw. MBI-Kandidaten

▶ Bei mehreren Kandidaten: Vereinbarung über den Sitz in der Geschäftsführung

▶ Produkt- bzw. Dienstleistungsanalyse

▶ Positionierung der Produkte bzw. Dienstleistungen am Markt

▶ Möglichkeiten neuer Produkt-, Markt- und Vertriebsnischen

▶ Jahresabschlussanalyse

▶ Finanzplanung, Budgetierung und Kalkulation

▶ Personalbestand und Potenzial zur Mitarbeiterentwicklung

▶ Finanzierungsstruktur mit einer möglichen Kapitalrückbeteiligung

▶ Vereinbarung über die hinzuziehenden Beratungsleistungen

▶ Auswahl der Finanzinvestoren, mit denen ernsthaft verhandelt werden soll

▶ Kaufpreisvorstellung der Altgesellschafter eruieren und verhandeln

▶ Verhandeln eines Letter of Intent

▶ Due Diligence Prüfung

▶ Vertragsverhandlung, Transaktionsdesign und Finanzierungsstruktur

▶ Signing und Closing

Für alle der drei besprochenen Käufergruppen muss festgehalten werden, dass die Größenordnung eines möglichen Kaufpreises mit einer fundierten Unternehmensbewertung, unter Berücksichtigung der individuellen Risikoeinschätzung, gerechnet wird und eine dementsprechend wichtige Basis der Investitionsentscheidung darstellt.

IV. Investitionsentscheidung

Eine Entscheidung muss immer dann getroffen werden, wenn es mehrere zur Auswahl stehende Alternativen gibt. Dabei geht es schon damit los, dass entschieden wird, ob überhaupt eine Entscheidung in Bezug auf die zur Verfügung stehenden Alternativen getroffen werden muss.

1. Risikoerfassung

Bei Vorlage vollkommener Information hat der Entscheidende alle Daten in Form von Zweck orientiertem Wissen zur Verfügung. Das Gegenteil, die vollkommene Ignoranz ist der absolute Mangel an Informationen. In der realen Welt wird jeder Entscheidende üblicherweise eine Situation vorfinden, die den Informationsstand zwischen diesen beiden Extrempositionen darstellt, was mit unvollkommener Information bezeichnet wird.[35] Kennzeichnend für jeden Investitionsprozess ist das Formulieren von Annahmen über die zu **erwartenden cashwirksamen Zahlungsströme** der operativen Tätigkeit. Als Erwartungswert werden alle künftigen zustandsabhängigen Nettoeinzahlungen in einem definierten Planungszeitraum bezeichnet,[36] die in den Planungsrechnungen als Ergebnis prognostiziert werden. Planen, als die geistige Vorwegnahme zukünftiger Ereignisse setzt im betrieblichen Kontext Überlegungen in Bezug auf die Erwartungen zukünftiger Erlös- und Aufwandspositionen voraus. Ausgehend von den Daten der Vergangenheit und der Gegenwart werden Prognosen mittels Planungsrechnungen über die zukünftige Geschäftsentwicklung des zu bewertenden Unternehmens erstellt. In der Form von Plan-GuV-Rechnungen, Plan-Bilanzen und möglicherweise Plan-Kapitalflussrechnungen werden die zukünftigen strategischen und operativen Überlegungen der Unternehmensführung für den potenziellen Investor als Informationen bereitgestellt.

Das Primat der Planüberlegungen ist der Absatz. Anhand der aktuellen Auftragslage, die in vielen Fällen in Verträgen dokumentiert ist, des geschätzten Marktanteils, der konjunkturellen Wirtschaftslage, der Absatzpreise und der möglichen Neuverträge wird die potenzielle Absatzleistung eruiert, die in der GuV als **Planumsätze** geführt werden. Die einzelnen Aufwandspositionen, wie Material-, Personal- und Abschreibungsaufwand, die zusammen mit dem sonstigen betrieblichen Aufwand das eigentliche Betriebsergebnis bilden, werden entsprechend den kalkulierten Kosten in den Planrechnungen erfasst. Als sichere Erwartung wird das unbegrenzte Vertrauen des Planenden in eine zukünftige Datenkonstellation bezeichnet. Dessen Gegenbegriff ist die unsichere Erwartung, als eine Situation mit begrenztem Vertrauen. Der Planer rechnet mit der Möglichkeit, dass die dann zu bestimmenden Ist-Daten von den zugrunde gelegten Plandaten abweichen. Selbst bei noch so detaillierter Branchen- und Marktkenntnis bleibt für den Entscheidenden immer die Unsicherheit, dass sich der tatsächliche operative Geschäftsverlauf anders als die prognostizierten Planwerte entwickelt. Aufgrund des Zustandes der unvollkommenen Information ist demzufolge jede Investition mit einem unternehmerischen Risiko verbunden. In diesem Zusammenhang wird von **Risikoerwartung** gesprochen, wenn die Abweichung im Sinne einer Planungsunsicherheit des Ist-Ergebnisses in Bezug auf das Planergebnis statistisch bestimmt werden kann.

---

35 In Ergänzung zum Transaktionsprozess aus der Perspektive eines akquirierenden Konzerns kann an dieser Stelle auf Picot (2012) verwiesen werden.
36 Wöhe und Döring 2002, S. 119.

Da jede unternehmerische Tätigkeit bei entsprechender Unsicherheit mit einem Risiko verbunden ist, können demzufolge auch die damit einhergehenden finanziellen Überschüsse nur unter Unsicherheit bestimmt werden, was mit der Übernahme eines Risikos verbunden ist. Zu beobachten ist, dass die einzelnen Marktteilnehmer häufig die zukünftigen Risiken stärker gewichten als die zukünftigen Chancen, was mit Risikoaversion bezeichnet wird.[37] Eine entsprechende **Berücksichtigung des Risikos**, hier als Planungsrisiko, wird im Zusammenhang mit der Bewertung von Unternehmen mit Hilfe einzelner **mathematischer Korrekturverfahren** vorgenommen. Der Investor wird also versuchen, das Risiko, welches bei der Erstellung der Plandaten unter Unsicherheit auftritt, entsprechend zu quantifizieren. Zwei grundsätzlich verschiedene Herangehensweisen sind üblich und führen auch zum gleichen Ergebnis. Zum einen können vom genannten Erwartungswert, also von den geplanten zukünftigen Erlösgrößen Abschläge gebildet und mit einem risikofreien Zinssatz abgezinst werden, der **Sicherheitsäquivalenzmethode**, zum anderen werden die zukünftigen Erwartungswerte auf den Bewertungszeitpunkt mit einem dem Risiko entsprechenden Zinssatz der **Risikozuschlagsmethode** abgezinst.[38] Der finanzmathematische Abzinsungsfaktor ist

$$\frac{1}{(1+r)^t}$$

wobei r den gewählten Zinssatz, als risikofreier Zinssatz (r_f) oder als Risikozinssatz (r_{Risiko}) und t das abzuzinsende Planjahr darstellt.

2. Risikoberücksichtigung

2.1 Sicherheitsäquivalente

Die Sicherheitsäquivalenzmethode berücksichtigt das Risiko, welches, wie oben dargestellt, aufgrund unvollkommener Informationen zustande kommt, mit entsprechenden **Abschlägen auf die Erwartungswerte**. Der sichere Zahlungsstrom, der dem Investor den gleichen Nutzen stiftet, wie die unsichere Verteilung der Nettoeinzahlungen, wird als das Sicherheitsäquivalent (S) bezeichnet. Bestimmt wird dieses mittels Subtraktion einer so genannten Risikoprämie (R) von den Erwartungswerten der Zahlungsverteilung (E), so dass der Unternehmenswert (UW) mittels Abzinsung der zukünftigen Sicherheitsäquivalente auf den Investitionszeitpunkt mit einem risikofreien Zins (r_f) bestimmt und in der folgenden Formel dargestellt werden kann:

$$UW = E - \frac{R}{r_f} = \frac{S}{r_f}$$

Demzufolge verdeutlicht die Höhe der gewählten Sicherheitsäquivalente, also der **Vergleich der Sicherheitsäquivalente mit dem Erwartungswert**, auch die Risikobereitschaft eines potenziellen Investors. Bei einem **risikoneutralen** Kapitalanlageverhalten entspricht das Sicherheitsäquivalent dem Erwartungswert der Zahlungsverteilung (S = E). Der **risikofreudige** Anleger hingegen wählt das Sicherheitsäquivalent größer als den Erwartungswert (S > E), während der **risikoscheue** In-

---

[37] IDW 2008 (88), S. 18 f.
[38] IDW 2008 (89), S. 19.

vestor das Sicherheitsäquivalent entsprechend der individuellen Risikopräferenz kleiner als den Erwartungswert der Zahlungsverteilung wählen wird. Wenn demzufolge S < E, dann entspricht das einer **risikoaversen** Kapitalanlagestruktur.[39] Demzufolge hat die Risikopräferenzfunktion einen degressiven Kurvenverlauf, da die subjektive Nutzeneinschätzung als „Utility" ($U_{(E)}$) mit zunehmenden Erwartungswerten der Zahlungsverteilung als „Earnings" ($E_{(U)}$) abnimmt.

Der Grenznutzen wird immer geringer, was zum Ausdruck bringt, dass dieser die Übernahme zunehmender Risiken scheut, um höhere Erwartungswerte zu erreichen. Bei der Erstellung von Plandaten wird von einem risikoaversen Investor die Risikoprämie mit jedem einzelnen weiteren Planjahr ansteigen, was dann verkleinerte zukünftige Einzahlungsüberschüsse zur Folge hat.

Die innerhalb der betrieblichen Anwendung gängigere Variante der Risikoberücksichtigung ist mit Bezug auf den oben vorgestellten Abzinsungsfaktor die Erhöhung des Nenners um einen Risikoaufschlag (z), der addiert mit dem risikofreien Zinssatz (r_f) den Risikozinssatz (r_{Risiko}) ergibt, was bedeutet, dass die **Ertragswerte** der jeweiligen Planperiode mit **einem risikoangepassten Zinssatz diskontiert** werden. Die so genannte **Zinszuschlagsmethode** hat den Vorteil, dass die Erwartungswerte der einzelnen Planjahre nicht wie beim Arbeiten mit Sicherheitsäquivalenten „nachkorrigiert" werden, sondern aus empirisch beobachtbaren Verhalten abgeleitet und damit eine weitgehend marktorientierte Vorgehensweise bei der Bemessung von Risikozuschlägen gewährleistet werden kann.[40] Es gilt:

$$UW = \frac{E}{(1 + r_{Risiko})^t}$$

Demzufolge ist der Unternehmenswert (UW) unter Zuhilfenahme einer vereinfachten Rentenformel der Quotient aus Ertragswert (E), wie bspw. geplante Cashflow-Größen und Risiko angepasster Zinssatz (r_{Risiko}). In den folgenden Kapiteln werden im Zusammenhang mit der Zinszuschlagsmethode die sachgerechte Bestimmung von risikoangepassten Kapitalkosten und die für die Bewertung relevanten Unterschiede zwischen Eigen- und Fremdkapital sowie das grundsätzliche Funktionieren der Bewertung von Unternehmen über die Abzinsung von zukünftigen Ertragswerten, wie freie Cashflow-Größen oder ausschüttungsfähige Gewinne erläutert.

2.2 Kapitalkosten und Risiko angepasster Zinssatz

Die Kosten des im Unternehmen investierten Kapitals setzen sich aus den Bedienungsansprüchen der Kapitalgeber zusammen, die mit den **gewichteten durchschnittlichen Eigen- und Fremdkapitalkosten**, dem **WACC** (Weighted Average Cost of Capital) quantifiziert werden können. In diesem Zusammenhang wird nach den Empfehlungen des IDW[41] der zugrunde gelegte Kapitalanteil an der jeweiligen **Zielkapitalstruktur** ausgerichtet, welche die periodisch bedingten Veränderungen abbildet. Für eine erste Indikation ließen sich die in den aktuellen Geschäftsberichten börsen-

---

39   Drukarczyk 1998, S. 67.
40   IDW 2008 (92), S. 19.
41   IDW 2008 (133), S. 27.

notierter Unternehmen des DAX und auch des österreichischen ATX erfassten nachsteuerlichen Kapitalkosten heranziehen, die aktuell mit einer Spanne zwischen 6 % und 7 % veröffentlicht werden.

2.2.1 Eigenkapitalkosten mittels CAPM

Die Kosten für das im Unternehmen gebundene **Eigenkapital** (EK) richten sich zwar grundsätzlich an die Renditeerwartung der Eigentümer, werden aber zumindest näherungsweise auf der Basis des **Capital Asset Pricing Models** (CAPM als kapitalmarktorientiertes Preisbildungsmodell aus der Portfoliotheorie) ermittelt, welches nach den Empfehlungen des IDW[42] wissenschaftlich fundiert ist und auch in der betrieblichen Praxis eine breite Zustimmung findet. Das als kapitalmarktorientiertes Preisbildungsmodell aus der Portfoliotheorie, welches auf die grundlegenden Aussagen des von Harry M. Markowitz 1952 erschienenen Artikels „Portfolio Selection" aufbaut, für den er 1990, zusammen mit William Sharp den Nobelpreis für Wirtschafswissenschaften bekommen hat, berücksichtigt die für die Bestimmung der Eigenkapitalkosten relevanten markt- und unternehmens- bzw. branchenspezifischen Komponenten.

Diese erfassen die über eine **risikolose Anlage** (i) hinausgehende, unternehmensspezifische Renditeerwartung der Eigentümer. Deren Basis ist die Mindestverzinsung einer am Kapitalmarkt notierten sicheren Anleihe, bspw. einer Bundesobligation zuzüglich einer Prämie für das Eingehen eines unternehmerischen Risikos, welches sich aus der Erfassung des allgemeinen Marktrisikos mit der grundsätzlichen Investition in Unternehmen, der **Marktprämie** (r_M) sowie aus dem individuellen Risiko, dem **Betafaktor** (ß) des einzelnen Unternehmens bzw. der Branche zusammensetzt.

Der guten Ordnung halber muss an dieser Stelle festgehalten werden, dass ein Kapitalisierungszinssatz auch vom Investor nach dessen persönlichen Verhältnissen frei bestimmt werden kann. Das IDW[43] formuliert den Begriff „subjektive Entscheidungswerte" und weist auf die Beachtung von Laufzeitäquivalenz und auch auf einen möglichen Wachstumsabschlag hin. Der „objektivierte"[44] Unternehmenswert hingegen wird mit Referenz zu dem bewertenden Unternehmen gleichwertigen Zahlungsstrom hinsichtlich Fristigkeit, Risiko sowie Besteuerung ermittelt. Zugrunde gelegt wird die Rendite einer Alternativanlage in Unternehmensanteile, bspw. Aktien.

▶ **Risikoloser Zinssatz (i)**
Die Rendite einer **risikofreien** Kapitalanlage orientiert sich an der effektiven Verzinsung einer Bundesanleihe.[45] Diese ist eine Schuldverschreibung des Bundes, mit einem verbrieften Leistungsversprechen auf Zinszahlung und auf Rückzahlung des Nominalbetrages. Das IDW[46] weist im Zusammenhang mit der Bewertung von Unternehmen darauf hin, dass Unternehmen unter der Annahme einer zeitlich unbegrenzten Lebensdauer bewertet werden, was die Unternehmensbe-

---

[42] IDW, Institut der Wirtschaftsprüfer e.V.: Die Kapitalkosten werden auf Grundlage des IDW Standards, Grundsätze zur Durchführung von Unternehmensbewertungen (IDW S 1 i. d. F. vom 2. 4. 2008), nach denen Wirtschaftsprüfer Unternehmen bewerten, ermittelt; Vgl. IDW 2008 (92); S. 19.
[43] IDW 2008 (123), S. 25.
[44] IDW 2008 (114), S. 23.
[45] IDW 2008 (116), S. 24: „*Für den objektivierten Unternehmenswert ist bei der Bestimmung des Basiszinssatzes von dem landesüblichen Zinssatz für eine (quasi-)risikofreie Kapitalmarktanlage auszugehen. Daher wird für den Basiszinssatz grundsätzlich auf die langfristig erzielbare Rendite öffentlicher Anleihen abgestellt.*"
[46] IDW 2008 (117), S. 24.

wertung von der reinen Investitionsrechnung mit begrenzter wirtschaftlicher Lebensdauer unterscheidet. Demzufolge sollte der fristadäquate Zinssatz, der als eine Mindestverzinsung angesetzt wird, einer am Bewertungsstichtag beobachtbaren Rendite einer zeitlich ebenfalls nicht begrenzten Anleihe der öffentlichen Hand herangezogen werden. Tabelle 3 zeigt eine Zusammenstellung von Bundesanleihen mit entsprechenden Restlaufzeiten.

TAB. 3:	Die Restlaufzeiten von Bundesanleihen[47]	
Bezeichnung	Restlaufzeit	Verzinsung
Bundesanleihe	2030	6,25
Bundesanleihe	2031	5,50
Bundesanleihe	2034	4,75
Bundesanleihe	2037	4,00
Bundesanleihe	2039	4,25
Bundesanleihe	2040	4,75
Bundesanleihe	2042	3,25
Bundesanleihe	2044	2,50
Durchschnittliche Rendite für die Restlaufzeiten 2030 bis 2044: **4,4 %**		

Unter der Zugrundelegung einer durchschnittlichen Rendite der Bundesanleihen mit einer Restlaufzeit der Jahre 2030 bis 2044 wäre der Jahreszins als **risikoloser Zinssatz** (i) mit 4,4 % anzusetzen.

Mit Blick auf den europäischen Vergleich fällt auf, dass nur Deutschland und die Niederlande ein „AAA" aufweisen können und demzufolge die emittierten Staatsanleihen als quasi risikolos gelten. Für alle anderen Länder gilt, dass entsprechende Aufschläge als zusätzliche Prozentpunkte eingepreist werden müssen, wie bspw. für die Nachbarländer:[48]

- Deutschland 0 % Aufschlag „risikolos"
- Niederlande 0 % Aufschlag „risikolos"
- Frankreich 0,46 %
- Österreich 0,60 %
- Italien 1,52 %
- Spanien 1,53 %

▶ **Marktprämie (r_M)**

Die Überrendite, als eine langfristig zu beobachtende Differenz zwischen der Rendite eines in Aktien investierten Marktportfolios und dem risikolosen Zinssatz, stellt den Risikoaufschlag für die Übernahme eines unternehmerischen Risikos dar. Für die Ermittlung der durchschnittlichen Verzinsung des **Marktportfolios** kommen nach dem IDW[49] insbesondere vorsteuerliche Kapital-

---

47 Deutsche Finanzagentur 2013, abgerufen am 22. 6. 2013.
48 Bloomberg, abgerufen am 5. 4. 2013.
49 IDW 2008 (119), S. 24.

marktrenditen für Unternehmensbeteiligungen in Form von Aktienportfolios, die an den Kapitalmärkten ermittelt werden, in Betracht. Dahinter steht der Gedanke, dass Aktien als risikoäquivalente Alternativanlage besser mit dem zu bewertenden Unternehmen vergleichbar sind, als festverzinsliche Wertpapiere. Das Statistische Bundesamt in Wiesbaden hat mit einer Langzeituntersuchung von den 1950er Jahren bis einschließlich Juni 1995 Aktienrenditen, bestehend aus erreichten Kursgewinnen und Dividenden, mit nominal zwischen 8,5 % und 9,5 % berechnet.[50] Zu ähnlichen Ergebnissen kommt 2004 eine Untersuchung von PricewaterhouseCoopers,[51] die für den Zeitraum vom 31. 12. 1974 bis 31. 12. 2002 eine jährliche nominale Aktienrendite von 8,91 % empirisch berechnet hat. Diese setzt sich größtenteils aus Kursgewinnen und zu geringeren Teilen aus Dividenden zusammen.

Die marktspezifischen Komponenten beziehen sich auf die Mindestverzinsung im Sinne einer festverzinslichen Anleihe und auf das Agio als Risikoprämie in der Definition einer „Überdividende", die eine Anlage eines Aktienportfolios gegenüber einer Anlage eines Portfolios mit festverzinslichen Wertpapieren zusätzlich bietet.[52]

Nach Abzug des risikolosen Zinssatzes (i) von der durchschnittlichen Verzinsung des Marktportfolios erhält man die **Markprämie** (r_M) als die langfristige Überrendite des Aktienmarktes im Vergleich zu Bundesanleihen. Die Schmalenbach-Gesellschaft für Betriebswirtschaftslehre e.V.[53] hat Mitte der 1990er Jahre für Deutschland Marktprämien zwischen 5 % bis 6 % vorgeschlagen. Aus späteren Untersuchungen der Schmalenbach-Gesellschaft[54] wurde 2004 eine Untersuchung mit einer Marktprämie von 7 % vorgestellt, bei der die Verzinsung des Marktportfolios auf der Basis des Residualgewinnmodells für den deutschen Kapitalmarkt errechnet wurde. Den Geschäftsberichten der im DAX und der im österreichischen ATX notierten Unternehmen, sind für die Geschäftsjahre 2011 und 2012 als Ansatz für die **Marktprämie** (r_M) um die 5 % zu entnehmen. Die Risikoprämie als das Produkt aus Marktprämie und Risikofaktor (ß) wird als Risikoaufschlag dem risikolosen Zinssatz addiert.

Der Fachausschuss Unternehmensbewertung des Instituts der Wirtschaftsprüfer (IDW) e.V. empfiehlt auf der Basis von Langzeituntersuchungen der Deutschen Bundesbank, des Statistischen Bundesamtes sowie der Schmalenbach-Gesellschaft für Betriebswirtschaftslehre e.V. eine Marktprämie (Marktrisikoprämie abzgl. risikoloser Zinssatz) in Höhe von 4,5 % bis 5,5 %.

Die unternehmens- bzw. branchenspezifische Komponente wird mit einem Risikokoeffizienten berücksichtigt. Der Kapitalisierungszinssatz für das im Unternehmen gebundene Eigenkapital als

---

50 Bimberg 1993 und Daten des Statistischen Bundesamtes bis 1994.
51 Ruh 2004, S. 23 f.
52 IDW 2008 (115), S. 24.
53 Schmalenbach-Gesellschaft für Betriebswirtschaftslehre e.V. 1996, S. 549.
54 Gebhardt 2004, S. 34.

Haftungskapital und als Rücklagen (r_{EK}) ist die Addition der Rendite einer risikofreien Anleihe[55] wie bspw. einer Bundesanleihe, mit einer Marktprämie. Letztere wird mit dem unternehmensspezifischen Risikofaktor, dem Beta-Faktor multipliziert.

▶ **Risikofaktor (ß)**

Der Betafaktor gilt als **Risikoausdruck** einer einzelnen Kapitalanlage im Verhältnis zum Wert des Marktportfolios, wie bspw. dem deutschen Aktienindex DAX, welcher die 30 größten deutschen Unternehmenswerte des Prime Standards beinhaltet. Vereinfacht drückt dieser aus, wie stark die Rendite einer ausgewählten Aktie auf die Veränderung der Marktrendite reagiert. Ein Beta-Wert von

ß = 1,0 bedeutet ein proportionales Reagieren der Aktie analog der Gesamtmarktentwicklung im Sinne eines **risikoneutralen** Anlageverhaltens. Ein Beta-Wert von

ß > 1,0 signalisiert ein überproportionales Reagieren im Kontext einer **aggressiven** Aktie als risikofreudiges Anlageverhalten. Beträgt bspw. das Beta eines Unternehmens 1,3 und der Aktienkurs 100, notiert der Aktienkurs bei einem Rückgang um 10 % des Marktindexes nur noch 87. Bei einem Beta-Wert von 1,0 wäre die Notierung bei 90. Die Risikoeinschätzung ist demzufolge größer als die des Gesamtmarktportfolios bzw. Gesamtmarktindexes. Typische Branchen sind Software, Internet und Telekommunikation, wie bspw. die im TecDAX notierte ADVA Optical Networking SE, die am 3. 6. 2013 einen 250 Tage Beta-Wert von 1,16 aufweist. Ein umgekehrter Sachverhalt liegt bei einem Beta-Wert von

ß < 1,0 vor. Die Kursreaktion der einzelnen Aktie ist unterproportional im Sinne einer **defensiven** Aktie, also einem risikoaversen Anlageverhalten, wie das mehrheitlich bei Energieversorgern oder Unternehmen der Grundstoffindustrie zu beobachten ist. Bspw. weist die RWE AG am 3. 6. 2013 einen 250 Tage Betawert mit 0,97 aus.

ß = 0 soll abschließend erwähnt werden, also die theoretische Möglichkeit einer **risikolosen** Kapitalanlage. Demzufolge reduziert sich dann die Erwartung der Anleger auf den Zinssatz einer in Deutschland emittierten Bundesanleihe.

Gerechnet wird der **Betafaktor** mit der Kovarianz zwischen den Aktienrenditen des zu bewertenden Unternehmens bzw. einer **Peer-Group** vergleichbarer Unternehmen und der Rendite eines Aktienindexes, bspw. DAX, dividiert durch die Varianz der Renditen des Aktienindexes. Für börsennotierte Unternehmen werden die Betafaktoren von verschiedenen Finanzinformationsdiensten bereitgestellt und über das Internet zugänglich gemacht, wie bspw. www.onvista.de oder auch www.bloomberg.com. Auch im Handelsblatt werden die Beta-Werte der 30 DAX Unternehmen regelmäßig veröffentlicht. Dagegen ist für **nichtbörsennotierte** Unternehmen ein Beta-Wert aufgrund der nicht vorhandenen Fungibilität der Anteile und der fehlenden Transparenz der Unternehmenswerte direkt nicht zu bestimmen. Demzufolge kann die Quantifizierung der Eigenkapitalkosten mit Hilfe des CAPM nur eine grobe Annäherung sein. Auch werden an den Kapitalmärkten unternehmens- und marktspezifische Komponenten ermittelt, die für eher heterogene Strukturen eigentümergeführter Unternehmen nicht immer übertragen werden können.

---

55 IDW 2008 (116), S. 24.

Das IDW[56] weist darauf hin, dass die Betafaktoren für den jeweiligen Einzelfall mit Bezug auf Zukunftsausrichtung, Datenqualität sowie Kapitalstruktur zu bestimmen sind.

Nach der Auffassung des IDW[57] bietet sich in derartigen Fällen die Risikoerfassung über die Branche bzw. über die generell höhere Risikoerwartung bei der Investition in kleinere und mittlere Unternehmen an, die nicht an einem geregelten Kapitalmarkt teilnehmen. Behelfsmäßig ist es in der Praxis durchaus üblich, sich an veröffentlichten **Branchen-Betas** zu orientieren oder über eine **Peer-Group-Analyse** (Durchschnitt aus mehreren vergleichbaren Unternehmen der Branche) mit entsprechenden Referenzunternehmen einen eigenen Branchenwert zu ermitteln. Voraussetzung dafür ist allerdings, dass es für die Branche entsprechende an der Börse gelistete Unternehmen gibt, um einen Risikofaktor zu bestimmen. Insgesamt ist die Risikoeinschätzung bei eigentümergeführten Unternehmen aber auch sehr stark durch subjektive Entscheidungswerte beeinflusst.

Zusätzlich wäre unter der Berücksichtigung eines gegenüber börsennotierten Unternehmen tendenziell höheren Verschuldungsgrades aufgrund der Aufnahme von zunehmendem Fremdkapital und dem sich daraus ergebenden höheren Kapitalstrukturrisikos inhabergeführter Unternehmen ein weiterer Beta-Aufschlag[58] anzusetzen. Mit diesem wäre der Empfehlung des IDW Folge geleistet, ein zusätzliches Risiko über die Anpassung eines individuellen Betafaktors auszugleichen. Als pragmatische Faustregel kann gelten, dass jüngere, noch nicht etablierte Unternehmen, kleinere sowie solche, die einen hohen Verschuldungsgrad aufweisen, tendenziell einen höheren **Betafaktor** (ß) zugeschrieben bekommen müssen, der erfahrungsgemäß in der Bandbreite zwischen 1,0 und 1,5 liegt. Bei Unternehmen, die mit Venture Capital finanziert werden, ist der Wert um einige Zehntel größer. Demgegenüber liegt der Betafaktor von bereits im Markt etablierten Unternehmen tendenziell um 1,0 herum. Einen für den Berater sehr interessanten Überblick ist unter dem Link:

http://people.stern.nyu.edu/ADAMODAR/New_Home_Page/datafile/Betas.html.

abrufbar und wie folgt aufgebaut:

TAB. 4:	Eine Übersicht von Branchenbetas						
Industry Name	Number of Firms	Average Beta	Market D/E Ratio	Tax Rate	Unlevered Beta	Cash/Firm Value	Unlevered Beta corrected for cash
Advertising	32	1.68	40.84 %	16.02 %	1.25	13.12 %	1.44
Aerospace/Defense	66	0.98	26.64 %	20.08 %	0.81	11.74 %	0.92
Air Transport	36	1.03	59.08 %	21.35 %	0.70	14.13 %	0.82
Apparel	54	1.36	13.77 %	18.57 %	1.23	5.13 %	1.29
Auto Parts	54	1.76	24.37 %	18.77 %	1.47	11.65 %	1.66
Automotive	12	1.73	103.42 %	16.24 %	0.93	16.84 %	1.11

---

56   IDW 2008 (121), S. 24 f.
57   IDW 2008 (91), S. 19 und (114), S. 23 f.
58   IDW 2008 (91), S. 19; Das IDW formuliert in seinen Grundsätzen zur Unternehmensbewertung, dass grundsätzlich die Ermittlung von Unternehmenswerten unabhängig von Art und Größe des Unternehmens (vgl. IDW 2008 (145), S. 29) nach den allgemeinen Grundsätzen vorzunehmen ist. Über den Betafaktor werden die Besonderheiten des Einzelfalls berücksichtigt. Ein höheres individuelles Risiko wird den Empfehlungen des IDW folgend über einen entsprechenden Beta-Wert bei der Diskontierung ausgeglichen.

> **Eigenkapitalkosten (K_{EK}) = (i + r_M x ß) x EK/GK**

Die **individuelle Risikoprämie** des Investors ist demnach die um das unternehmerische Risiko (ß) gewichtete Marktprämie (r_M), die zu dem risikolosen Zinssatz (i) addiert wird. Werden diese Größen mit dem jeweiligen individuellen **Eigenkapitalanteil** (EK/GK) multipliziert, ergeben sich die gewichteten **Eigenkapitalkosten** nach Steuern. Das im Unternehmen für den betrieblichen Erfolg gebundene Kapital wird von den Eigentümern und Gläubigern in einer unterschiedlichen Größenordnung bereitgestellt. Dieser Tatsache wird im Zusammenhang mit der Ermittlung des Unternehmenswertes und der Wertmanagement-Konzepte mit dem Ansatz eines gewichteten durchschnittlichen Kapitalkostensatzes, dem WACC Rechnung, getragen. Im Folgenden wird der Versuch unternommen, die aus einer Peer-Group ermittelten Betawerte mittels Adjustierung in ihrer individuellen Besonderheit zu berücksichtigen.

TAB. 5:	Die Anpassung von Sondereffekten der Betafaktoren[59]
Adjustierte Betawerte bei eigentümergeführten Unternehmen: je +/- 0,5	
Personenbezogene Faktoren	
▶ Abhängigkeit des Geschäftserfolges vom Unternehmer	
▶ Abschwächung der Abhängigkeit durch Earn Out-Regelungen	
▶ Fehlen einer strategischen Planung oder deren Dokumentation	
Operatives Unternehmensumfeld	
▶ Marktposition und Kundenrisiken	
▶ Wettbewerb und neue Mitbewerber	
▶ Stand der Produktionsentwicklung, Patente und Verfahrensweisen	
Finanzwirtschaftliche Aspekte	
▶ Eingeschränkte Fungibilität	
▶ Kapitalstruktur und Liquidität	
Sonstige unternehmensspezifische Aspekte	

Insgesamt betrachtet ist die Risikoeinschätzung im Zusammenhang mit der **Bewertung kleiner und mittlerer Unternehmen** sehr stark durch **subjektive Entscheidungswerte** beeinflusst. Bei der Festsetzung des Kapitalisierungszinssatzes kommt nach IDW[60] bspw. die individuelle Renditeerwartung des Investors, der Zinssatz zur Ablösung vorgesehener Kredite oder ein Zinssatz, der sich aus der Einschätzung des Basiszinssatzes, des individuellen Risikozuschlagzinses oder unter Umständen auch eines Wachstumsabschlages ableitet zum Tragen.

---

59 Exler & Meister 2011, S. 78.
60 IDW 2008 (123), S. 25.

2.2.2 Eigen- und Fremdkapital

Das Basismerkmal für das **Eigenkapital** ist die prinzipielle Gewährung der Eigentümer/Gesellschafter. Diese ist an eingelegte **Bar- oder Sacheinlagen** gebunden und bei Kapitalgesellschaften einer Kündigung entzogen. Es hat die Eigenschaft als Haftungssubstrat, welches bei einer möglichen Insolvenz vom Gesellschafter nicht als Insolvenzforderung geltend gemacht werden kann. Anders ist das bei Gesellschaftern von Personenhandelsgesellschaften, denen ein gesetzliches Kündigungsrecht eingeräumt ist. Dieses darf zwar durch den Gesellschaftsvertrag gestaltet, aber grundsätzlich nicht ausgeschlossen werden. In der betriebswirtschaftlichen Literatur wird zutreffend darauf hingewiesen, dass die mit der Eigenkapitalfinanzierung zusammenhängenden Folgen der Kapitalaufbringung, des Kapitalschutzes und der Kapitalerhaltung vielfach mit einer haftenden Vermögensmasse assoziiert werden, die dann als haftendes Kapital interpretiert werden. Dabei muss aber berücksichtigt werden, dass das Eigenkapital mit dem aktivierten Vermögen des Unternehmens nicht gleichzusetzen ist, sondern dass die Passivseite der Bilanz zum einen die abstrakte Abbildung der Vermögenswerte darstellt und zum anderen die Zusammensetzung in Eigenkapital, Rückstellungen und Verbindlichkeiten aufzeigt.

Das Eigenkapital ist nichts Gegenständliches, sondern die **passivierte Größe wird durch die einzelnen Vermögenspositionen gedeckt**. Die Passivseite als die abstrakte Abbildung der Aktivseite impliziert, dass das als Haftungskapital passivierte (haftende) Eigenkapital in den einzelnen aktivierten Vermögenspositionen gebunden ist. Im Falle eines Liquiditätsengpasses oder einer drohenden Überschuldung bzw. Insolvenz müssen einzelne Vermögensgegenstände liquidiert werden, um die erforderliche Liquidität zur Aufrechterhaltung der Zahlungsbereitschaft zu gewährleisten. Es werden zuerst die Vermögenspositionen veräußert, die mit dem Generieren des operativen Geschäfts nichts zu tun haben. Das sind mehrheitlich Finanzinvestitionen in Form von Kapitalbeteiligungen oder festverzinsliche Wertpapiere des Anlage- und auch Umlaufvermögens, im Betriebsvermögen gehaltene Grundstücke, die in der nahen Zukunft kein betriebliches in Wert setzen erfahren, sonstige Gegenstände des Sachanlagevermögens, die für die eigentliche betriebliche Leistungserstellung nicht mehr gebraucht werden und Teile der Rohstoffe und Fertigwaren, mit deren Verarbeitung oder Veräußerung nicht mehr zu rechnen ist.

Der spezifisch gesellschaftliche Zweck des Eigenkapitals besteht in seiner Haftungsfunktion und in seinem Beitrag zur Unternehmenserhaltung, aber genauso in seinem Beitrag als „**Verlustauffangpotenzial**". Letzteres ist gerade im Zusammenhang mit den Kredit gebenden Banken von außerordentlicher Bedeutung, da bei entsprechend hohen Jahresfehlbeträgen das als Gegenbuchung gedachte Eigenkapital nicht nur zunehmend verbraucht werden kann, sondern als so genanntes „Negativkapital" auf der Passivseite bilanziert wird. Die Banken, die bei kleinen mittelständischen Unternehmen normalerweise den Großteil des Gläubigeranteils an den Verbindlichkeiten haben, drohen dem Kreditnehmer dann sehr schnell mit der Kündigung der Kontokorrentkreditlinien, mit einer Zinsanpassung nach oben oder mit der Fälligstellung von Teilen der Bankverbindlichkeiten. In der Insolvenz ist das Eigenkapital grundsätzlich verloren. Die Rendite des Eigenkapitals ist von der Höhe des ausschüttungsfähigen Jahresergebnisses abhängig.

Eine vollkommen andere Risikosituation haben die Kreditgeber. Das **Fremdkapital wird ausschließlich wirtschaftlich entwertet**. In der Situation der Insolvenzandrohung bedeutet das für den Kreditgeber die Möglichkeit der Insolvenzforderung. Wird von den Gesellschaftern Fremdkapital in Form eines Darlehens in die Gesellschaft eingebracht, werden diese üblicherweise mit einer **Rangrücktrittserklärung** versehen. Während das Steuerrecht schon relativ frühzeitig zu der Frage Stellung genommen hat, ob diese Darlehen für Zwecke der Gewinnermittlung als Fremd- oder als Eigenkapital einzuordnen sind, war die gesellschafts- und insolvenzrechtliche Rechtslage lange ungeklärt. Die Rechtsunsicherheit besteht darin, ob im Zusammenhang mit einer Überschuldungsprüfung das dann so genannte Eigenkapital ersetzende Gesellschafterdarlehen in einer Überschuldungsbilanz zu passivieren ist. Nach Auffassung der herrschenden Rechtsmeinung sind die Forderungen eines Gesellschafters aus der Gewährung Eigenkapital ersetzender Leistungen, auch ohne entsprechende Rangrücktrittserklärung, in einer entsprechenden Überschuldungsbilanz als „normale" Verbindlichkeiten (Fremdkapital) zu passivieren. Das entspricht der Einbeziehung der Ansprüche auf Kapital ersetzende Leistungen als nachrangige Forderungen.

Bei einer so genannten qualifizierten **Rangrücktrittserklärung** des Gesellschafters wird die Forderung des Gesellschafterdarlehens erst nach der Befriedigung sämtlicher Gesellschaftsgläubiger und bis zur Abwendung der Krise auch nicht vor, sondern nur zugleich mit den Einlagerückgewähransprüchen der übrigen Gesellschafter abgewickelt. Damit wird das Fremdkapital funktional zum Eigenkapital, obgleich es unter den Verbindlichkeiten in der Bilanz steht. Der schlichte Rangrücktritt des Gesellschafters reicht nach herrschender Meinung nicht aus, weil dies ohnehin die zwingende Folge der Umqualifizierung seiner Einlage ist und weil der Gesellschafter, selbst wenn er nur nachrangig befriedigt werden muss, Gesellschaftsgläubiger ist und am Insolvenzverfahren teilnimmt. Mit dem qualifizierten Rangrücktritt verzichtet der Gesellschafter ausdrücklich auf die Gläubigerposition, damit der aus dieser Position abzuleitende Forderungsanspruch nicht in den Überschuldungsstatus aufgenommen werden muss. Die Zinszahlung der Gesellschaft an den Darlehensgeber ist in diesem Fall nur bei einem positiven Jahresergebnis erforderlich. Für die Unternehmensbewertung von großer Bedeutung sind nicht nur die Rechtsstellung der Kapitalgeber und die daraus resultierende Kapitalstruktur der Passivseite, sondern vor allem auch die Kosten der Eigen- und Fremdkapitalanteile.

2.2.3 Fremdkapitalkosten

Die Kosten des **Fremdkapitals** (K_{FK}) orientieren sich im Wesentlichen an den Zinsen der langfristigen **Finanzverbindlichkeiten** des Unternehmens, welche aufgrund der **steuerlichen Abzugsfähigkeit der Kreditzinsen** um die Größe des Einkommensteuersatzes (s) relativiert werden (Tax Shield). Eine zusätzliche Berücksichtigung eines möglichen Solidaritätszuschlages und der Kirchensteuer scheidet nach dem IDW aus, da ein **typisierter Steuersatz**[61] zugrunde gelegt wird. Im Gegensatz zu kapitalmarktorientierten Unternehmen, die mit der Emission von Anleihen größere Anteile ihres Gläubigerkapitalbedarfs decken können, wird das Fremdkapital inhabergeführter Unternehmen mehrheitlich mit Kreditverbindlichkeiten gegenüber Banken repräsentiert. Als Basisgröße für die Bestimmung der Fremdkapitalkosten wird der langfristige

▶ Kreditzinssatz (r_{FK})

herangezogen. Subsumiert werden sollten darüber hinaus auch die Kosten bei vorhandenen Mezzanine-Finanzierungen, wie die Einlagen stiller Gesellschafter oder der Eigentümer in Form von Gesellschafterdarlehen. Sämtliche dieser Konditionen sind verbrieft und können für

---

[61] IDW 2008 (122), S. 25.

eine erste Indikation den Verträgen entnommen werden. Besser wäre, wenn sich die Höhe des Referenzzinssatzes an die zukünftige Zinsgestaltung, wie sie bei der Neuaufnahme von Krediten herangezogen werden, orientieren würde. Unterhält das Unternehmen mehrere langfristige Kreditengagements, empfiehlt sich die Ermittlung eines durchschnittlichen Kreditzinssatzes. Für eine grobe Einschätzung kann derzeit durchaus von einem **Kreditzinssatz** (r_{FK}) für Darlehen von etwa 5,0 % ausgegangen werden. Relativiert wird dieser um die relative Größe des

▶ **Ertragsteuersatzes** (s), dem so genannten „Tax Shield", da die Fremdkapitalzinsen als Aufwand bei der Berechnung der zu versteuernden Gewinngröße abzugsfähig sind und eine sinkende Steuerlast zur Folge hat. Neben dem marginalen Steuersatz wird auch sehr häufig auf einen durchschnittlichen Ertragsteuersatz (s) zurückgegriffen, der für deutsche Unternehmen mit einer **nominellen Steuerbelastung** zwischen 27 % bis 30 % und für österreichische, aufgrund der insgesamt niedrigeren Steuerlast für Unternehmen mit etwa 20 % angesetzt werden kann.[62]

Je nach individuellem **Fremdkapitalanteil**[63] ($^{FK}/_{GK}$) können die gewichteten nachsteuerlichen **Fremdkapitalkosten** für das Unternehmen wie folgt ermittelt werden:

$$\text{Fremdkapitalkosten } (K_{FK}) = r_{FK} \times (1 - s) \times FK/GK$$

2.2.4 WACC als gewichtete durchschnittliche Kapitalkosten

In den obigen Kapiteln wurde über die Kosten der einzelnen Kapitalpositionen nachgedacht. Die Berücksichtigung der unterschiedlichen Inanspruchnahme von Eigen- und Fremdkapital wird als Zinssatz über den **gewichteten durchschnittlichen Kapitalisierungszinssatz, „Weighted-Average-Cost-of-Capital" (WACC)** abgebildet. Dieser setzt sich aus den gewogenen Kapitalkosten aus den aktuellen und auch zukünftigen Fremd- und Eigenkapitalkosten zusammen, die je nach dem Verhältnis der Kapitalzusammensetzung entsprechend gewichtet werden. Bei der Abgrenzung in Bezug auf die Zuordnung von Eigen- und Fremdkapitalteilen muss, wie oben angedeutet, auf den wirtschaftlichen Erfolg der einzelnen Kapitalpositionen abgestellt werden, was auf die Fragestellung nach der Erfüllung der Haftungsfunktion auf die Eigenkapitalanteile herausläuft. Nach dem IDW[64] liegt Eigenkapital dann vor, wenn die Mittel zur Verlustdeckung herangezogen werden können und demnach künftige Verluste mit dem Eigenkapital zu verrechnen sind (Verlustauffangpotenzial). Der Eigenkapitalgeber hat im Falle einer Insolvenz einen Residualanspruch an der Befriedigung der von den Kapitalgebern geforderten Kapitalanteile. Dabei muss berücksichtigt werden, dass die Zusammensetzung der Kapitalanteile nicht unverändert bleibt, sondern aufgrund von Veränderungen des Beteiligungskapitals, der Zuführung von Rücklagen oder der Kreditengagements zukünftig verändert wird. Bei der Bestimmung des WACC sollen die **zukünftige Kapitalstruktur-** und **Kapitalverzinsungsänderungen** angepasst werden.[65] Eine realistische Größe für die

---

[62] Das IDW legt in den Grundsätzen zur Unternehmensbewertung einen typisierten Einkommensteuersatz in Höhe von 35 % zugrunde.
[63] Hier wäre von einer Zielkapitalstruktur auszugehen, die anhand des angestrebten Ratings in der Plan-Bilanz berücksichtigt wird.
[64] IDW 2005b, S. 3.
[65] IDW 2008 (100), S. 21 und (133), S. 27.

Renditeerwartung der Eigenkapitalgeber (r_{EK}) lässt sich, wie oben ausgeführt, über das **Capital Asset Pricing-Model (CAPM)** sehr schön ableiten, so dass die gewichteten **Eigenkapitalkosten (K_{EK})** wie folgt dargestellt werden können:

$$K_{EK} = r_{EK} \times \frac{EK}{GK}$$

EK = Eigenkapital
GK = Gesamtkapital

Bei der Ermittlung der für den WACC heranzuziehenden gewichteten **Fremdkapitalkosten (K_{FK})** sind diese in jenem Ausmaß zu kürzen, in welchem diese steuerlich abzugsfähig sind und mit dem Gewichtungsquotient (FK/GK) zu multiplizieren. Der **Steuersatz (s)**, den ein Unternehmen zu bezahlen hat, setzt sich im Wesentlichen aus den Ertragsteuern als Körperschaftsteuern und als Gewerbeertragsteuern zusammen.[66]

$$K_{FK} = r_{FK} \times (1-s) \times \frac{FK}{GK}$$

FK = Fremdkapital
GK = Gesamtkapital

Da die Fremdkapitalzinsen als Aufwand verbucht werden, verringert sich dementsprechend der Unternehmensgewinn, was eine sinkende Steuerlast zur Folge hat und eine Verminderung der effektiven Fremdkapitalkosten nach sich zieht. Neben dem marginalen Steuersatz wird auch sehr häufig auf den **durchschnittlichen Steuersatz** der jeweiligen Periode zurückgegriffen, der über den Jahresabschluss ermittelt werden kann. Sowohl die gewichteten Eigenkapitalkosten, als auch die gewichteten Fremdkapitalkosten werden mit dem **gewichteten durchschnittlichen Kapitalisierungszinssatz (WACC)** berücksichtigt, der wie folgt dargestellt wird:

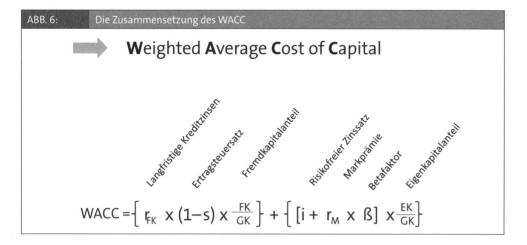

ABB. 6: Die Zusammensetzung des WACC

---

66   IDW 2008 (134), S. 27.

Das im Unternehmen für den betrieblichen Erfolg gebundene Kapital wird von den Eigentümern und von den Gläubigern in unterschiedlicher Höhe und Zusammensetzung bereitgestellt, was letztlich auch eine **differenzierte Struktur der Kapitalkosten** impliziert. Dieser Tatsache wird mit dem Zinssatz r_{WACC} in Verbindung mit dem CAPM Rechnung getragen, der sowohl die absolute Höhe des Eigen- und Fremdkapitalzinses unterschiedlich ansetzt, als auch die Barwerte der in den Plan-Bilanzen unterschiedlichen Gewichtung der Kapitalgebergruppen entsprechend berücksichtigt. Zur guten Vorbereitung einer Unternehmenstransaktion gehört sowohl für den Verkäufer als auch für den Käufer eine fundierte Unternehmensbewertung, die im Idealfallfall mit verschiedenen Methoden durchgeführt werden sollte.[67]

---

[67] Ergänzende Literatur zum Thema Investitionsentscheidung: Brealey & Myers (2000) und Perridon & Steiner (2002).

V. Bewertungsmethoden

1. Systematische Einordnung

In den obigen Kapiteln wurden die verschiedenen **Käufergruppen** und sonstigen an einer Transaktion beteiligten Akteure skizziert, die auf dem Markt auftreten. Auch ist der zu zahlende Kaufpreis grundsätzlich vom jeweiligen **Erwerbertyp** abhängig. Dabei versteht sich, dass die für eine Transaktion zur Disposition stehende Kaufpreishöhe mit der **Ausgangslage des jeweiligen Investors** zusammen hängt. Gegen Ende der 1990er Jahre wurde im Zusammenhang mit Veräußerungsprozessen mittelständischer Unternehmen von den am Markt auftretenden Private Equity Fonds und Kapitalbeteiligungsgesellschaften, die einen vorher definierten Desinvestitionshorizont haben, die höchsten Kaufpreise bezahlt, gerade im Zusammenhang mit einer attraktiven Exitlösung in Form eines Börsenganges (IPO als Initial Public Offering). Heute hingegen sind die Finanzkäufer wieder wesentlich restriktiver in der Artikulation ihrer Kaufangebote. Das hängt zum einen mit einer gewissen Rückkehr zur Normalität zusammen, zum anderen sind die finanzierenden Banken zunehmend weniger bereit, Zugeständnisse bei der Kreditvergabe im Zusammenhang mit Übernahmefinanzierungen zu machen.

Die zusätzlich zu dem zu investierenden Eigenkapital notwendige Aufnahme von Fremdkapital hingegen ist aber unerlässlich, um über diesen Hebel eine für einen Finanzinvestor lohnende Verzinsung des gesamten im Unternehmen eingesetzten Kapitals zu erreichen, so genannter **Leverage Effekt**, bei dem die Gesamtkapitalverzinsung, also alle Varianten der passivierten Eigen- und Fremdkapitalpositionen, sich mit zunehmender Verschuldung erhöht. Das geht so lange, bis die Kosten der aufgenommenen Kredite die Gesamtkapitalverzinsung erreicht hat. Die jährliche Renditevorstellung dieser Käufergruppe liegt in Bezug auf das investierte Eigenkapital bei einer Größenordnung von ca. 20 %. In vielen Gesprächen mit verschiedenen Finanzkäufern zeigt sich, dass die Branche aktuell schon zufrieden ist, wenn die Rendite für das gesamte gehaltene Portfolio gute 10 % bis 12 % erwirtschaften kann. Was den Kaufpreis betrifft, so kann zurzeit wieder beobachtet werden, dass die höchsten Marktpreise bei Käufen mittelständischer Unternehmen im Zusammenhang mit den Trade Sales, also über die Veräußerung an strategische Käufer, erreicht werden.

Insgesamt muss an dieser Stelle angemerkt werden, dass jede der oben beschriebenen Interessengruppe als strategische Käufer, Finanzinvestoren oder Management unterschiedliche Präferenzen für bestimmte Bewertungsverfahren zeigen. Das in internationalen Finanzkreisen anerkannte und gebräuchlichste Verfahren ist die **Discounted Cashflow-Methode (DCF)**.[68] Diese fußt auf der Abzinsung der im Unternehmen frei verfügbaren Cashflows, die vom Investor aus den zur Verfügung gestellten Planbilanzen herausgearbeitet werden können. Banken und Wirtschaftsprüfungsgesellschaften halten häufig noch an der eher konservativen bzw. auf der nach dem Handelsgesetz aufgestellten Jahresabschluss gut ableitbaren **Ertragswert-Methode** fest, die als Abzinsungsgröße die zukünftigen an die Anteilseigner ausschüttungsfähigen Jahresüberschüsse heranzieht. Die **Multiplikatorenmethode** als Vergleichswertverfahren auf EBIT- bzw. EBTDA-Basis wird vom Verkäufer und Käufer üblicherweise nur für eine erste Kaufpreisindikation ins Kalkül genommen. Mit dieser wird das in der GuV-Rechnung ermittelte Betriebsergebnis (EBIT) oder das

---

68 Unveröffentlichte Befragungsergebnisse am Competence Center für Unternehmensrestrukturierung und -sanierung an der Fachhochschule Kufstein im Frühjahr 2013.

operative Ergebnis (EBITDA) mit der Anzahl der Jahre der Amortisation multipliziert. Bei vielen Kaufpreisverhandlungen, in denen der Verfasser involviert war, insbesondere im Zusammenhang mit der Veräußerung kleinerer mittelständischer Unternehmen oder auch in der Zusammenarbeit mit Finanzinvestoren wird diese, zwar auf den ersten Blick unpräzise, aber wegen der pragmatischen Handhabung geschätzte Bewertungsmethode für die Kaufpreisfindung herangezogen und als solche in einem entsprechenden Letter of Intent vorvertraglich fixiert. Von der Zunft der steuerberatenden Berufe, Wirtschaftsprüfer und den Mitarbeitern der Banken wird dieses Bewertungsverfahren eher als unseriös eingestuft und findet deshalb auch bei diesen weniger Anwendung. Als absolute bzw. extreme Eckwerte für die Bestimmung eines Bewertungskorridors eignen sich sehr gut die Methoden nach **Liquidations-** bzw. **Substanz** und **Reproduktionswert**, die zu den Einzelbewertungsmethoden subsumiert werden.

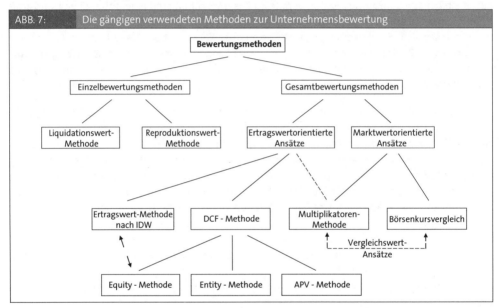

ABB. 7: Die gängigen verwendeten Methoden zur Unternehmensbewertung

2. Die Telefonanlagen GmbH als begleitendes Fallbeispiel

Der „richtige" Unternehmenswert wird nicht gerechnet werden können, was darauf hinausläuft, dass mit der Verwendung mehrerer Bewertungsmethoden und sich ergebender Unternehmenswerte nur ein **Wertekorridor** ermittelt werden kann, innerhalb dessen die Verhandlungen sich bewegen und in ihrem Ergebnis zu einem **Einigungswert** als Veräußerungspreis führen, zu dem Käufer und Verkäufer bereit sind, eine Transaktion abzuschließen. Das verwendete **Fallbeispiel der Telefonanlagen GmbH**, ein mittelständisches Unternehmen aus Süddeutschland, deren Daten der Verfasser aus einem Verkaufsmandat entnommen und für die vorliegende Publikation entsprechend geändert bzw. vereinfacht hat, soll zum Ziel haben, jede einzelne vorgestellte Unternehmensbewertungsmethode praxisgerecht anzuwenden, um auch aufzeigen zu können, dass die einzelnen üblichen Varianten zur Bestimmung des Unternehmenswertes mehr oder weniger zum gleichen Ergebnis führen. Die Telefonanlagen GmbH entwickelt und fertigt Systemkomponenten für Telefonanlagen und für Computer integrierte Kommunikationssysteme. Als so genannter OEM-Anbieter (Original Equipment Manufacturer) ist diese als Systemlieferant von Telefonanlagen für große Kommunikationsanbieter, wie bspw. für die Deutsche Telekom AG, tätig. Ein weiteres wichtiges Entwicklungs- und Verkaufssegment sind Receiver für Satellitensysteme. Mit der Entwicklung von einzelnen Systemkomponenten stand das Unternehmen schon häufig in einem direkten Bieterwettbewerb für die Vergabe von Großaufträgen. Die Geschäftsleitung schätzt in diesem Produktsegment einen strategischen Vorsprung in Bezug auf Forschungs- und Entwicklungsleistungen von etwa vier bis fünf Jahren. Die Telefonanlagen GmbH wurde mittels Herauslösung mit einem Spin-off eines großen Elektronikkonzerns, der noch einen Minderheitsanteil hält, als selbständiges Unternehmen gegründet. Weitere Anteile halten der geschäftsführende Gesellschafter und ein Privatinvestor. Das Umsatzvolumen der letzten Jahre liegt bei etwa 13,0 Mio. €, bei einem Betriebsergebnis von rund 10,0 %. Die zinstragenden Verbindlichkeiten, alles Bankkredite, belaufen sich auf 4,6 Mio. €. Etwa 27 Mitarbeiter werden beschäftigt, die größtenteils Ingenieure sind und mit einzelnen freiberuflichen Mitarbeitern das Entwicklungsteam bilden. Während die Produktentwicklung am Unternehmensstandort in Süddeutschland tätig ist, wurde die gesamte Produktion der Telefonsysteme nach Bangkok, Thailand verlagert. Für das aktuelle Geschäftsjahr 01 und für die darauf folgenden Geschäftsjahre 02 bis 04 legt die Telefonanlagen GmbH die folgende **Ergebnisplanung** vor:

TAB. 6:	Die erweiterte Plan-Gewinn- und Verlustrechnung der Telefonanlagen GmbH			
Gewinn- und Verlustrechnung (in T€)	GJ 01	GJ 02	GJ 03	GJ 04
Umsatzbereich Telekommunikation	13.027	13.227	12.998	13.431
+ Umsatzbereich Receiver	5.581	5.923	6.020	5.881
+ Umsatzbereich Sonstige	713	461	1.025	1.172
+ Sonstige betriebliche Erträge	160	160	160	160
Gesamtleistung	**19.481**	**19771**	**20.203**	**20.644**
- Materialaufwand	-8.887	-9.021	-9.220	-9.423
- Personalaufwand	-5.990	-6.109	-6.231	-6.356
- Sonstige betriebliche Aufwendungen	-2.752	-2.773	-2.803	-2.833
EBITDA	**1.852**	**1.868**	**1.949**	**2.032**
- Abschreibungen	-550	-550	-550	-550
EBIT (Betriebsergebnis)	**1.302**	**1.318**	**1.399**	**1.482**
+ Finanzerträge	15	15	15	15
- Finanzaufwand	-340	-340	-340	-340
Ergebnis der gewöhnlichen Geschäftstätigkeit	**977**	**993**	**1.074**	**1.157**
- Steueraufwand	-228	-231	-244	-257
Jahresüberschuss	**749**	**762**	**830**	**900**
+/- Bereinigungsgrößen/Adjustierungen	-208	-211	-224	-237
Bereinigter Jahresüberschuss	**541**	**551**	**606**	**663**
Bereinigter EBIT	**1.094**	**1.107**	**1.175**	**1.245**

Als Fortschreibungswerte des Datenmaterials der Vorjahre werden für den Betrachtungszeitraum der Geschäftsjahre (GJ) 01 die Vermögens- und Kapitalanteile als **vereinfachte Plan-Bilanz** der Telefonanlagen GmbH dargestellt:

TAB. 7:	Die Planbilanz 01 der Telefonanlagen GmbH		
\multicolumn{4}{c}{Planbilanz GJ 01}		
Immaterielle Vermögensgegenstände	83	Eigenkapital	4.324
Sachanlagen	2.770	Bankverbindlichkeiten	4.621
Finanzanlagen	38	Sonstige Verbindlichkeiten	348
Vorratsvermögen	5.650		
Forderungen Lieferungen u. Leistungen	683		
Kasse und Bankguthaben	69		
Bilanzsumme	9.293	Bilanzsumme	9.293

Die bilanzierten **Bankverbindlichkeiten** der Telefonanlagen GmbH setzen sich aus Kontokorrentkrediten und aus langfristigen Darlehen zusammen. Letztere wurden zum Teil als partiarisches Darlehen der früheren Muttergesellschaft, die oben als großer Elektronikkonzern beschrieben wurde, gewährt. Anhand der Verträge für die langfristigen Kredite wird ein **durchschnittlicher Zinssatz** von 8,2 % heraus gerechnet, der die Größe der in Ansatz zu bringenden Fremdkapitalkosten repräsentiert. Aus der Durchsicht der Steuerunterlagen geht aufgrund von Steuererleichterungen ein in Ansatz gebrachter tatsächlicher **Einkommensteuersatz** von 16,0 % hervor, der im Zusammenhang mit dem durchschnittlich gewichteten Kapitalisierungszinssatz (WACC) als Abzugssteuersatz angesetzt werden kann. Aus Veröffentlichungen von Finanzdaten des Statistischen Bundesamtes und der Bundesbank liegt im Zeitraum der Transaktion der **Zinssatz für Bundesanleihen** mit einer Restlaufzeit bis 2044 bei effektiv 4,4 % und das **Branchenbeta** für europäische Telekommunikations- und Elektronikunternehmen bei 1,29. Die **Marktprämie** als langfristige Überrendite wurde in den obigen Ausführungen bereits in der Größenordnung von 5,5 % in Ansatz gebracht. In den folgenden Kapiteln, welche die einzelnen Unternehmensbewertungsverfahren beschreiben, werden im Anschluss die konkrete Anwendung in Bezug auf die Wertermittlung der Telefonanlagen GmbH vorgestellt und der entsprechende Wertansatz bestimmt.

3. Einzelbewertungsmethoden

Der Fokus der Einzelbewertungsmethoden liegt bei einem **Werteansatz bei den einzelnen bilanzierten Vermögenspositionen**, so dass sich der Unternehmenswert aus der Summe der bewerteten aktivierten Vermögenswerte, abzüglich der zinstragenden Verbindlichkeiten zusammensetzt. Ausgangsbasis ist die Bestimmung des Substanzwertes, der wiederum als **Gebrauchswert** der betrieblichen Substanz immaterieller und materieller Werte interpretiert werden kann und seinen Wertansatz, nicht über die aktivierten Anschaffungs- oder Herstellungskosten, sondern über den **Rekonstruktions-** oder **Wiederbeschaffungswert** als Ausgangsgröße bestimmt. Vermindert wird diese bei den abnutzbaren Vermögensgegenständen um Abschläge, die sich aus dem Verhältnis der Restnutzungszeit zur Gesamtnutzungszeit der Vermögensgegenstände ergibt.[69]

---

[69] IDW 2008 (170), S. 33 f.

Dabei muss berücksichtigt werden, dass nicht alle aktivierten Vermögenswerte ganzheitlich zu einem Unternehmenssubstanzwert addiert werden können, da vor allem die Wertbestimmung der selbst erstellten immateriellen Vermögenswerte, die aufgrund des fehlenden Bilanzansatzes nicht erfasst werden, das Ergebnis verzerren würde. Das IDW[70] weist darauf hin, dass es sich im Zusammenhang mit der Wertbestimmung über die Substanzbewertung immer nur um einen „Teilrekonstruktionszeitwert" handeln kann, dem grundsätzlich der Bezug zu künftigen finanziellen Überschüssen fehlt und demzufolge bei der Ermittlung des Unternehmenswertes im engeren Sinn keine eigenständige Bedeutung zukommt. Wird der Substanzwert in der Wertermittlung nicht über den Gebrauchswert, sondern über den **Verkaufs-** oder **Zerschlagungswert** bestimmt, handelt es sich um den Liquidationswert, der dementsprechend mit der Liquidationsmethode wertmäßig erfasst werden kann.

3.1 Liquidationswertmethode

Eine in klassischen M&A-Prozessen untergeordnete Rolle spielen die **Substanzwertverfahren**, die im Wesentlichen auf die reine Bewertung der bestehenden Vermögenspositionen ausgerichtet sind. In **„Distressed M&A**-Verfahren" sind diese aber eine durchaus gängige Methode zur Kaufpreisermittlung eines stattfindenden **Asset Deals**.

Als möglicher **„realer Substanzwert"** bzw. unterster Grenzwert bei der Anteils- oder Unternehmensbewertung, insbesondere bei schlechter Ertragslage und einem negativen Ergebnisausweis (Jahresfehlbetrag) kann der Liquidations- oder auch Zerschlagungswert definiert und herangezogen werden. Die einzustellende Größe ist die Summe der potenziellen diskontierten Erlöse der einzeln am Markt **veräußerbaren betriebsnotwendigen Vermögensgegenstände** unter Abzug der gesamten zinstragenden Verbindlichkeiten, Liquidationskosten und möglicherweise zukünftig entstehenden Ertragsteuern.[71] Nicht betriebsnotwendiges Anlagevermögen wird bei der Bewertung nicht berücksichtigt. Das bedeutet im Einzelnen die Bestimmung der aktuellen bzw. künftigen **Marktpreise für das Anlagevermögen**. Dabei wird i. d. R. von der aktuellen Bilanz oder von den Planbilanzen ausgegangen, die dann um mögliche bilanzpolitische Gestaltungsgrößen korrigiert werden.[72]

Im Zusammenhang mit der Bewertung des Anlagevermögens wären im Wesentlichen Korrekturen bei den Abschreibungsaufwendungen vorzunehmen. Innerhalb des Umlaufvermögens sind die Forderungen aus Lieferungen und Leistungen um mögliche Bereinigungen zu korrigieren. Genauso zu bewerten sind auch selbst erstellte Vermögensgegenstände und **originäre** Geschäfts- oder Firmenwerte, die aufgrund des Ansatzverbotes nicht aktiviert wurden, soweit diese auch realistisch veräußerbar wären. Der **derivative** Geschäfts- oder Firmenwert (als erworbener Geschäfts- oder Firmenwert) darf dagegen nicht in das Bewertungskalkül mit einbezogen werden, da er einzeln nicht veräußert werden kann, sondern nur beim Unternehmensverkauf als Ganzes zum Wertansatz kommt. Auch werden etwaige Aktivpositionen für Aufwendungen für die Erweiterung und Ingangsetzung des Geschäftsbetriebes und aktive Rechnungsabgrenzungsposten bei der Bewertung nicht berücksichtigt.

---

70   IDW 2008 (171), S. 34.
71   IDW 2008 (140 und 141), S. 28.
72   IDW 2008 (170), S. 33.

Da die Telefonbau GmbH[73] über eine solide Ertragsstruktur verfügt, ist die Liquidationsmethode für die Bestimmung des Unternehmenswertes nicht relevant. Der entsprechende Wertansatz liegt insgesamt am untersten Ende einer möglichen Bandbreite eines Unternehmenswertes.

3.2 Reproduktionswertmethode

Bei der Größenbestimmung für einen Substanzwert als oberen Unternehmenswert, wie dieser als ein Alternativszenario aus der Perspektive eines Investors definiert werden kann, soll der **Reproduktionswert** eine Orientierungsgröße sein. In diesem Zusammenhang muss der Investor die Beschaffungskosten bei Neugründung eines Unternehmens als Bewertungsgröße ansetzen. Mit diesem Wertansatz wird quasi eine Start-up Situation simuliert, die von den formaljuristischen Gründungskosten über die Anschaffungskosten der Betriebsmittel, der Forschungs- und Entwicklungskosten bis hin zu den Personalbeschaffungskosten alle anfallenden Größen erfasst und in der Summe den potenziellen Unternehmenswert bildet, der auch als Grenzwert für einen möglichen Investor definiert werden kann. Auch die Reproduktionsmethode ist für die Bewertung der Telefonanlagen GmbH nicht relevant.

4. Gesamtbewertungsmethoden

Das Unternehmen als Ganzes wird mit den verschiedenen Varianten der Gesamtbewertungsmethoden als „marktwertorientierte" bzw. als „ertragswertorientierte" Ansätze erfasst und anhand der noch zu beschreibenden Ertrags- und Wertgrößen bewertet.

4.1 Die Multiplikatorenmethode als Vergleichswertverfahren

Eine durchaus fundierte Einengung des weiter oben schon angesprochenen Bewertungskorridors oder auch für eine erste Kaufpreiseinschätzung leistet die **Multiplikatorenmethode** als ein Vergleichswertverfahren, die als vereinfachte Preisfindung diskutiert wird und im Einzelfall auch Anhaltspunkte für eine **Plausibilitätskontrolle** der Ergebnisse im Zusammenhang mit den Gesamtbewertungsmethoden auf der Basis abgezinster Unternehmensplanergebnisse leisten kann.[74] Da diese Bewertungsmethode auch mit Gegenwarts- bzw. Vergangenheitswerten und auch ohne besondere Kenntnisse kapitalmarktspezifischer Besonderheiten angewendet werden kann, genießt sie in der M&A-Beratungspraxis, insbesondere im Zusammenhang mit der Veräußerung kleiner und mittlerer inhabergeführter Unternehmen einen recht hohen Stellenwert. Nach Meinung des IDW[75] kann diese eine Unternehmensbewertung als Ertragswertmethode, wie sie im Folgenden noch diskutiert wird, aber nicht ersetzen. Der Preis für ein Unternehmen ergibt sich als Produkt eines als repräsentativ angesehenen **Ergebnisses vor Steuern** mit einem **branchen-** bzw. **unternehmensspezifischen Faktor**.

---

73 Vgl. hierzu Kapitel V.2 „Die Telefonanlagen GmbH als Fallbeispiel".
74 IDW 2008 (143), S. 29.
75 IDW 2008 (144), S. 29.

Gesamtbewertungsmethoden V. KAPITEL

ABB. 8: Die Multiplikatorenmethode als ein Vergleichswertverfahren

Ausgangsgröße für die Wertermittlung ist heute international das **bereinigte Betriebsergebnis** (EBIT$_b$), der nachhaltig zu erzielende Gewinn vor Finanzergebnis und gezahlten Einkommen- bzw. Ertragsteuern.

4.1.1 Bereinigter EBIT als Faktor

4.1.1.1 Die Erfolgsgröße EBIT

Der EBIT (Earnings before Interest and Taxes) als das nach § 275 Abs. 2 HGB handelsrechtliche **Betriebsergebnis** erfasst das Jahresergebnis vor Finanzergebnis und Steuern sowie exklusive des außerordentlichen Ergebnisses, da Letzteres, insbesondere im Kontext der internationalen Rechnungslegung nach IFRS nicht erfasst wird. Einzelne Bestandteile sind sowohl zahlungswirksam als auch ausschließlich buchhalterische Größen, die in einem unmittelbaren Zusammenhang zur betrieblichen Leistung stehen. Da die individuelle Kapitalstruktur und auch die landesspezifische Besteuerung keine Berücksichtigung finden, kann diese Größe international gut verglichen werden.

Für einen Investor ist die Größe des EBIT aber nur von Wert, wenn auch die außerhalb der Bilanz stehenden Verbindlichkeiten bekannt sind, da gerade die so genannten „**Off-Balance-Finanzierungen**", wie Leasing oder Factoring zu einem nicht gerechtfertigten höheren Unternehmenswert führen. Zwar werden diese Größen als entsprechende Aufwandspositionen berücksichtigt, jedoch wird auf der Passivseite der Bilanz eine niedrigere **Nettoverschuldung** ausgewiesen, die den Unternehmenswert wieder entsprechend anhebt.

EBIT

- ▶ „Earnings Before Interest and Taxes", d. h. Gewinn vor Finanzergebnis und Steuern (handelsrechtliches Betriebsergebnis)
- ▶ Umsatzerlöse abzgl. Materialaufwand, Personalaufwand, Abschreibungen und sonstiger betrieblicher Aufwand
- ▶ Erfassung von GuV-Positionen, die ausschließlich innerhalb des Unternehmens erwirtschaftet werden
- ▶ Internationale Vergleichbarkeit gegeben

Für die Darstellung eines nachhaltigen Ergebnisses wird unter Berücksichtigung der neutralen Erfolgsgrößen und der kalkulatorischen Kosten jede einzelne Position des EBIT auf seine tatsächlich erfolgsrelevanten Bestandteile überprüft und entsprechend korrigiert. Demzufolge werden alle nicht firmenspezifischen Größen, wie bspw. Luxusautos, Gehalt einer im Unternehmen nicht mitarbeitenden Unternehmerfrau, etc. um den Wert des Zusatzaufwandes sowie um reine kalkulatorische Größen bereinigt. In der betrieblichen Praxis handelt es sich bei diesen Positionen sehr häufig um Geschäftsführergehalt, Büromiete und Abschreibungen bzw. steuerliche Sonderabschreibungen. Die Tabelle 8 stellt dem Leser eine Checkliste für typische **Bereinigungspositionen** in Bezug auf die EBIT-Darstellung als eigentlich echtes Betriebsergebnis bereit:

TAB. 8:	Der „bereinigte" EBIT
Jahresüberschuss	
+ Ertragsteuern	
+ Zinsaufwand Bank- und Gesellschafterdarlehen	
+ Sonderabschreibung	
+ Überhöhte Rückstellungsdotierung	
+ Überhöhter Reparatur- und Instandhaltungsaufwand	
+ Miete Betriebsimmobilie	
+ Nicht angemessene Gehaltsteile (Ehefrau/Geschwister)	
+ Summe aller Bezüge des Unternehmers	
+ Außerordentlicher Aufwand	
+ Sonstige überhöhte Aufwendungen	
- Zinserträge	
- Erträge aus der Auflösung von Rückstellungen	
- Marktmiete nicht mitverkaufter Immobilie	
- Angemessene Fremdgeschäftsführervergütung	
- Außerordentliche Erträge	
- Sonstige außerordentliche Erträge	
= Bereinigter EBIT	

4.1.1.2 Bereinigung um die neutralen Erfolgsgrößen

An dieser Stelle muss in Erinnerung gerufen werden, dass der Begriff **Aufwand** der externen Rechnungslegung, also dem Jahresabschluss zu subsumieren ist, während der Begriff **Kosten** sich aus der Kalkulation bzw. der Kostenrechnung, demzufolge aus der internen Rechnungslegung begründet. Zwar sind die neutralen Erfolgsgrößen in der externen Erfolgsrechnung als Aufwand bzw. Ertrag verbucht, kennzeichnend ist aber der fehlende betriebsbedingte Bezug zur aktuellen Geschäftsperiode, bzw. eine andere Größenordnung als sie kalkulatorisch vorgenommen werden würde. **Neutrale Aufwendungen** wären zu unterscheiden in betriebsfremde, periodenfremde, bewertungsbedingte und außerordentliche Größen, die zwar bei mittelständischen Unternehmen nach handels- und steuerrechtlichen Grundsätzen häufig von der Finanzverwaltung anerkannt sind, auf kalkulatorischer Basis wird die finanzwirtschaftliche Situation aber unzureichend abgebildet. Für eine Erfolgsgrößenbereinigung werden diese dann als Additionsgrößen berücksichtigt. Demnach werden Aufwandspositionen, die nicht direkt dem betrieblichen Leistungserstellungsprozess zugeordnet werden können als

▶ **betriebsfremde** Aufwandsgrößen erfasst. Typische Beispiele wären Aufwandsteile für diejenigen Kraftfahrzeuge, die zwar formal im Firmenvermögen gebucht sind, funktional aber doch eher einer mehrheitlichen privaten Nutzung unterliegen. Auch die Gehaltsteile von Familienmitgliedern, die nicht operativ im Unternehmen tätig sind, wären in diesem Zusammenhang zu nennen. Diejenigen Aufwandsbuchungen, deren Relevanz aus einer vergangenen Geschäftsperiode herrühren werden als

▶ **periodenfremde** Aufwandsgrößen in Ansatz gebracht. Die Beispielklassiker sind die Steuernachzahlung an das Finanzamt, Tantiemeabflüsse oder die periodengerechte Berichtigung von Halbfertigfabrikaten. In den Fällen, in denen das Steuerrecht bewertungsbedingt größere Spielräume für die Aufwandsbildung zulässt, ist es darüber hinaus sinnvoll, dem kalkulatorischen Ergebnis

▶ **bewertungsbedingte** Aufwandsgrößen zu addieren. Bei der aus dem EStG hergeleiteten Erfolgsgröße „Zuführung zu den Sonderposten mit Rücklageanteil" sind sehr häufig hohe Beträge zu berücksichtigen, da diese als reine buchhalterische Größen keinen Liquiditätsabfluss erfahren. Zwar gilt dieser Sachverhalt auch für die in der GuV erfassten Abschreibungen, diese müssen aber notwendigerweise über die Umsatzerlöse abgedeckt werden und sind demzufolge keine Bereinigungsgrößen, auch wenn sehr häufig der EBITDA als das eigentliche operative Ergebnis kommuniziert wird. Mit der Aufwandsbildung für die buchhalterische Erfassung der betrieblichen Abnutzung des Vermögensgegenstandes wird der ausschüttungsfähige Gewinn geschmälert, um die notwendig werdenden Ersatzinvestitionen gewährleisten zu können. Auftretende Beträge, die aufgrund ihrer Erscheinung oder ihrer Höhe einmalig von der üblichen Größenordnung abweichen, wären kalkulatorisch in Form von

▶ **außerordentlichen** Aufwandsgrößen zu erfassen. Bei einem inhabergeführten Unternehmen mit der Rechtsform der GmbH wäre bspw. ein ambitioniertes Geschäftsführergehalt in Ansatz zu bringen, genauer gesagt der Teil zu addieren, der für einen Fremdgeschäftsführer weniger bezahlt werden würde. Andere Beispiele wären Abschreibungen für Erweiterungsinvestitionen, überhöhte Rückstellungsdotierungen, Forderungsausfälle, einmalig überhöhte Materialbeschaffungspreise, überhöhter Reparatur- und Instandhaltungsaufwand oder Ähnliches.

Werden für einen Bewertungsansatz die neutralen Aufwandspositionen den zu bestimmenden Erfolgsgrößen addiert, sind konsequenterweise **neutrale Erträge** für einen kalkulatorischen Ansatz abzuziehen, wie bspw. Erlöse aus der Auflösung von Rückstellungen, sonstige einmalig erhöhte Anteile der Umsatzerlöse sowie Erlöse aus dem Abgang von Vermögensgegenständen. Für Letztere können als Beispiele die über den Buchwert verkauften Grundstücke, Immobilien, sonstige Sachanlagevermögensgegenstände sowie Wertpapiere, die im Anlage- oder Umlaufvermögen gebucht sind, aufgeführt werden.

4.1.1.3 Bereinigung um die kalkulatorischen Kosten

Als Teil der Kostenartenrechnung werden die **kalkulatorischen Kosten** ausschließlich in der internen Rechnungslegung oder mit einem geringeren Betrag in der externen erfasst. Die Gründe hierfür könnten folgende sein: ein gesetzliches Ansatzverbot oder die Verbuchung bestimmter Positionen in einer Nebengesellschaft des Unternehmens, wie das bspw. sehr häufig beim Vorhandensein einer Betreiber und Besitzgesellschaft der Fall ist. Abbildung 9 verdeutlicht alle Bereinigungsgrößen, die im Zusammenhang mit der Ermittlung nachhaltiger Erfolgsgrößen eines Jahresabschlusses erfasst werden können:

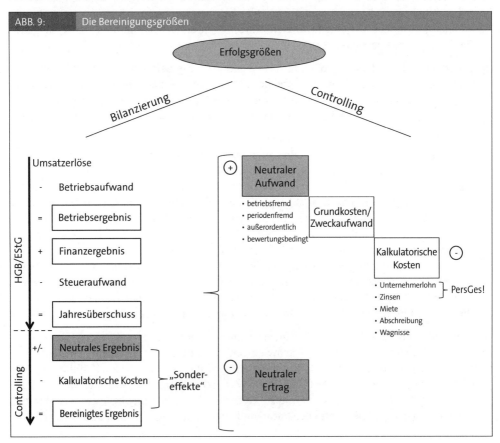

ABB. 9: Die Bereinigungsgrößen

Von **Zusatzkosten** wird gesprochen, wenn der Ansatz in der GuV-Rechnung fehlt und von **Anderskosten**, wenn der Ansatz niedriger ausfällt als es eine kalkulatorische Größenordnung vorsehen würde. So wird bspw. bei Personengesellschaften in der Finanzbuchhaltung für den Gesellschafter mit gesetzlich verpflichtender Geschäftsführungsfunktion, wie das bei OHG-Gesellschaftern oder Komplementären einer KG der Fall ist, kein entsprechender Personalaufwand gebucht. Da der Jahresüberschuss gleichzeitig als Entgelt für die Kapitalüberlassung und für die Arbeitsleistung herangezogen werden muss, wird ausgleichend ein

▶ **kalkulatorischer Unternehmerlohn**
angesetzt, der auch das operative Entgelt für die Arbeitsleistung abbildet. Bei eigentümergeführten Unternehmen in der Rechtsform einer Kapitalgesellschaft wird durchaus häufig eine moderatere Gehaltsausauszahlung vorgenommen, als es die Branche üblicherweise zulassen würde. Da in derartigen Fällen kein entsprechender Aufwand gebucht wird, lassen sich für einen Bewertungsansatz kalkulatorische Kosten in der Differenz zu einem Gehalt für einen Fremdgeschäftsführer in Ansatz bringen.[76] Davon losgelöst ist das Entgelt für die Kapitalüberlassung, die Gewinnausschüttung als Dividende oder Tantieme, die bei Kapital- und bei Personengesellschaften für die Gesellschafter gezahlt wird. Unabhängig der Ausschüttungs- bzw. Thesaurierungspräferenzen ist es für die Darstellung des bereinigten Ergebnisses auch anzuraten, entsprechende Kapitalkosten als

▶ **kalkulatorische Zinsen**
in Ansatz zu bringen. Dieser Umstand muss berücksichtigt werden, da nach den Rechnungslegungsvorschriften des HGB und EStG ausschließlich die Fremdkapitalkosten gewinnmindernd zum Ansatz kommen, nicht aber die Kosten für das bereitgestellte Eigenkapital. Als Bemessungsgrundlage dient das im Unternehmen durchschnittlich gebundene Kapital der Eigentümer, dessen Verzinsung an das erhöhte Risiko für Investorenkapital angepasst werden muss. Mit dem zusätzlichen Ansatz einer

▶ **kalkulatorischen Miete**
wird der Umstand einer separaten Erfassung der betrieblich genutzten Immobilie im Ergebnis berücksichtigt, insbesondere bei der getrennten Bilanzierung in der Besitzgesellschaft des Unternehmers, wenn in der Finanzbuchhaltung der Betreibergesellschaft kein entsprechender Mietaufwand gebucht wird. Eine

▶ **kalkulatorische Abschreibung**
erfasst, im Gegensatz zu dem oben genannten Beispiel einer neutralen Aufwandsbildung als bewertungsbedingten Aufwand, den Fall einer in der Handels- und Steuerbilanz möglicherweise niedriger ausfallenden Abschreibung der Vermögenspositionen, die sowohl die planmäßigen, als auch die außerplanmäßigen Abschreibungen nach oben hin kalkulatorisch ausgleichen. Im Zusammenhang mit der Preiskalkulation trägt die Verrechnung von Abschreibungen zur Substanzerhaltung bei, da über die höheren Umsatzerlöse die Wiederbeschaffung geleistet werden kann. Im Gegensatz zur bilanziellen Abschreibung werden nicht die Anschaffungs- oder Herstellungskosten als Bemessungsbasis herangezogen, sondern die Wiederbeschaffungskosten. Abschließend sollen ergänzend auch die

---

76 Vgl. hierzu auch IDW 2008 (160), S. 32.

▶ **kalkulatorischen Wagniskosten**
erwähnt werden, die es dem Unternehmen ermöglichen, nicht versicherte bzw. nicht versicherbare Einzelrisiken innerhalb der Preiskalkulation oder der Darstellung adjustierter Erfolgsgrößen in Ansatz zu bringen. Die entsprechende Größenordnung bemisst sich an einer durchschnittlichen Schadensquote der vergangenen Geschäftsperioden.

Die kalkulatorischen Kosten finden als eine weitere Kostenart ihre Anwendung in der **Kostenrechnung**. Im Zusammenhang mit der Kalkulation der Verkaufspreise auf Voll- oder Teilkostenbasis wären diese als **beschäftigungsunabhängige** Kostenbestanteile aufzunehmen. Über die Rückflüsse in den Umsatzerlösen tragen diese darüber hinaus auch zu einer weiteren Innenfinanzierung bei. Innerhalb der Bilanzlehre werden für die Darstellung eines nachhaltigen Jahresergebnisses zur Ermittlung der eigentlichen **Ausschüttungsgröße** und auch zur Darstellung bereinigter Erfolgsgrößen mögliche neutrale Erfolgspositionen sowie kalkulatorische Kosten zum Ansatz gebracht. Der guten Ordnung halber muss abschließend festgehalten werden, dass die Bandbreite der Bereinigungen von Unternehmensgewinnen immer eine individuelle Einstellung des Unternehmers bzw. Managements ist und demzufolge eine interne Kenntnis der Zusammensetzung einzelner Controlling-Daten voraussetzt.

Einzelne Finanzvorstände börsennotierter Unternehmen machen das jedes Jahr sehr eindrucksvoll vor, wenn diese, im Zusammenhang mit der Kommunikation der Jahresergebnisse, die **Sondereffekte**, die als das **neutrale Ergebnis** im Geschäftsbericht aufgenommen werden, nicht immer für die Anleger nachvollziehbar erläutern können oder wollen. Die häufigsten dieser Adjustierungen stehen im Zusammenhang mit Buchgewinnen oder -verlusten aus Desinvestitionen, Firmenwertabschreibungen sowie Restrukturierungsaufwendungen.

MERKE

Bereinigungen/Sondereffekte

▶ Erfolgsgrößen der GuV-Rechnung, die nicht im Zusammenhang mit der betrieblichen Leistungserstellung der aktuellen Periode stehen

▶ Neutraler Aufwand/Ertrag als betriebsfremder, periodenfremder, außerordentlicher oder bewertungsbedingter Aufwand/Ertrag

▶ Kalkulatorische Kosten als Unternehmerlohn, insb. bei Personengesellschaften; Miete, insb. bei getrennter Besitzgesellschaft; Abschreibungen, insb. bei Begünstigungen des EStG; Zinsen sowie Wagnisse

▶ Sondereffekte wie Restrukturierungskosten sowie Gewinne/Verluste aus dem Abgang von Vermögensgegenständen

Multipliziert mit einem **branchenspezifischen Faktor** (Multiple) kann der Unternehmenswert (UW) bestimmt werden. Der Multiplikator definiert die vom Investor erwartete **Amortisationsdauer** des Investitionsengagements, welcher von den in der Vergangenheit in der Branche gezahlten Transaktionspreisen ex-post abgeleitet wird. Der eigentliche Unternehmenswert, als der

Marktwert des Eigenkapitals (Equity Value) ergibt sich aus dem Gesamtwert des Unternehmens (Enterprise Value) unter Ausschluss der zinstragenden Verbindlichkeiten (i. d. R. Bankverbindlichkeiten) bzw. der zinsbringenden Forderungen, möglichen Pensionsverpflichtungen in der Höhe passivierter Pensionsrückstellungen sowie der liquiden Mittel (Kasse, Bank und Wertpapiere des Umlaufvermögens). Immer häufiger, insbesondere von den Finanzinvestoren, wird auch der „Sockel"-Kapitalbedarf zur Finanzierung des Working Capitals als Abzugskapital für die Bestimmung des Unternehmenswerts mit abgezogen.

4.1.2 Branchen-Multiple

Der Multiplikator als branchen- bzw. unternehmensspezifischer Faktor definiert die **Amortisationsdauer** des Investments, die je nach Käufertyp und Konstellation des Zielunternehmens unterschiedlich ausfallen kann. Ab dem Amortisationszeitpunkt partizipiert der Investor an den positiven Betriebsergebnissen. Als Faustregel für die meisten Branchen kann ein **Multiplikator von fünf bis sieben** angesetzt werden, da dieser Zeitraum in Jahren üblicherweise als eine rationale Größe gesehen wird.[77] Grundsätzlich ist aber der Multiplikator eine vom Investor mehr oder weniger willkürlich ansetzbare Größe. Diese wird von in der Vergangenheit entstandenen Erfahrungswerten der jeweiligen Branche abgeleitet, was bedeutet, dass die Transaktionswerte herangezogen werden, um einen entsprechenden Multiplikator herauszufinden. Gerade bei der Veräußerung von mittelständischen Unternehmen ist es für einen Außenstehenden sehr schwierig, Multiplikatoren zu bestimmen, da aufgrund einer fehlenden Veröffentlichung die gezahlten Kaufpreise nicht bekannt sind. Natürlich ist auch die individuelle Präferenz des jeweiligen Investors für ein bestimmtes Zielunternehmen für den gewählten Multiplikator ein Bestimmungskriterium.

Sind vergangene, bei der Veräußerung von mittelständischen Unternehmen gezahlte Transaktionspreise innerhalb einer Branche nicht bekannt, kann die Orientierung auch an veröffentlichten Multiplikatorgrößen, so genannten **PER (Price-Earnings-Ratio)** erfolgen. Diese Price-Earnings-Ratios von mit dem Zielunternehmen vergleichbaren börsennotierten Unternehmen drücken das Verhältnis zwischen der jeweiligen an der Börse ermittelten Marktkapitalisierung, also dem Aktienkurs multipliziert mit der Anzahl der Aktien und dem nachhaltigen nachsteuerlichen Gewinn aus. In der praktischen Auseinandersetzung, im Wesentlichen mit dem Hintergrund einer einheitlichen Vergleichbarkeit, empfiehlt sich eine **Peer Group-Analyse** mit der Division der an der Börse notierten Marktkapitalisierung und den jeweiligen ausgerechneten EBIT-Werten, also den Erträgen vor Finanzergebnis und Steueraufwand des Zielunternehmens. Das in internationalen Kapitalmarktkreisen üblicherweise verwendete PER ist dem **deutschen KGV**, also dem Kurs-Gewinn-Verhältnis gleichzusetzen. Mehrere vergleichbare Unternehmenswerte bilden eine so genannte Peer Group. Fünf bis zehn derartige Vergleichswerte zeigen einen einigermaßen repräsentativen Wertekorridor der Branche.

Das pro Aktie bestimmbare **Price-Earnings-Ratio** als Bewertungsgröße drückt das Verhältnis zwischen dem aktuellen Börsenkurs im Zähler und dem Gewinn pro Aktie im Nenner aus. Als Datenbasis für den Gewinn pro Aktie werden üblicherweise die vergangenen vier oder die erwarteten bzw. prognostizierten vier Quartalsergebnisse herangezogen. Eine dritte Variante wird sehr häu-

---

77 Das IDW -2008 (165), S. 33- definiert den Branchen-Multiple „... *als Ausdruck der aktuellen Kapitalkosten, der Risikoneigung potenzieller Erwerber sowie des Verhältnisses zwischen Angebot und Nachfrage auf dem Markt für Unternehmenstransaktionen.*".

fig mit der Verwendung der Gewinne der aktuellen zwei und die der nächsten zwei Quartalsergebnisse gerechnet. Der mit diesen Varianten zustande gekommene Multiplikator drückt die Bereitschaft der Investoren aus, ein entsprechend Vielfaches an Jahresgewinnen für den Erwerb einer Aktie zu bezahlen. Die im DAX notierten Unternehmen haben mehrheitlich ein **PER von zwölf bis fünfzehn**. Ein hohes PER ist i. d. R. ein Ausdruck für erwartete hohe zukünftige Ergebnisse, wobei angemerkt werden muss, dass die isolierte Betrachtung eines PER eher nichts sagend ist. Eine Erfolgsinterpretation ist erst gewährleistet, wenn ein Vergleich mit Vergangenheits- oder Branchenwerten gewährleistet werden kann. Von Überbewertung wird gesprochen, wenn das PER stärker ansteigt als die operativen Ergebnisse.

Die Eigenkapitalanteile mittelständischer Unternehmen sind aber nicht fungibel, was zur Folge hat, dass sich eine Veräußerung wegen eines sehr kleinen Marktes wesentlich schwieriger darstellt, als diese bei Unternehmen der Fall ist, deren Minderheitsanteile über die Börse veräußert werden können. Werden demzufolge Branchenmultiplikatoren aus der Peer Group übernommen, müssen **Abschläge** vorgenommen werden, die in aller Regel 30 % bis 40 % ausmachen. Sehr pragmatisch bezüglich der Grobindikation von Multiples ist der Verweis auf die Veröffentlichung der Zeitschrift „Finance", die monatlich auf der Basis einer Panelbefragung der wichtigsten in Deutschland arbeitenden **M&A Boutiquen**[78], erfolgt:

▶ Allert & Co. GmbH, Mannheim

▶ Angermann M&A International GmbH, Hamburg

▶ Aquin & Compagnie AG, München

▶ Aschenbach Corporate Finance GmbH, München

▶ C-H-Reynolds Corporate Finance AG, Frankfurt

▶ Ferber & Co. GmbH, München

▶ Hübner Schlösser & Cie, Grünwald

▶ IEG (Deutschland) GmbH, Berlin

▶ IMAP M&A Consultants AG, Mannheim

▶ InterFinanz GmbH, Düsseldorf

▶ IPONTIX Equity Consultants GmbH, Frankfurt

▶ Lincoln International AG, Frankfurt

▶ Mayerhöfer & Co Corporate Finance Beratung GmbH, Frankfurt

▶ M&A International GmbH, Kronberg

▶ Network Corporate Finance GmbH, Düsseldorf

---

78 In Anlehnung an das FINANCE-Expertenpanel, vgl. www.finance-research.de, abgerufen am 25. 6. 2013.

Die folgende Tabelle zeigt eine **Übersicht über die Multiplikatoren** der zurzeit verkaufsfähigsten Unternehmensbranchen:

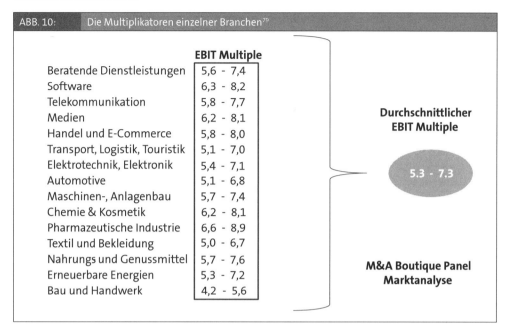

ABB. 10: Die Multiplikatoren einzelner Branchen[79]

	EBIT Multiple
Beratende Dienstleistungen	5,6 - 7,4
Software	6,3 - 8,2
Telekommunikation	5,8 - 7,7
Medien	6,2 - 8,1
Handel und E-Commerce	5,8 - 8,0
Transport, Logistik, Touristik	5,1 - 7,0
Elektrotechnik, Elektronik	5,4 - 7,1
Automotive	5,1 - 6,8
Maschinen-, Anlagenbau	5,7 - 7,4
Chemie & Kosmetik	6,2 - 8,1
Pharmazeutische Industrie	6,6 - 8,9
Textil und Bekleidung	5,0 - 6,7
Nahrungs und Genussmittel	5,7 - 7,6
Erneuerbare Energien	5,3 - 7,2
Bau und Handwerk	4,2 - 5,6

Durchschnittlicher EBIT Multiple

5.3 - 7.3

M&A Boutique Panel Marktanalyse

4.1.3 Gewichteter durchschnittlicher EBIT als alternative Faktorgröße

Die Multiplikatorenmethode, als eine Variante der Vergleichswertverfahren, wie sie oben dargestellt wurde, ist mit Sicherheit eine pragmatische und auch vom errechneten Unternehmenswert nachvollziehbare Methodik der Bewertung. Dem Vorwurf der Konzentration auf das gerade abgeschlossene Geschäftsjahr kann mit **gewichteten durchschnittlichen EBIT-Werten** als Faktorgrößen begegnet werden, für die die GuV-Daten der Vergangenheit, der Gegenwart und der Zukunft herangezogen werden. Zentraler Bestandteil dieser Methodik ist, dass die aktuellen EBIT-Werte eine höhere Gewichtung bekommen als die weiter zurück liegenden oder die Werte, die weiter in der Zukunft liegen. Damit kann der Tatsache Rechnung getragen werden, dass veraltete oder planungsunsichere Erlös- und Aufwandspositionen weniger Gewichtung für die Bildung des Unternehmenswertes beitragen, als dies bei dem aktuellen Datenmaterial der Fall ist.

TAB. 9: Die Berechnung des gewichteten durchschnittlichen EBIT

Multiplikatoren-Methode mit gewichtetem EBIT	
EBIT der Jahre	Gewichtung
- 03	1fach
- 02	2fach
- 01	3fach

---

[79] Multiplikatoren gemäß Kaufpreise getätigter Transaktionen; vgl. www.finance-research.de, abgerufen am 8. 7. 2013.

Bewertungsjahr	4fach
01	3fach
02	2fach
03	1fach
$\dfrac{\Sigma \text{EBIT}_{gewichtet}}{16}$ x Branchenfaktor = Unternehmenswert	

Der gewichtete durchschnittliche EBIT relativiert somit die Betriebsergebnisse der einzelnen Ist- und Planperioden. In der Mergers & Acquisitions-Praxis und in jüngerer Zeit immer häufiger in der betriebswirtschaftlichen Literatur auftretend, wird diese Variante der Multiplikatorenmethode auch mit dem Begriff „Interfinanz-Methode"[80] bezeichnet.[81]

Im obigen Kapitel wurde die Multiplikatorenmethode mit der Faktorgröße des einfachen und des gewichteten durchschnittlichen EBIT, der um die nicht betriebsbedingten Aufwandspositionen (Neutraler Zusatzaufwand), um die Anderskosten (Kalkulatorische Kosten) und um die neutralen Erträge bereinigt wurde, dargestellt. Eine wesentlich enger gefasste Bewertungsgröße ist der in internationalen Kapitalmarktkreisen üblich gewordene EBITDA, als Abkürzung für Earnings Before Interest, Taxes, Depreciation and Amortization.

4.1.4 EBITDA als alternative Faktorgröße

Der **EBITDA** setzt sich zusammen aus dem obigen Betriebsergebnis in Form des EBIT, zuzüglich der in der GuV dargestellten Abschreibungsaufwandspositionen auf Firmenwerte (Amortization) und auf das sonstige Anlagevermögen (Depreciation). Im Zusammenhang mit der Ergebnisdarstellung börsennotierter Unternehmen wird der EBITDA sehr häufig als das **„eigentliche Ergebnis operativer Tätigkeit"** bezeichnet. Das ist insofern richtig, da der um alle nicht dem Unternehmenszweck dienlichen Aufwands- und Ertragspositionen **„bereinigte"** EBITDA unter Ausschluss der rein buchmäßigen Verluste, wie die des Abschreibungsaufwandes das quasi Netto-Betriebsergebnis repräsentiert. Auf der anderen Seite muss aber kritisch hinzugefügt werden, dass bei der Bestimmung des Unternehmenswertes die Nichtberücksichtigung der Abschreibungen zu verzerrten Betriebsergebnissen führt. Zum einen liegen die jährlichen Investitionsleistungen in Form der Ersatz- und Erweiterungsinvestitionen i. d. R. über den jährlichen Abschreibungen, zum anderen sollte jede Investitionsentscheidung die entsprechenden operativen Rückflüsse aus den Umsatzerlösen gewährleisten, was bedeutet, dass jede Investition als **Desinvestition** wieder zurückgeführt wird. Gebildete bilanzielle Abschreibungen müssen aus den Umsatzerlösen in liquider Form wieder in das Unternehmen zurückfließen.

---

[80] Olfert 2003, S. 274 ff.
[81] Die Interfinanz, Gesellschaft für internationale Finanzberatung mbH in Düsseldorf ist eine klassische M&A-Beratungsboutique, die 1958 von Prof. Dr. Carl Zimmerer gegründet wurde und heute mit etwa sieben Professionals Transaktionen von mehrheitlich mittelständischen Unternehmen abwickelt.

MERKE

EBITDA

▶ „Earnings Before Interest, Taxes, Depreciation and Amortization", d. h. Gewinn vor Finanzergebnis (Zinserträge, Zinsaufwand sowie Abschreibungen auf Finanzanlagen und Wertpapiere des Umlaufvermögens), Steuern, Abschreibungen auf Sachanlagen und immaterielle Vermögensgegenstände

▶ Erfassung von GuV-Positionen, die ausschließlich innerhalb des Unternehmens erwirtschaftet werden und liquiditätswirksam sind

▶ Ergebnis der eigentlichen operativen Leistungsfähigkeit des Unternehmens

Eine sehr häufige Erscheinung ist die Verwässerung des Betriebsergebnisses aufgrund hoher Abschreibungsbeträge, welche bspw. durch **überhöhte Kaufpreiszahlungen** im Zusammenhang mit Investitionen oder auch Unternehmensakquisitionen zustande kommt. Das bedeutet nichts anderes, als dass die gezahlten Kaufpreise unzureichend über die laufenden Umsätze amortisiert werden. Zu beobachten ist sehr häufig, dass börsennotierte Unternehmen den Kapitalanlegern den EBITDA kommunizieren, um in einer Geschäftsergebnispräsentation oder in einer Adhoc-Mitteilung kein negatives Betriebsergebnis ausweisen zu müssen. In Bezug auf die Multiplikatorenmethode würde bei der Verwendung des EBITDA als Multiplikationsfaktor der Unternehmenswert möglicherweise überhöht ausfallen und damit den zu amortisierenden Betrag für einen Investor uninteressant machen. Um die oben besprochenen Sachverhalte zu verdeutlichen, soll zusammenfassend die Zusammensetzung des Periodenergebnisses dargestellt werden:

TAB. 10: Der „bereinigte" Periodenerfolg

Betriebsertrag (durch Investitionen innerhalb des Unternehmens erzielt)

- Betriebsaufwand (durch Investitionen innerhalb des Unternehmens verursacht, in Form von Materialaufwand, Personalaufwand sowie dem sonstigen betrieblichen Aufwand)

= **EBITDA** (Eigentliches operatives Ergebnis)

- Abschreibungen (als planmäßige und außerplanmäßige Abschreibungen des Anlage- und Umlaufvermögens)

= **EBIT** (Handelsrechtliches „Betriebsergebnis", also Positionen die ausschließlich innerhalb des Unternehmens erwirtschaftet werden)

+ Finanzertrag (durch Investitionen außerhalb des Unternehmens erzielt)

- Finanzaufwand (durch Investitionen außerhalb des Unternehmens und Investitionen Unternehmensfremder im Unternehmen verursacht; inkl. auch der Abschreibungen auf Finanzanlagen und Wertpapiere des Umlaufvermögens)

= **EGT** (Ergebnis der gewöhnlichen Geschäftstätigkeit)

+/- Außerordentliches Ergebnis

= **EBT** (Vorsteuerergebnis)

-	Steueraufwand
=	**Jahresüberschuss**/Jahresfehlbetrag (handelsrechtliche Ausschüttungsgröße)
+	Betriebsfremder Zusatzaufwand
+	Periodenfremder Zusatzaufwand
+	Außerordentlicher Zusatzaufwand
+	Bewertungsbedingter Zusatzaufwand
-	Neutrale Erträge
-	Kalkulatorische Kosten als Anders- oder Zusatzkosten als Unternehmerlohn, Mieten, Zinsen, Abschreibungen oder Wagniskosten
=	**Bereinigtes Periodenergebnis**

Neben dem EBIT als die mit Sicherheit wichtigste Faktorgröße bei der Unternehmensbewertung über die Multiplikatorenmethode wird bei der Bewertung von Kleinstunternehmen, also Unternehmen mit weniger als zehn Beschäftigten und einem Jahresumsatz von maximal 2,0 Mio. €, oder bei Unternehmen mit ausgeglichenen bzw. negativen Betriebsergebnissen auch durchaus mit dem **Umsatz als Multiplikatorgröße** gearbeitet.

4.1.5 Umsatz als alternative Faktorgröße

Bei der Verwendung des **Umsatzes als Faktorgröße** wird vom **KUV, dem Kurs-Umsatz-Verhältnis** gesprochen. In Mode gekommen ist diese Bewertungsvariante zum Ende der 1990er Jahre im Zusammenhang mit der Bewertung von Technologieunternehmen, der so genannten New Economy, deren Jahresabschlüsse und Budgets noch keine nachhaltigen positiven Betriebsergebnisse aufweisen konnten. In diesem Zeitraum lag das Verhältnis vieler heute im Nemax notierten Börsenwerten zwischen der sich ergebenden Marktkapitalisierung und den Umsatzerlösen bei einem ermittelten durchschnittlichen Umsatzfaktor von 21. Im Vergleich dazu notierten im gleichen Zeitraum die DAX-Werte, also die der so genannten Old Economy, mit deren Marktkapitalisierung mit einem ermittelten durchschnittlichen Umsatzfaktor von 1,6. Die Faustformel, der Unternehmenswert ist das **Produkt aus dem Umsatz multipliziert mit dem Umsatzfaktor 1,0 bis 1,5** wird in der betrieblichen Praxis gerade bei der Bewertung von **kleineren Dienstleistungsunternehmen** angewandt, bei denen der Kaufpreis weitgehend durch den Wert des verkehrsfähigen Kundenstamms beeinflusst wird. Auch der Marktwert von Kanzleien oder Praxen freiberuflich Tätiger setzt sich im Wesentlichen aus den übertragbaren Mandanten- oder Kundenstammwerten zusammen.[82] Genauso zum Einsatz kommt die Umsatzgröße als Faktor bei Unternehmen mit **negativen Jahresergebnissen** (Jahresfehlbeträgen). Der Nachteil des Umsatzes als eine Faktorgröße im Zusammenhang mit der Multiplikatorenmethode ist verständlicherweise das nicht in Ansatz bringen der eigentlichen Leistungsfähigkeit des Unternehmens.[83]

---

82 IDW 2008 (166), S. 33.
83 Ergänzende Literatur zur Multiplikatorenmethode: Ernst, Schneider und Thielen (2006); IDW (2008); Peemöller (2012); Richter und Timmreck (2004) sowie Voigt, Christoph, Voigt, Jan, Voigt, Jörn und Voigt, Rolf (2005).

4.1.6 Fallbeispiel

Im Folgenden soll nun dargestellt werden, wie der Unternehmenswert der Telefonanlagen GmbH[84] bei Zugrundelegung der **Multiplikatorenmethode mit gewichteten durchschnittlichen EBIT-Werten** der letzten und der zukünftig geplanten Geschäftsjahre angesetzt werden kann. Die Planzahlen der Geschäftsjahre 01 bis 04 können der Plan-GuV, die EBIT-Werte der Vergangenheit der Finanzbuchhaltung entnommen werden. Die Ist- und Planzahlen haben sich wie folgt entwickelt:

TAB. 11:	Der Unternehmenswert der Telefonanlagen GmbH nach der Multiplikatorenmethode							
Geschäftsjahre[85]	-03	-02	-01	01	02	03	04	
Bereinigter EBIT (T€)	1.031	925	1.102	1.094	1.107	1.175	1.245	
EBIT-Gewichtungsgrößen	1	2	3	4	3	2	1	16
Ø gewichteter EBIT (T€)								1.092
Branchenmultiplikator								7
Enterprise Value								7.644
- Netto-Finanzverbindlichkeiten								4.552
Equity Value (TE)								3.092

Unter Zuhilfenahme der **Branchenmultiplikatoren** aus Abbildung 10 kann über die Branchen Telekommunikation und Elektronik ein Multiplikator in Höhe von sieben zugrunde gelegt werden. Der auf Basis der Multiplikatorenmethode ermittelte Unternehmenswert wäre demzufolge für die Telefonanlagen GmbH (nach Abzug der Netto-Finanzverbindlichkeiten) mit 3,1 Mio. € anzusetzen.

Der in den obigen Ausführungen dargestellte Abzug der zinstragenden Verbindlichkeiten (Net debts) wurde bei diesem Mandat, in Bezug auf die Unternehmensbewertung bzw. der sich daraus ergebenden Kaufpreisfindung für die Telefonanlagen GmbH nicht zum Ansatz gebracht.[86] Das ist eine durchaus häufige Herangehensweise insbesondere von strategischen Käufern, die bei entsprechendem operativen Fit tendenziell bereit sind, höhere Kaufpreise zu bezahlen. Finanzkäufer hingegen ziehen neben den Finanzverbindlichkeiten mehrheitlich auch die Pensionsverpflichtungen von dem Kaufpreis ab und berücksichtigen neuerdings auch die durchschnittliche Kapitalbindung für das Working Capital als Abzugskapital.

4.1.7 Kritische Reflexion

Insgesamt ist die **Multiplikatorenmethode** den **marktwert-** bzw. den **vergleichswertorientierten Verfahren** zur Unternehmensbewertung zuzuordnen. Kennzeichnend für Branchenmultiplikatoren ist, dass diese von Transaktionen an einem **existierenden Markt abgeleitet** werden. Am organisierten Kapitalmarkt funktioniert die Preisbildung, die sich als Marktkapitalisierung aus Aktienkurs mal der Anzahl der Aktien zusammensetzt mit dem Aufeinandertreffen einer grö-

---

84   Vgl. hierzu Kapitel V.2 „Die Telefonanlagen GmbH als begleitendes Fallbeispiel".
85   Das Planungsjahr 01 entspricht dem Bewertungsjahr.
86   Hier weicht die Bewertungs- bzw. Verhandlungspraxis häufig von der herrschenden Meinung der Lehrbücher ab.

ßeren Anzahl gegenüberstehender artikulierter Angebots- und Nachfrageentscheidungen der einzelnen Marktteilnehmer an den Wertpapierbörsen. Die Mehrzahl der Unternehmen hingegen wird **außerhalb der Börse** gehandelt, bei der das jeweils zur Veräußerung stehende Unternehmen dann auf eine **begrenzte Zahl potenzieller Nachfrager** trifft und sich die Preisbildung bei individuellen Übernahmeverhandlungen ergibt. Die daraus oben besprochenen abgeleiteten Branchenmultiplikatoren fußen demzufolge auf bereits gefassten und realisierten börslichen wie außerbörslichen **Transaktionsentscheidungen**. Fehleinschätzungen in Form von Über- bzw. Unterbewertungen werden in die Gegenwart transformiert, was umso fehlerhafter wird, wenn als EBIT-Größen Planwerte herangezogen werden. Aus Transaktionen abgeleitete Branchenmultiplikatoren müssen demzufolge auf die aktuelle Marktsituation hin angepasst werden bzw. werden bei der Verwendung von Durchschnittsmultiplikatoren aus den Peer Group-Daten relativiert.

Die Wertermittlung über die Multiplikatorenmethode dient bei den meisten Verkaufsmandaten bei einem Erstgespräch als pragmatisch zu ermittelnde und nachvollziehbare verlässliche **Kaufpreisindikation** und einer ersten Einschätzung einer Veräußerungschance. In sehr vielen Fällen allerdings ist die subjektive Einschätzung eines mittelständischen Unternehmers deutlich höher als es die Marktwerte widerspiegeln, da bspw. der Betriebsimmobilie, dem nicht betriebsnotwendigen Betriebsvermögen, dem Firmennamen oder der Marktstellung subjektiv ein höherer Wert zugeordnet wird, der sich häufig aber nicht in den entsprechenden Umsatzerlösen bzw. EBIT-Größen niederschlägt. Die Differenz zwischen den Ertragswerten der bilanzierten Vermögensgegenstände, also den Positionen auf der Aktivseite und dem gerechneten Unternehmenswert bilden den so genannten **Goodwill**, wie bspw. die Produktmarke. Verkäuferseitig muss ein realistisches Werteverständnis entwickelt werden, da normalerweise zu erwarten ist, dass ein potenzieller Investor sein Kaufangebot am unteren Wertansatz formulieren wird. Wenn die Kaufpreisvorstellung des Veräußerers im **Wertekorridor** der Unternehmenswerte einzelner verwendeter Methoden liegt, kann das Mandat von den beteiligten Beratern entsprechend entwickelt werden. Dafür werden in einem nächsten Schritt unter Hinzunahme von Bilanz- und Marktdaten die fundierteren mathematischen Bewertungsverfahren angewandt, um das Ergebnis entsprechend zu präzisieren.

Zusammenfassend lassen sich für die Durchführung der **Multiplikatorenmethode** die folgenden Schritte festhalten:

1. Analyse des Zielunternehmens
2. Bereinigung des GuV-Betriebsergebnisses, um alle neutralen Größen sowie kalkulatorischen Kosten
3. Auswahl von börsennotierten Unternehmen bzw. Aufgreifen von absolvierten Unternehmenstransaktionen mit dem Ziel der Zusammenstellung einer Peer Group
4. Bestimmung eines zu verwendenden Branchenmultiplikators unter Berücksichtigung von Zu- bzw. Abschlägen
5. Ermittlung des Unternehmenswertes und Feinabstimmung des Ergebnisses mit Zu- bzw. Abschlägen

An dieser Stelle muss kritisch angemerkt werden, dass der Periodenerfolg, dargestellt in der Größe des **Betriebsergebnisses** (Betriebsertrag minus Betriebsaufwand), nur einen Überblick über den **kurzfristigen Unternehmenserfolg** liefern kann, also keine Auskunft darüber gibt, wie sich das eingesetzte Kapital innerhalb der Unternehmenstätigkeit verzinst. Denn unternehmerische Entscheidungen, die zu einem kurzfristigen Erfolgsausweis des Betriebsergebnisses beitragen, führen bei einer Langzeitbetrachtung häufig zu einer Kapitalvernichtungstendenz. Im Einzelnen bedeutet das bspw., dass die Unternehmensführung die zur Disposition stehenden freien liquiden Mittel in eine Erneuerung des Sachanlagevermögens in Form von Ersatzinvestitionen des Maschinenbestandes oder zu einer Ausweitung der Forschungs- und Entwicklungstätigkeiten heranziehen kann.

Betrachten wir diesen Sachverhalt unter dem Primat einer **zukünftigen Wettbewerbsfähigkeit** des Unternehmens, dann würden beide Entscheidungsalternativen zu einer Steigerung beitragen. Auch wird die zu erzielende Rentabilität im Sinne einer Rendite für das eingesetzte Kapital in der Summe identisch sein. Untersuchen wir diesen Sachverhalt auf die **bilanzpolitischen Auswirkungen** für die folgenden Geschäftsperioden, dann würde die Investition in das Sachanlagevermögen tendenziell eher nur kurzfristig zu einer Erhöhung des Betriebserfolges beitragen, während Investitionen in Forschungs- und Entwicklungsleistungen eher einen langfristigen Erfolg dokumentieren würden. Die nach geltendem Handels- und Steuergesetz fehlende Aktivierung von Forschungs- und Entwicklungskosten zum Zeitpunkt des Kapitalabflusses lässt kurzfristig keinen Betriebserfolg generieren. Den in der GuV anzusetzenden Aufwandspositionen stehen häufig nicht die entsprechenden Erträge gegenüber. Auch in der Feststellung des Cashflows sind diese Positionen natürlich vorhanden, da diese im Vergleich zu den Abschreibungsaufwendungen der Sachanlageinvestitionen Kapital entziehend aufgetreten sind, während der nur buchmäßig erfasste Abschreibungsaufwand bei der Feststellung des Cashflows erhöhend addiert werden kann.

Der Unternehmenswert unter Zugrundelegung der **Gesamtbewertungsmethoden** wird, im Gegensatz zu den gängigen Einzelbewertungsmethoden, unabhängig von den vorhandenen bilanzierten Vermögenswerten ermittelt. Das Unternehmen wird als Ganzes betrachtet und bewertet. Demzufolge ist der Unternehmenswert mehr als nur die Werteaddition der einzelnen bilanzierten Vermögensgegenstände und reflektiert vielmehr den Wert des Zahlungsstromes, den das Unternehmen in seiner Ganzheit in der Zukunft nachhaltig generiert. Die Differenz zwischen der Summe der aktuellen bilanzierten Werte und dem Wertansatz nach den gängigen Gesamtbewertungsmethoden ist letztlich eine in der Bilanz nicht aufscheinende Form der immateriellen Vermögensgegenstände. Als Bewertungsparameter werden die Barwerte der aus den Planbilanzen und Planergebnisrechnungen entnommenen zukünftigen Ertragsüberschüsse herangezogen und die einzelnen differenzierten Bewertungsverfahren als ertragsorientierte Ansätze diskutiert.[87] Vorgestellt werden sollen in den Folgekapiteln die Discounted Cashflow-Methoden mit den einzelnen Differenzierungen als Entity-, APV- und Equity-Methode sowie die Ertragswertmethode nach IDW.

---

[87] IDW 2008 (101), S. 21 f.

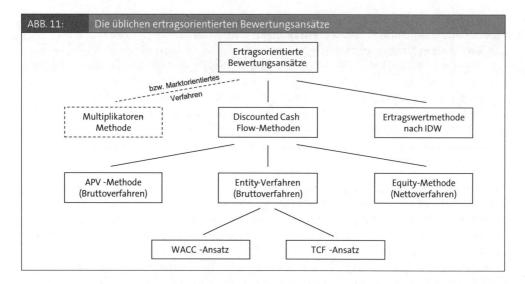

ABB. 11: Die üblichen ertragsorientierten Bewertungsansätze

Der Unternehmenswert (UW) wird bei allen Varianten der **ertragsorientierten Bewertungsansätze** über die Summe aus den einzelnen Planungsperioden (t) und mit dem Kapitalisierungszinssatz (r) abgezinsten Erwartungswerte (E_t) in Form von Einzahlungsüberschüssen gebildet,[88] in dem von einer Ausschüttungsfähigkeit[89] am Jahresende ausgegangen wird, also einer nachschüssigen Verzinsung bzw. Abzinsung auf den Jahresanfang des entsprechenden Planjahres. Demnach gilt:

$$UW = \sum_{t=1}^{T} E_t \times \frac{1}{(1+r)^t}$$

Unter der Planungsperiode (T) wird der gesamte Planungszeitraum des Investors verstanden, der mit Planzahlen belegt werden kann, so dass mit zunehmender Planungsdauer der Abzinsungsfaktor größer wird und die weiter in der Zukunft liegenden Erwartungswerte stärker abgezinst werden bzw. immer kleiner werdende Barwerte ergibt, was der grundsätzlichen Einstellung des oben besprochenen **risikoaversen Investors** entspricht. Nach dem IDW[90] repräsentiert der zugrunde liegende Kapitalisierungszinssatz (r) die **Opportunitätskosten** aus einer zum Unternehmenskauf adäquaten Alternativanlage, die dem kapitalisierenden Zahlungsstrom bezüglich ihrer Fristigkeit, Risiko und Besteuerung gleichbedeutend sein muss. Das gilt vor allem unabhängig der Rechtsform des zu bewertenden Unternehmens, da grundsätzlich alle Anteilseigentümer zumindest im Modell Zugang zu entsprechenden Alternativanlagen haben.

---

88 IDW 2008 (101), S. 21 f.
89 IDW 2008 (35), S. 116.
90 IDW 2008 (114), S. 23 f.

4.2 Discounted Cashflow-Methoden

Die sehr häufig verwendete Methode zur Unternehmensbewertung ist die Discounted Cashflow-Methode[91] oder kurz **DCF-Methode als Summe der diskontierten zukünftigen Cashflowgrößen**, die überwiegend im angelsächsischen Wirtschaftraum eine starke Verbreitung erfährt, weitgehend aber ohne Berücksichtigung von Steuern durchgeführt wird (Vorsteuerrechnung). Aber auch in Deutschland findet diese Bewertungsform zunehmend eine stärkere Beachtung, da seit Mitte der 1990er Jahre aufgrund der zunehmenden internationalen Kapitalmarktverflechtung, also mit dem Auftreten von ausländischen Investoren, eine international anerkannte Bewertungsmethode als Verhandlungsgrundlage verfügbar sein muss, die von allen Marktteilnehmern benutzt und auch auf die jeweils landesspezifischen Besonderheiten weiterentwickelt werden sollte.

In Deutschland wird die DCF-Methode mit der **Berücksichtigung der Ertragsteuern** erweitert, d. h. nach der vom IDW[92] geforderten Nachsteuerrechnung, da der Unternehmenswert durch die Höhe der abgezinsten Plan-Nettozuflüsse, unter der Berücksichtigung der Ertragsteuern des Unternehmens und der Unternehmenseigner, an den Investor bestimmt wird, die er zu seiner freien Verfügung hat. Im Gegensatz zur Ertragswertmethode nach IDW ist bei den einzelnen Varianten der Discounted Cashflow-Methode die abzuzinsende Kapitalisierungsgröße nicht der geplante ausschüttungsfähige Einzahlungsüberschuss, welcher im wesentlichen dem bereinigten Plan-Jahresüberschuss entspricht, sondern einzelne **Cashflow-Werte**, die den Investoren zur Verfügung stehen und demzufolge auch mit Risiko äquivalenten Diskontierungssätzen abgezinst werden müssen. Damit ist die Unternehmenswertermittlung auf der Basis von Cashflow-Größen im Gegensatz zur Ertragswertmethode nach IDW ausschließlich **zahlungsstromorientiert**, so dass eine stärkere Anlehnung an die im angelsächsischen Raum üblich verwendeten dynamischen Investitionsrechenverfahren festzustellen ist.

Die Ausprägungsvarianten der DCF-Methoden unterscheiden sich hinsichtlich ihrer Berücksichtigung einzelner Kapitalanteile in Bezug auf die Rechtsstellung der Kapitalgeber. Vom **Gesamtkapitaleinsatz** gehen die **Bruttokapitalisierungsansätze**, wie das Konzept der gewogenen Kapitalkosten **(Entity-Ansatz)** und das Konzept des angepassten Barwerts (APV-Ansatz) aus, bei denen der Marktwert des Eigenkapitals indirekt über die **Differenz aus Gesamtkapitalwert und dem Marktwert des Fremdkapitals** ermittelt wird. Demgegenüber geht der Equity-Ansatz, als Nettokapitalisierungsansatz vom Konzept der direkten Ermittlung des Eigenkapitalwerts aus, bei dem der Marktwert des Eigenkapitals mittels Abzinsung der um die Fremdkapitalkosten verminderten Cashflows mit dem oben diskutierten Risiko angepassten Zinssatz (Zinssatz für Eigenkapitalkosten) bestimmt wird[93] und damit konzeptionell am ehesten dem Ertragswertverfahren nach IDW

---

91 Gemäß IDW (2008, Institut der Wirtschaftsprüfer e.V., IDW Standard: Grundsätze zur Durchführung von Unternehmensbewertungen (IDW S 1) „lässt sich der Unternehmenswert direkt (einstufig) durch Nettokapitalisierung ermitteln, indem die um die Fremdkapitalkosten verminderten finanziellen Überschüsse in einem Schritt diskontiert werden (Ertragswertverfahren, dem Equity-Ansatz als eine Variante der DCF-Verfahren). Der Unternehmenswert lässt sich rechnerisch aber auch indirekt (mehrstufig) durch Bruttokapitalisierung ermitteln, indem einzelne Komponenten der finanziellen Überschüsse mit unterschiedlichen Zinssätzen kapitalisiert werden oder indem nur die finanziellen Überschüsse aus der Geschäftstätigkeit in einem Schritt diskontiert und anschließend um den Marktwert des Fremdkapitals gemindert werden. Diese Betrachtungsweise liegt dem Konzept des angepassten Barwerts (Adjusted Present Value-Ansatz, dem APV-Ansatz) und auch dem Konzept der gewogenen Kapitalkosten (Weighted Average Cost of Capital-Ansatz, dem WACC-Ansatz) zugrunde, die weitere Varianten der DCF-Verfahren darstellen. Bei diesen Verfahren sind die einzelnen Komponenten der finanziellen Überschüsse grundsätzlich mit einem risikoadäquaten Zinssatz zu kapitalisieren; Zähler und Nenner der Bewertungsformeln müssen auch insoweit aufeinander abgestimmt werden." IDW 2008 (99), S. 21.
92 IDW 2008 (43), S. 11.
93 IDW 2008 (124), S. 25.

entspricht. Auch wenn es innerhalb der Discounted Cashflow-Bewertung verschiedene Ansätze zur Wertermittlung gibt, sollen alle Varianten grundsätzlich zu übereinstimmenden Ergebnissen führen, die Präferenz für die Auswahl eines Ansatzes ist im Wesentlichen von der gewählten Finanzierungsstrategie des zu bewertenden Unternehmens abhängig.

4.2.1 Entity-Methode

4.2.1.1 WACC-Ansatz

Während die Ertragswertmethode nach IDW den geplanten Jahresüberschuss als Diskontierungsgröße heranzieht, arbeitet die **Entity-Methode** mit **freien Cashflow-Größen**, die nach Abzug aller auszahlungswirksamen Zahlungsströme, wie bspw. aller anfallenden Investitionen des Anlage- und Umlaufvermögens, jedoch vor Zinszahlung an die Fremdkapitalgeber als Nettogröße nicht sofort wieder reinvestiert wird und als Auszahlung an die Investoren als Eigen- und Fremdkapitalgeber zur Verfügung stehen. Für die Bestimmung des Unternehmenswertes werden die geplanten freien Cashflow-Größen (Free Cashflow), die als Entgelt für die Kapitalüberlassung der Eigentümer und Gläubiger dienen, mit dem **gewichteten durchschnittlichen Kapitalkostensatz**, welcher die Kosten des Eigen- und Fremdkapitals berücksichtigt, abgezinst **(WACC-Ansatz)**:

$$UW_{WACC} = \sum_{t=1}^{T} FCF \times \frac{1}{(1+r_{WACC})^t} + \left(RW \times \frac{1}{(1+r_{WACC})-1} \times \frac{1}{(1+r_{WACC})^T} \right)$$

abzgl. „Barwert des Fremdkapitals" (FK) und zuzüglich „Liquide Mittel" (LM)

$$UW_{WACC} = \left[\sum_{t=1}^{T} \frac{FCF}{(1+r_{WACC})^t} + \frac{RW}{(1+r_{WACC})-1} \times \frac{1}{(1+r_{WACC})^T} \right] - FK + LM$$

Der Unternehmenswert (UW$_{WACC}$) als Wertgröße für das im Unternehmen gesamte eingesetzte Kapital ist, unabhängig von der Art der Kapitalzusammensetzung, die Summe der mit dem gewichteten durchschnittlichen Kapitalisierungszinssatz (r_{WACC}) abgezinsten zukünftigen freien Cashflows (FCF) der einzelnen Planjahre (t) der gesamten Detailplanungsperiode (T), zuzüglich des abgezinsten Residualwerts (RW) als ewige Rente, der nach der letzten bestimmbaren Planungsperiode angesetzt wird.[94] Der eigentliche **Unternehmenswert** hingegen ist nur der **Marktwert für das Eigenkapital**, häufig auch als so genannter **Shareholder Value** diskutiert, was zur Folge hat, dass der Marktwert des Fremdkapitals abgezogen werden muss. In der Bewertungspraxis wird der Buchwert der aktuellen bilanzierten zinstragenden Verbindlichkeiten (FK), die im Wesentlichen die verbrieften Bankkredite darstellen, abgezogen und dementsprechend die liquiden Mittel (LM), bilanziert als Kassenbestände oder Bankguthaben addiert. Nach dem IDW[95] hingegen erhält man den Marktwert des Fremdkapitals, indem die zukünftigen anfallenden Tilgungszahlungen an die Fremdkapitalgeber mit einem Risiko äquivalenten Zinssatz abgezinst werden. Rückstellungen sind, mit Ausnahme der Pensionsrückstellungen, auf alle Fälle kein Bestandteil des Fremdkapitalmarktwerts. Der Aufbau, gemäß den Standards des IDW S 1, ist von den **Prozessschritten** wie folgt:

---

94 IDW 2008 (125), S. 26.
95 IDW 2008 (126), S. 26.

Gesamtbewertungsmethoden V. KAPITEL

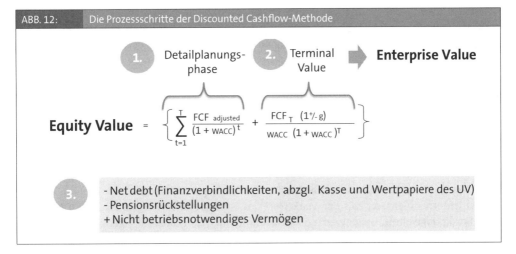

ABB. 12: Die Prozessschritte der Discounted Cashflow-Methode

$$\text{Equity Value} = \left\{ \sum_{t=1}^{T} \frac{FCF_{adjusted}}{(1+WACC)^t} + \frac{FCF_T \ (1^{+/-}g)}{WACC \ (1+WACC)^T} \right\}$$

1. Detailplanungsphase
2. Terminal Value → Enterprise Value
3. - Net debt (Finanzverbindlichkeiten, abzgl. Kasse und Wertpapiere des UV)
   - Pensionsrückstellungen
   + Nicht betriebsnotwendiges Vermögen

Schritt 1a **Die freien Cashflows**[96] ...

Die Free Cashflows (FCF) sind diejenigen Ergebnisgrößen der einzelnen Geschäftsjahre (t) einer gesamten Planperiode (T), die nach Abzug aller liquiditätswirksamen Zahlungen (jedoch vor Zinszahlung an die Gläubiger) als die eigentliche Auszahlungsgröße für die Eigen- und Fremdkapitalgeber pro Periode zur Verfügung stehen. Als Nettowerte werden sie nicht mehr für betriebliche Zwecke verwendet. Demzufolge wird durch Auszahlung der freien Cashflows die Substanz des Unternehmens nicht gefährdet und ist für die Kapitalgeber und deren Bedienungsansprüche „frei" verfügbar.

MERKE

Free Cashflow

▶ Jahresüberschuss zzgl. Abschreibungen und Zuführung Pensionsrückstellungen sowie abzgl. Zuschreibungen und Erträge aus der Auflösung von Rückstellungen als operativer Cashflow

▶ Erfassung aller Erfolgspositionen, die liquiditätswirksam wurden

▶ Erfolgsgröße, die den Zahlungsfluss abbildet

▶ Offenlegen der Liquidität

▶ Berücksichtigt den Cashflow aus der betrieblichen Tätigkeit, der die Umsatzerlöse um die liquiditätswirksamen Vorgänge des Working Capital korrigiert

▶ Berücksichtigt die liquiditätswirksamen Investitionen und Desinvestitionen, die im Cashflow aus der Investitionstätigkeit erfasst werden

▶ Für die Zinszahlungen an die Gläubiger sowie als Entgelt für die Kapitalüberlassung der Eigentümer

---

96 IDW 2008 (127), S. 26.

Schritt 1b ... werden **abgezinst**[97], ...
Da die einzelnen Cashflow-Größen den Kapitalgebern zur freien Disposition stehen, werden diese mit einem risikoäquivalenten Kapitalisierungszinssatz abgezinst, also deren Barwerte ermittelt. Für diese wird der gewichtete durchschnittliche Kapitalkostensatz (WACC) herangezogen, der die Kosten des im Unternehmen eingesetzten Eigen- und Fremdkapitals zugrunde legt.

Schritt 2 ... der **Residualwert**[98] berücksichtigt, ...
Nach der prognostizierten Planungsperiode wird eine Fortschreibungsgröße (**Terminal Value**), der Residualwert bestimmt, als finanzmathematische „ewige Rente" abgebildet und auch wiederum auf den Bewertungszeitpunkt diskontiert. Beides zusammen repräsentiert den Gegenwert für das gesamte im Unternehmen eingesetzte Kapital.

Schritt 3a ... die **Netto-Finanzverbindlichkeiten**[99] in Abzug gebracht sowie ...
Da der Unternehmenswert als der Marktwert des Eigenkapitals (MW_{EK}) ausschließlich der aus dem Ertrag abgeleitete Gegenwert des im Unternehmen eingesetzten Eigenkapitals repräsentieren soll, wird der Marktwert des Fremdkapitals (MW_{FK}) mit den Finanzverbindlichkeiten als zinstragende Fremdkapitalanteile und den Pensionsrückstellungen abgezogen sowie die liquiden Mittel und die Wertpapiere des Umlaufvermögens (LM) addiert.

Schritt 3b ... die Liquidationserlöse des **nicht betriebsnotwendigen Vermögens**[100] addiert.
Teile des Anlagevermögens zu Marktwerten (MW_{nbV}), die nicht für den unternehmerischen Wertschöpfungsprozess herangezogen werden, sind mit den Erlösen der bestmöglichen Veräußerung und unter Berücksichtigung der dafür entstehenden Kosten hinzuzufügen.

4.2.1.1.1 Bereinigte freie Cashflows

Die für die Bewertung relevanten freien Cashflow-Größen (FCF) lassen sich sehr schön über ein Cashflow Statement aus der Differenz **Cashflow aus der betrieblichen Tätigkeit** und dem **Cashflow aus der Investitionstätigkeit** bestimmen.

Der **Cashflow aus der betrieblichen Tätigkeit**[101], gem. IAS 7.13, ist ein Schlüsselindikator, in welchem Ausmaß es gelungen ist, Zahlungsüberschüsse zu erwirtschaften, die ausreichen, um den laufenden Auszahlungen des operativen Geschäfts nachzukommen, Verbindlichkeiten zu tilgen, Dividenden zu zahlen und Investitionen aus der eigenen Leistungsfähigkeit zu generieren, was auch als Innenfinanzierungspotenzial bezeichnet wird. Den Unternehmen wird empfohlen, die Darstellung über die **direkte Methode**, also aus der Buchhaltung oder mittels Korrekturen der Umsatzerlöse und Umsatzkosten durchzuführen. Bei der Anwendung der **indirekten Methode** wird der Netto-Cashflow mittels Korrektur des Jahresüberschusses ermittelt:

▶ Zahlungsunwirksame Positionen wie Abschreibungen, Zuschreibungen sowie Zuführung und Auflösung von Rückstellungen, nicht ausgeschüttete Gewinne von assoziierten Unternehmen, etc.

---

[97] IDW 2008 (126), S. 26.
[98] IDW 2008 (129f), S. 27.
[99] IDW 2008 (126), S. 26.
[100] IDW 2008 (132), S. 27.
[101] Der Begriff „Cashflow aus laufender Geschäftstätigkeit" wird in der Praxis synonym verwendet.

- ▶ Bestandsveränderungen der Periode bei den Vorräten sowie den Forderungen und Verbindlichkeiten aus Lieferungen und Leistungen, dem Working Capital und den
- ▶ Positionen, die dem Investitions- und Finanzierungs-Cashflow zu subsumieren sind
- ▶ Gezahlte und erhaltene **Zinsen** sowie **Dividenden** können nach IAS 7.33f als Cashflow aus der Finanzierungstätigkeit oder als Cashflow aus der betrieblichen Tätigkeit klassifiziert werden
- ▶ Häufig werden auch Steuerzahlungen subsumiert

TAB. 12:	Die indirekte Ermittlung des Cashflows aus der betrieblichen Tätigkeit
Jahresüberschuss	
+/-	Abschreibungen/Zuschreibungen
+/-	Zuführung/Auflösung langfristiger Rückstellungen
+/-	Zuführung/Auflösung unversteuerter Rücklagen
+/-	Sonstige zahlungsunwirksame Aufwendungen/Erträge
=	**Operativer Cashflow**
-/+	Zu-/Abnahme der Vorräte
-/+	Zu-/Abnahme der Forderungen aus Lieferungen und Leistungen
-/+	Zu-/Abnahme der sonstigen Forderungen
-/+	Veränderungen der aktiven Rechnungsabgrenzungsposten
+/-	Zu-/Abnahme der kurzfristigen Rückstellungen
+/-	Zu-/Abnahme der erhaltenen Anzahlungen
+/-	Zu-/Abnahme der Verbindlichkeiten aus Lieferungen und Leistungen
+/-	Sonstige kurzfristige Verbindlichkeiten
+/-	Veränderungen der passiven Rechnungsabgrenzungen
+/-	nicht realisierte Fremdwährungsverluste/-gewinne
+	abgezogener Gewinnanteil Minderheitsgesellschafter von Tochterunternehmen
+/-	Zahlungswirksame Aufwendungen/Erträge aus Investitions- und Finanzierungsbereich
=	**Cashflow aus der betrieblichen Tätigkeit**
+/-	Bereinigungsgrößen als neutrale Erfolgsgrößen sowie kalkulatorische Kosten
=	**Bereinigter Cashflow aus der betrieblichen Tätigkeit**

Aufgrund der Tatsache, dass Auszahlungen im Cashflow Statement ein negatives Vorzeichen haben und Einzahlungen ein positives, führen innerhalb des Working Capitals Bestandserhöhungen des Vorratsvermögens sowie der Forderungen aus Lieferungen und Leistungen zu einem Rückgang des Cashflows aus der betrieblichen Tätigkeit, Bestandserhöhungen der kurzfristigen Verbindlichkeiten entsprechend zu einem Anstieg. Im Gegensatz zum Cashflow aus der betrieblichen Tätigkeit werden die Cashflows aus der Investitionstätigkeit mit der direkten Methode ermittelt.

Der **Cashflow aus der Investitionstätigkeit** gem. IAS 7.16 hingegen zeigt die Aufwendungen für den Ressourceneinsatz, der künftige Erträge und Cashflows generieren soll. Die Ersatz- und Erweiterungsinvestitionen des Anlagevermögens sind genauso zu berücksichtigen wie die Auszahlungen für die immateriellen Vermögensgegenstände und für das Finanzanlagevermögen. Entsprechende Desinvestitionen, die in der Finanzbuchhaltung als Veräußerungen von Vermögensgegenständen vorkommen, werden gegengerechnet. Damit wird der Cashflow aus Investitionstätigkeit als die Erhöhung der Netto-Investitionsleistung des Sachanlagevermögens zum Ausdruck gebracht. Gegenüber gestellt werden die **Investitionen** mit minus und die **Desinvestitionen** mit plus. Beispiele wären:

▶ Auszahlungen/Einzahlungen für Beschaffung/Verkauf von Sachanlagen, immateriellen Vermögen und Finanzanlagevermögen (sofern diese nicht als Zahlungsmitteläquivalente betrachtet werden oder zu Handelszwecken gehalten werden) sowie anderen langfristigen Vermögenswerten

▶ Auszahlungen/Einzahlungen Dritten gewährte Kredite und Darlehen (mit Ausnahme der von einer Finanzinstitution gewährten Kredite und Darlehen)

TAB. 13:	Die direkte Ermittlung des Cashflows aus der Investitionstätigkeit
-	Investitionen im Anlagevermögen
+	Abgänge im Anlagevermögen zu Buchwerten
+/-	Erträge/Verluste aus dem Abgang von Vermögensgegenständen
=	**Cashflow aus der Investitionstätigkeit**

Die Daten werden dem Anlagenspiegel unter Berücksichtigung der möglichen Veränderungen der Kaufpreisverbindlichkeiten sowie der in der Gewinn- und Verlustrechnung erfassten Erträge oder Verluste aus dem Abgang von Vermögensgegenständen entnommen. Der Investitions-Cashflow repräsentiert die **Netto-Investitionsleistung** und bildet zusammen mit dem Netto-Umlaufvermögen (Working Capital) die Abzugsgröße zur Ermittlung des Free Cashflow, der wiederum als die freie Cashflow-Größe für die Bedienung der gesamten Kapitalgeberansprüche herangezogen werden kann. Wird der **Netto-Zinsaufwand** als der Differenzbetrag von Finanzaufwand und -ertrag addiert, können die **freien Cashflow-Größen** (FCF) definiert werden.

TAB. 14:	Die Ermittlung des bereinigten Free Cashflow
	Cashflow aus der betrieblichen Tätigkeit
-	Netto-Investitionsleistung (Cashflow aus der Investitionstätigkeit)
+	Netto-Zinsaufwand (Entgelt für die Fremdkapitalüberlassung)
=	**Free Cashflow**
+/-	Neutrale Erfolgsgrößen
-	Kalkulatorische Kosten
=	**Bereinigter Free Cashflow**

Der **Free Cashflow** muss nicht für operative Zwecke eingesetzt werden, sondern wäre für die Zinszahlungen an die Gläubiger sowie, unter der Berücksichtigung gesellschaftsrechtlicher Ausschüttungsgrenzen, als das Entgelt für die Kapitalüberlassung der Eigentümer als Dividende bzw. Tantieme heranzuziehen. Unterstellt wird, dass die freien Cashflows aus operativer Geschäftstätigkeit mit dem Einsatz des betriebsnotwendigen Kapitals zustande kommen. Folglich werden alle nicht betriebsnotwendigen Vermögensgegenstände mit den abgezinsten zu erwartenden Veräußerungs- oder Liquidationserlösen (LE) in der Bewertung berücksichtigt.

Genauso kann aber auch als Basisgröße der Unternehmensbewertung für die geplanten Free Cashflows, das um alle neutralen Positionen und kalkulatorischen Kosten künftige bereinigte **Betriebsergebnis vor Zinsen und Steuern** herangezogen werden, das in den obigen Ausführungen als „bereinigter" EBIT vorgestellt wurde. Nach Abzug der Ertragsteuern und unter Hinzurechnung der Abschreibungen, der Einstellungsgröße in die langfristigen Rückstellungen als Pensionsrückstellungen, sonstige nicht liquiditätswirksamer Aufwandsteile und nach Abzug zahlungsunwirksamer Erträge wie bspw. der Zuschreibungen sowie der Berücksichtigung des Working Capital, welches die Umsatzerlöse um die „cash wirksamen" Zahlungsströme korrigiert, werden die zukünftigen Cashflows aus der betrieblichen Tätigkeit ermittelt. Nach dem Abzug der bezahlten Ersatz- und Erweiterungsinvestitionen (Cashflow aus der Investitionstätigkeit) können dann die zukünftigen freien Cashflow-Werte bestimmt werden, die dann in der Discounted Cashflow-Methode im Zusammenhang mit der Bestimmung des Unternehmenswerts ihren Einsatz finden.

TAB. 15: Der bereinigte Free Cashflow

	EBIT
-	Ertragsteuern
+	Abschreibungen auf Sachanlagen und immaterielle Vermögensgegenstände
+/-	Veränderungen der langfristigen Rückstellungen
=	Operativer Cashflow
-/+	Zunahme/Abnahme Vorräte
-/+	Zuname/Abnahme Forderungen aus Lieferungen und Leistungen
-/+	Abnahme/Zunahme Verbindlichkeiten aus Lieferungen und Leistungen
-/+	Gewinne/Verluste aus dem Abgang von Vermögensgegenständen
=	**Cashflow aus der betrieblichen Geschäftstätigkeit**
-	**Cashflow aus der Investitionstätigkeit** (CAPEX, AV)
=	**Free Cashflow** (vor Zins- und Dividendenzahlungen)
-/+	Einmaleffekte
=	**Bereinigter Free Cash flow** (FCF_b)

(„Working Capital" klammert die drei Zeilen zu Vorräten, Forderungen und Verbindlichkeiten)

In diesem Zusammenhang ist zu beachten, dass die freien Cashflows größtenteils über eine Bereinigung des aus der Finanzbuchhaltung entnommenen Betriebsergebnisses als operatives Ergebnis bestimmt werden. Die Größe der langfristigen Rückstellungen wird mit der Addition neutralisiert, so dass die eigentlichen **Werttreiber** über die Bestimmung der liquiditätswirksamen operativen Zahlungsströme, der Nettoinvestitionen und der Zusatzkosten definiert werden. Die einzelnen Größen des Cashflows,[102] die aus der Vergangenheit oder aus der Gegenwart abgeleitet wurden, müssen um **außerordentliche Positionen bereinigt** werden. Dazu zählen im Wesentlichen die Aufwandspositionen für Sozialpläne, Restrukturierung, Ingangsetzung und außerplanmäßige Investitionen und die auf der Ertragseite verbuchten Positionen wie Beteiligungsveräußerungserlöse und Zuschüsse. Dadurch soll die Ermittlung vergleichbarer, nicht durch Einmalvorgänge verfälschte, Cashflows erreicht werden. Die **Plausibilität** wird unterstützt, indem die erstellten Plan-Bilanzen und Plan-GuV-Rechnungen mit der Analyse des Businessplans im Zusammenhang mit den wichtigsten Unternehmensverträgen übereinstimmen. Zur Bereinigung der Planzahlen sollten dann die Mengen- und Preiskorrekturen der geplanten Umsätze und die Anpassung der nachhaltig angesetzten Abschreibung bzw. der Reinvestitionsrate herangezogen werden.

Im Vergleich zu Unternehmen mit einer ausschließlichen Eigenkapitalfinanzierung entstehen bei Unternehmen mit fremdfinanzierten Kapitalteilen deutlich höhere freie Cashflow-Größen, da die Steuerbelastung aufgrund der **Abzugsfähigkeit von Fremdkapitalzinsen** geringer ausfällt. Der Zinsaufwand mindert anteilig oder vollständig die Bemessungsgrundlage der Ertragsteuern,

---

[102] Bei inhabergeführten Unternehmen wird sehr häufig in eine Betreiber- mit dem operativen Geschäft und der Besitzgesellschaft unterschieden. In Letzterer sind sehr häufig die Immobilien oder auch Nutzungsrechte eingeschlossen. Ein entsprechender Pachtvertrag schafft die Verbindung. Für die Bewertung wird nach IDW 2008 (18), S. 7 die gesamte wirtschaftliche Einheit zugrunde gelegt.

wie Körperschaftsteuer oder Gewerbesteuer. Insgesamt sind die zukünftigen freien Cashflows demzufolge jene finanziellen zu entnehmenden Überschüsse, die unter Berücksichtigung gesellschaftsrechtlicher Ausschüttungsgrenzen den Eigenkapitalgebern als Tantieme und den Fremdkapitalgebern als Zins zur Verfügung stehen.[103] Mit der Herleitung der freien Cashflow-Größen über die Erfolgsgröße EBITDA sind die Abschreibungen für Sachanlagen (Depreciations) und immaterielle Vermögensgegenstände (Amortizations) als nicht cash-wirksame Positionen bereits neutralisiert.

TAB. 16:	Die alternative Ermittlung des Free Cashflow
Bereinigter EBITDA	
+	Zunahme der langfristigen Rückstellungen
-	Einkommensteuern
-	Zunahme Working Capital
-	Investitionen (CAPEX)
➡	Bereinigter **Free Cashflow** (FCF$_b$)

4.2.1.1.2 Kapitalisierungszinssatz

Für die Diskontierung der zukünftigen freien Cashflow- bzw. ausschüttungsfähigen Liquidität wird als Kapitalisierungszinssatz der in Kapitel IV.2.2.4 vorgestellte **Weighted Average Cost of Capital** (WACC) zugrunde gelegt. Bezüglich der über das Capital Asset Pricing Model (CAPM) näherungsweisen Bestimmung der Eigenkapitalkosten könnte, für die Wertermittlung im Zusammenhang mit einer Unternehmensveräußerung, als branchenspezifischer Risikoausdruck alternativ auch der **Betafaktor** (ß) des Investors herangezogen werden. Darüber hinaus empfiehlt das IDW[104] bei der Bewertung eigentümergeführten Unternehmen ein zusätzliches Risiko mit einem entsprechenden Beta-Wertaufschlag auszugleichen.

Insbesondere wird das aufgrund der tendenziell höheren Fremdkapitalaufnahme steigende Kapitalstrukturrisiko[105] mit einem höheren Risikofaktor erfasst. Gleichzeitig würde mit diesem Ansatz auch die Haltung eines risikoaversen Investors zum Ausdruck gebracht und dem Umstand Rechnung getragen, dass es aufgrund der gegenüber börsennotierten Unternehmen tendenziell höheren Verschuldung und der damit verbundenen geringeren Diskontierung zu überhöhten Unternehmenswerten kommt. Wenn sich aufgrund veränderter Parameter die Zusammensetzung der Kapitalstruktur zukünftig verändern wird, könnte dem, nach Auffassung des IDW[106], auch mit dem Heranziehen von unterschiedlichen Kapitalisierungszinssätzen für die einzelnen Planungsperioden begegnet werden.

Da Unternehmen im Gegensatz zu den aktivierten Investitionsobjekten des Sachanlagevermögens keine vorher definierte Nutzungszeit haben, muss am Ende der Planungsperiode eine **Fortschreibungsgröße**, der so genannte Residualwert als Terminal Value (TV) bestimmt werden, der dann auch entsprechend diskontiert wird.

---

103 IDW 2008 (128), S. 26.
104 IDW 2008 (88), S. 18.
105 IDW 2008 (91), S. 19.
106 IDW 2008 (133), S. 27.

4.2.1.1.3 Terminal Value

Aufgrund der Schwierigkeit für einen Gutachter, den gesamten Zeitraum (T) einer unendlichen Fortführung mit Plandaten zu belegen, wird auf der Basis detaillierter Planungsrechnungen der zukünftigen drei bis fünf Jahre (Detailplanungsphase) am Planungsende der **Terminal Value** als Residualwert bzw. finanzmathematische ewige Rente zum Ausdruck gebracht (Fortschreibungsphase). Aufgrund des entstehenden Wertehebels muss der dafür herangezogene freie Cashflow mögliche zukünftige Veränderungen in Bezug auf die Marktentwicklung sowie mögliche Kostensenkungen und Restrukturierungen berücksichtigen. Zukünftige Investitionen wären genauso zu erfassen wie die sich verändernden Aufwandsgrößen für Forschung und Entwicklung.

Um für einen objektivierten Unternehmenswert eine eher vorsichtige Planung zugrunde zu legen, wird in der Bewertungspraxis, auch nach den Empfehlungen des IDW,[107] die letzte geplante freie Cashflow-Größe, die als ewige Rente fortgeführt und auch diskontiert wird, sehr häufig mit einem **Werteabschlag** (g) versehen. Die Wirtschaftsprüfungsgesellschaft KPMG bspw. legt den letzten Planwert des freien Cashflows risikoavers mit nur 80 % an. Der eigentliche Unternehmenswert (MW_{EK}) setzt sich aus der Summe der Barwerte zukünftiger sowie bereinigter freier Cashflows (FCF_b), zuzüglich eines diskontierten Terminal Value (TV +/- g) zusammen, der um das in Abzug zu bringende Fremdkapital reduziert wird.

4.2.1.1.4 Abzugskapital

Unternehmensbewertung bedeutet das Bestimmen des Marktwertes für das Eigenkapital (MW_{EK}), der als Equity Value oder auch als Shareholder Value definiert werden kann. Auf der Basis der zukünftigen Zielkapitalstruktur werden die auf den Übernahmestichtag diskontierten **Netto-Finanzverbindlichkeiten** (Net debt) in Abzug gebracht. Nach dem IDW[108] erhält man den Marktwert des Fremdkapitals, indem auch zukünftig an die Gläubiger zu zahlenden Tilgungsgrößen mit einem risikoäquivalenten Zinssatz, dem WACC abgezinst werden. Entsprechend wäre auch mit Pensionsrückstellungen zu verfahren.

Da das Erfassen einer zukünftigen Kapitalstruktur im Zusammenhang mit der Bewertung eigentümergeführter Unternehmen sich als eher schwierig erweist, werden vereinfacht, trotz vieler wissenschaftlicher Bedenken, die Buchwerte der **Finanzverbindlichkeiten** (i. d. R. Bankschulden) sowie die **Pensionsrückstellungen** zum Übernahmestichtag als Abzugsgröße für den Marktwert des Fremdkapitals (MW_{FK}) herangezogen. Entsprechend gegengerechnet werden die **liquiden Mittel** (LM), gebucht als Kassenbestände, Bankguthaben sowie als Wertpapiere des Umlaufvermögens. Eine Besonderheit sind die bilanzierten Kontokorrentkredite, da diese alternativ im Working Capital ihre Berücksichtigung finden könnten und demzufolge nicht doppelt erfasst werden dürfen. Normalerweise sind diese aber in Deutschland, im Gegensatz zum angelsächsischen Wirtschaftsraum, Gegenstand des Abzugskapitals bei den Finanzverbindlichkeiten.

---

[107] IDW 2008 (125), S. 26.
[108] IDW 2008 (126), S. 26.

4.2.1.1.5 Nicht betriebsnotwendiges Vermögen

Unter der Voraussetzung nicht vollständig im Wertschöpfungsprozess involvierter Vermögensgegenstände empfiehlt das IDW[109] die **nicht betriebsnotwendigen Vermögensteile** (MW_{nbV}) zu ihren Marktwerten zu bewerten und dem Unternehmenswert zu addieren. Die Fortführung des Unternehmens darf dadurch aber nicht beeinträchtigt werden.

4.2.1.1.6 Zwei-Phasenmethode nach dem IDW

Im Zusammenhang mit der Bewertung von mittelständischen Unternehmen wird üblicherweise von einem Planungshorizont von drei bis maximal fünf Jahren ausgegangen. Das IDW[110] empfiehlt, in der **Detailplanungsphase** (Phase 1) auf der Basis detaillierter Planungsrechnungen die zukünftigen finanziellen Überschüsse als die erwarteten Zahlungen an die Kapitalgeber zu bestimmen und mit einem risikoäquivalenten Diskontierungssatz abzuzinsen. Als Kapitalisierungszinssatz wird der gewichtete durchschnittliche Kapitalkostensatz (WACC) herangezogen, der die Kosten des im Unternehmen eingesetzten Eigen- und Fremdkapitals zugrunde legt.

Gegenstand der **Fortschreibungsphase** (Phase 2) ist auf der Basis langfristiger Fortschreibung prognostizierter Marktentwicklungen und der dafür erforderlichen Investitionen einen Zukunftswert zu prognostizieren, der als der letzte Planwert den Terminal Value als finanzmathematische „ewige Rente" abbildet. Wegen des starken Gewichts der finanziellen Überschüsse in der zweiten Phase kommt der kritischen Überprüfung der zugrunde liegenden Annahmen für den Fortführungswert eine besondere Bedeutung zu. Insbesondere gilt das im Hinblick auf mögliche verändernde Markt- und Wettbewerbsbedingungen.[111] Im Einzelnen wären mögliche Veränderungen auf dem Absatz- und Beschaffungsmarkt, vor allem in Bezug auf zukünftige Marktchancen und auftretender zusätzlicher Kosten für die künftige Marktbearbeitung, die monetären Auswirkungen von Kostensenkungs- und Restrukturierungsmaßnahmen sowie veränderter Forschungs- und Entwicklungsgrößen in dem Bewertungskalkül zu erfassen.

In der betrieblichen Praxis zeigt sich aber immer wieder, dass es für einen mittelständischen Unternehmer häufig schwierig ist, verlässliche zukünftige Daten bereitzustellen. Für einen Großteil ist ein Planungszeitraum, der über drei Jahre hinausgeht, nicht mit quantifizierbaren Daten zu belegen. Zum einen ist die dafür notwendige Datenvernetzung der einzelnen operativen Unternehmenseinheiten nicht immer gewährleistet, zum anderen wird die Planungs- und Budgeterstellung als „Chefsache" angesehen und demzufolge eher spontan entwickelt. Bei der Erfassung der Aufwands- und Ertragsplanungen empfiehlt es sich, die einzelnen Planungsrechnungen nach Erfolgsbereichen zu gliedern. Die künftigen Erträge der Plan-GuV-Rechnung, die von der Geschäftsleitung oder vom Controlling prognostiziert werden, setzen sich im Wesentlichen aus den geplanten Umsatzerlösen zusammen, bei deren Planungsunsicherheiten, wie Konjunktur- und Konkurrenzsituation, Produktakzeptanz, Trends oder Nachfrageverschiebungen die relevanten Parameter darstellen.

---

109 IDW 2008 (61), S. 119.
110 IDW 2008 (77), S. 16.
111 IDW 2008 (79), S. 17.

Gesamtbewertungsmethoden — V. KAPITEL

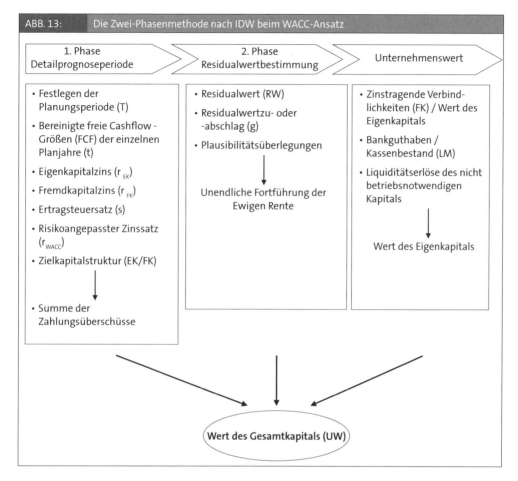

ABB. 13: Die Zwei-Phasenmethode nach IDW beim WACC-Ansatz

Bei der Feststellung von uneinheitlichen Planungsdaten und der sich daraus ergebenden Ergebnisbandbreiten ist es eine durchaus elegante Variante mit „Best- und Worst Case Szenarien" zu arbeiten, um dem Adressaten des Bewertungsgutachtens die aufgetretenen Unsicherheiten in Bezug auf die Bandbreite der zukünftigen finanziellen Überschüsse zu kommunizieren. In der Bewertungspraxis läuft es aber sehr häufig darauf hinaus, dass der letzte geplante freie Cashflow pauschal oder, wie oben dargestellt, mit einem **Werteabschlag** (1-g) oder mit einem **Werteaufschlag** (1+g) versehen als ewige Rente fortgeschrieben wird. In der unten stehenden mathematischen Formulierung werden die Überlegungen in Bezug auf die Fortschreibung des Residualwertes unter Berücksichtigung der Steigerungs- bzw. Abschlagsrate (g) in die DCF-Formel des WACC-Ansatzes finanzmathematisch wie folgt integriert:

$$UW_{WACC} = \left[\sum_{t=1}^{T}\frac{FCF}{(1+r_{WACC})^t} + \frac{RW(1+/-g)}{(1+r_{WACC})-1} \times \frac{1}{(1+r_{WACC})^T}\right] - FK + LM + LE$$

g = Residualwertzu- bzw. -abschlag
LE = Liquidationserlöse des nicht betriebsnotwendigen Vermögens

Mit der Abzinsung des Terminal Value, als der letzten geplanten Cashflow-Größe, auf den Bewertungsstichtag repräsentieren die Barwerte der finanziellen Überschüsse der Detailplanungsphase und des Terminal Values den Gesamtkapitalwert des Unternehmens (Enterprise Value), der nach Berücksichtigung des Abzugskapitals den eigentlichen Unternehmenswert als den Marktwert des Eigenkapitals (Equity Value) ergibt. Greift man die vorherigen Sachverhalte noch einmal auf, dann wäre der Unternehmenswert mit den folgenden bilanziellen Veränderungen zu steigern:

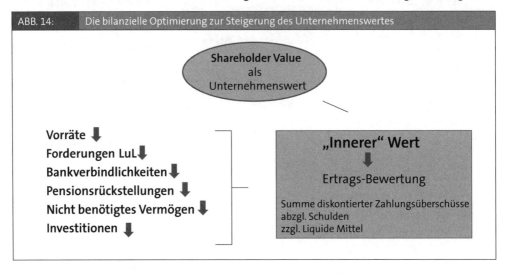

ABB. 14: Die bilanzielle Optimierung zur Steigerung des Unternehmenswertes

Bei der Ermittlung des Unternehmenswertes entspricht die Ertragswertermittlung über die Diskontierung zukünftiger Einzahlungsüberschüsse der gängigen Bewertungspraxis. Da die geplanten freien Cashflow-Größen, die Festlegung des Residualwerts sowie die Bestimmung eines risikoadjustierten Diskontsatzes nicht vollständig ohne subjektive Einflüsse sind, wäre nach dem IDW[112] eine **Plausibilitätskontrolle** mit Hilfe von Vergleichswertverfahren, wie bspw. der Multiplikatorenmethode auf der Basis von Erfolgsmultiplikatoren, durchzuführen.

4.2.1.2 Fallbeispiel

Im Folgenden soll der Unternehmenswert der Telefonanlagen GmbH[113] mit dem **WACC-Ansatz** gerechnet werden, der, wie oben beschrieben auf der **Diskontierung der zukünftigen freien Cashflows** fußt. Für die Erstellung der Plandaten der Telefonanlagen GmbH wird von Substanzerhaltung ausgegangen, was zur Folge hat, dass für die Berechnung der Free Cashflows zusätzliche Abschreibungen im Zusammenhang mit Erweiterungsinvestitionen nicht in die Überlegung mit einzubeziehen sind, sondern nur die Höhe der planmäßigen Abschreibungen berücksichtigt werden, die aber in der angesetzten Höhe vollständig liquiditätswirksam sind. Da, wie oben in der Formel zu erkennen ist, der Terminal Value rein finanzmathematisch einen sehr großen Wertehebel mit sich bringt, die Wachstumsraten von potenziellen Erwerbern tendenziell aber eher konservativ eingeschätzt werden, soll für die Bestimmung des Terminal Value der Planwert 04 mit nur 80 % des Wertes der Detailplanungsperiode angesetzt werden.

---

112   IDW 2008 (143), S. 29.
113   Vgl. hierzu Kapitel V.2 „Die Telefonanlagen GmbH als begleitendes Fallbeispiel".

TAB. 17: Die freien Cashflows der Planjahre 01 bis 04 für die Telefonanlagen GmbH

Planjahre (in T€)		01	02	03	04	TV
	Bereinigter EBIT	1.094	1.107	1.175	1.245	996
-	Ertragsteuern	-228	-231	-244	-257	-206
+	Abschreibungen	550	550	550	550	550
=	Operativer Cashflow	1.416	1.426	1.481	1.538	1.340
+/-	Veränderungen Working Capital	0	0	0	0	0
=	**Cashflow aus betrieblicher Geschäftstätigkeit**	**1.416**	**1.426**	**1.481**	**1.538**	**1.340**
-	Cashflow aus Investitionstätigkeit	-550	-550	-550	-550	-550
=	**Bereinigter Free Cashflow (FCF$_b$)**	**866**	**876**	**931**	**988**	**790**

Ein maßgeblicher Einfluss auf die Höhe der zukünftigen Free Cashflows und demzufolge auf den Unternehmenswert wird über die Erhöhung der Erfolgsmessgröße **Umsatzrendite** erreicht. Die Telefonanlagen GmbH kann bei einem konstanten Umsatz von etwa 13,0 Mio. € aufgrund eines in Wert gesetzten Entwicklungsvorsprungs gegenüber der Konkurrenz die Rentabilität stetig erhöhen, was anhand des Betriebsergebnisses nach Steuern sehr deutlich erkannt werden kann. Dies wurde auch in der Vergangenheit kontinuierlich unter Beweis gestellt. Die Steuerung über die Größe **Kapitalumschlag** gelingt aufgrund des geringen Bestands an Sachanlagevermögen. Da der Großteil der technischen Entwicklungsleistungen in den letzten Jahren erfolgreich marktreif abgeschlossen wurde, konnten aufgrund der Nichtaktivierung die dazugehörigen Aufwandspositionen in ihrer vollen Höhe Gewinn mindernd in die entsprechenden Geschäftsjahre gebucht werden. Die **Finanzstruktur** nimmt über die beinahe gleiche Verteilung von Eigen- und Fremdkapital die Optimierung der Größe Kapitalkosten vor. Unter der Berücksichtigung der unternehmensspezifischen Kapitalstruktur auf Marktpreisbasis wird ein Risiko angepasster gewichteter Gesamtkapitalkostensatz (r_{WACC}) in Höhe von 9,1 % als Diskontierungszinssatz zugrunde gelegt, der sich wie folgt zusammensetzt:

TAB. 18: Der WACC für die Bewertung der Telefonanlagen GmbH

$$r_{WACC} = [8,2 \times (1 - 0,16) \times 0,53] + [(4,4 + 5,5 \times 1,29) \times 0,47] = 9,1\ \%$$

Annahmen, die der Berechnung des Abzinsungssatzes r_{WACC} zugrunde liegen:

r_{FK} = Durchschnittlicher Zinssatz der Unternehmenskredite, insbesondere unter Berücksichtigung des partiarischen Darlehens der früheren Konzernmutter mit 8,2 %

s = Durchschnittlicher Ertragsteuersatz in Höhe von 16 %

Fremdkapitalanteil des Planjahres 01 mit 53 %

i = Durchschnittlicher risikofreier Zinssatz für Bundesanleihen bis 2044: 4,4 %

r_M = Marktprämie mit 5,5 %

Beta-Faktor (ß) = Peergroup-Analyse unter der Berücksichtigung des Risikofaktors europäischer Telekommunikations- und Elektronikunternehmen mit 1,29

Eigenkapitalanteil des Planjahres 01 mit 47 %

Der zukunftsorientierte Unternehmenswert (UW) der Telefonanlagen GmbH wird bei der Verwendung des WACC-Ansatzes mit der Abzinsung der prognostizierten freien Cashflows (FCF) der zukünftigen vier Geschäftsjahre auf den Investitionszeitpunkt gerechnet. Der Residualwert (RW) wird unter der Prämisse der gedanklichen unendlichen Fortführung der freien Cashflows des Geschäftsjahres 04 als finanzmathematische ewige Rente, dem **Terminal Value** (TV), auf den Entscheidungszeitpunkt, Beginn des Jahres 01 abgezinst. Die Abschlagsrate (g) auf den Residualwert, welchem die Cashflow-Größen als Fortschreibungswert nach der Detailplanungsperiode bestimmt, wird mit 20 % auf die letzte verfügbare Plangröße des Jahres 04 angesetzt. Dem auf diese Art ermittelten Gesamtunternehmenswert wird das Fremdkapital (FK) in Form der bilanzierten zinstragenden Verbindlichkeiten, welches im Wesentlichen den Bankkrediten entspricht, abgezogen. Die vorhandenen liquiden Mittel (LM), als bilanzierte Kassenbestände und Bankguthaben werden hinzuaddiert.

TAB. 19:	Der Unternehmenswert der Telefonanlagen GmbH nach dem WACC-Ansatz der DCF-Methode					
Planjahre (in T€)	1. Jan.	01	02	03	04	TV
Freie Cashflows aus betrieblicher Tätigkeit		866	876	931	988	790[114]
Abzinsungsfaktor (WACC = 9,1 %)		0,917	0,840	0,770	0,706	0,706
Barwerte der freien Cashflows		794	736	717	698	6.129
Kumulierte Barwerte der freien Cashflows		794	1.530	2.247	2.945	9.074
Enterprise Value	9.074					
- Marktwert des Fremdkapitals + Liquide Mittel	- 4.621 69					
Equiy Value als Unternehmenswert bzw. Marktwert des Eigenkapitals	**4.522**					

Unter Zugrundelegung des WACC-Ansatzes, welcher die freien Cashflows aus der betrieblichen Tätigkeit im Planungszeitraum von 01 bis 04 auf den Entscheidungszeitpunkt, den Beginn des ersten Planjahres 01 mit dem gewichteten Kapitalkostensatz WACC abzinst, wird ein **Unternehmenswert** als Marktwert für das Eigenkapital (**Equity Value**) für die Telefonanlagen GmbH in Höhe von 4,5 Mio. € ermittelt.

---

[114] Der Residualwert als Basiswert für den Terminal Value (TV) wird aufgrund der Unsicherheit der werthaltigen zukünftigen Kundenverträge mit einem Abschlag (g) von etwa 20 % angesetzt.

4.2.1.3 TCF-Ansatz

Der **Total Cashflow-Ansatz (TCF)** ist neben dem Weighted-Average-Cost-of-Capital-Ansatz (WACC) die **zweite Variante der Entity-Methode**, welcher die tatsächlichen erwarteten Unternehmenssteuerzahlungen in der verwendeten Cashflow-Größe berücksichtigt und deren Ansatz in Bezug auf den Kapitalisierungszinssatz (r_{WACC}) nicht mehr erforderlich macht. Es werden bereits im **Zähler die Steuerzahlungen** abgezogen, die sich bei der im Unternehmen geplanten Kapitalstruktur ergeben.

$$UW_{TCF} = \left[\sum_{t=1}^{T} \frac{TCF}{(1+r_{WACC,TCF})^t} + \frac{Terminal\ Value}{(1+r_{WACC,TCF})-1} \times \frac{1}{(1+r_{WACC,TCF})^T} \right] - FK + LM$$

Die Total Cashflow-Größen setzen sich wie folgt zusammen:

TAB. 20:	Der Total Cashflow (TCF)
Bereinigter EBIT	
-	Ertragsteuern
+	Abschreibungen auf Sachanlagen und immaterielle Vermögensgegenstände
+/-	Veränderungen der langfristigen Rückstellungen
+/-	Sonstige zahlungsunwirksame Aufwendungen/Erträge
=	Operativer Cashflow
-/+	Zunahme/Abnahme Vorräte
-/+	Zuname/Abnahme Forderungen Lieferungen und Leistungen
-/+	Abnahme/Zunahme Verbindlichkeiten Lieferungen und Leistungen
-/+	Gewinne/Verluste aus dem Abgang von Vermögensgegenständen
=	**Cashflow aus der betrieblichen Geschäftstätigkeit**
-	Cashflow aus der Investitionstätigkeit
=	**Bereinigter Free Cashflow** (vor persönlicher Steuern der Eigenkapitalgeber)
-	Persönliche Einkommensteuern der Eigentümer (auf TCF vor persönlichen Steuern)
=	**Total Cashflow (TCF) nach persönlichen Steuern**

Demzufolge wird als Abzinsungszinssatz im Nenner des Quotienten der Unternehmenswert mit einem durchschnittlichen gewichteten Kapitalisierungszinssatz ohne des steuerlich berücksichtigten Fremdkapitalabzugs (1 – s) ermittelt und wie folgt dargestellt:

$$r_{WACC,TCF} = r_{FK} \times \frac{FK}{GK} + r_{EK} \times (1 - s_{EK}) \times \frac{EK}{GK}$$

4.2.2 APV-Methode

Bei der **Adjusted Present Value-Methode (APV)**, als dem Konzept des angepassten Barwerts, wird der Gesamtkapitalwert **komponentenweise** bestimmt. In einem ersten Schritt soll unter der Annahme einer **vollständigen Eigenfinanzierung**, also ohne der Aufnahme von Fremdkapital die Bestimmung des Marktwertes eines nicht verschuldeten Unternehmens vorgenommen werden, um dann in einem zweiten Schritt den Wert der **steuerlichen Vorteile** aus der anteiligen Fremdkapitalfinanzierung zu addieren, welche dann den Gesamtunternehmenswert ergibt. Der Marktwert des Eigenkapitals des verschuldeten Unternehmens wird, wie bei der Entity-

Methode, als eine weitere Bruttokapitalisierungsvariante, mittels Subtraktion des Marktwerts des Fremdkapitals, welche die Ansprüche der Fremdkapitalgeber repräsentieren, vom Gesamtkapitalwert bestimmt. Die zukünftigen freien Cashflows (FCF) dienen wie beim WACC-Ansatz als Abzinsungsgröße, die aber dann mit den Eigenkapitalkosten ($r_{EK/APV}$), jedoch **nach persönlichen Steuern** der Investoren (s_I) eines unverschuldeten Unternehmens als Kapitalisierungszinssatz auf den Entscheidungszeitpunkt abgezinst werden. Die Abzinsung des Wertbeitrages der steuerlichen Fremdfinanzierungsvorteile wird mit dem von den Gläubigern verbrieften Fremdkapitalzinssatz (r_{FK}) durchgeführt.[115] Der Unternehmenswert (UW_{APV}) wird dementsprechend definiert als der Marktwert des Eigenkapitals eines verschuldeten Unternehmens und kommt mit der Berücksichtigung dieser Parameter dem realen betrieblichen Werteansatz am nächsten. Dieser setzt sich zusammen aus der Summe des **diskontierten Marktwerts des Eigenkapitals eines unverschuldeten Unternehmens** (M_{EK}) und dem **Barwert des Wertbeitrages** der aus der anteiligen Fremdfinanzierung resultierenden **Steuervorteile** (W_{FK}) abzüglich dem Marktwert der geplanten zinstragenden Verbindlichkeiten (FK) zuzüglich der liquiden Mittel (LM).

$$UW_{APV} = M_{EK} + W_{FK} - FK + LM$$

$$M_{EK} = \sum_{t=1}^{\infty} \frac{FCF_{EK} \times (1-s_I)}{[1 + r_{EK/APV} \times (1-s_I)]} + \text{Ewige Rente}$$

M_{EK}: Marktwert des Eigenkapitals eines unverschuldeten Unternehmens

FCF_{EK}: Erwartungswert als Free Cashflow bei unterstellter vollständiger Eigenfinanzierung

$r_{EK/APV}$: Risikoäquivalente Renditeforderung der Eigentümer bei unterstellter vollständiger Eigenfinanzierung mittels Capital Asset Pricing-Model (CAPM), wobei die persönliche Steuerlast des Investors berücksichtigt werden muss.
$r_{EK}/APV = r_{EK} \times (1-s_I)$
s_I: Persönlicher Steuersatz (s) des Investors (I)

Die Bestimmung des r_{EK} als risikoäquivalente Renditeforderung der Eigentümer eines vollständig eigenfinanzierten Unternehmens ist schwierig darzustellen, da Unternehmen häufig einen Fremdkapitalanteil halten. Die Höhe der **zinstragenden Verbindlichkeiten** wird über den Bewertungszeitraum geplant und in Bezug auf die Bewertung als sicher angesehen, was dazu führt, dass die Steuervorteile, die sich aufgrund der Aufwandsbildung in der Gewinn- und Verlustrechnung wegen eines niedrigeren zu versteuerndem Jahresüberschusses ergeben, auch als sicher angesehen werden wie der darauf zu zahlende Fremdkapitalzins (r_{FK}). Folglich werden die sich ergebenden Steuervorteile aus der anteiligen Fremdfinanzierung mit dem Fremdkapitalzins (r_{FK}) diskontiert. Um einen risikolosen Basiszins verwenden zu können, müssen nach Drukarczyk[116] die folgenden Annahmen erfüllt werden:

▶ Gewährleistung einer unabhängigen Finanzierungspolitik

▶ Gewährleistung der vertraglich vereinbarten Zahlungen an die Fremdkapitalgeber

---

115 IDW 2008 (136f), S. 28.
116 Drukarczyk 1998, S. 189 ff.

▶ Gewährleistung von steuerlichen Vorteilen aus der Abzugsfähigkeit von Fremdkapitalzinsen in den zukünftigen Perioden

Während die Entity-Verfahren (WACC- und TCF-Ansatz) und die APV-Methode, beides so genannte **Bruttoverfahren**, in einem ersten Schritt den Gesamtkapitalwert bestimmen, wird im Folgenden ein Ansatz für eine weitere Variante der DCF-Methoden vorgestellt, welche hingegen die Nettokapitalisierung zum Ziel hat, also den Marktwert des Eigenkapitals direkt bestimmt und als Equity-Methode (**Nettoverfahren**) bezeichnet wird.

4.2.3 Equity-Methode

Die Ausgangswerte als Abzinsungsgrößen bei der **Equity-Methode** sind die echten **Zahlungsströme an die Eigenkapitalgeber**, demzufolge die Cashflows unter Berücksichtigung der Zins- und Tilgungszahlungen an die Fremdkapitalgeber, die dementsprechend mit der risikoäquivalenten Renditeforderung der Investoren, welche das operative und das Kapitalstrukturrisiko berücksichtigt diskontiert werden.[117] Der Unternehmenswert (UW_{Equity}) als Marktwert des Eigenkapitals unter Zugrundelegung der Equity-Methode ist die Summe der abgezinsten Plan-Cashflows (CF_{EK}) oder auch als **Flow to Equity** bezeichnet als **auszahlungsfähige Größen** an die Investoren der jeweiligen Planperiode (t) des Gesamtplanungszeitraumes (T), dessen letzte Plangröße auch bei dieser Variante als ewige Rente finanzmathematisch fortgesetzt wird.

$$UW_{Equity} = \sum_{t=1}^{T} \frac{CF_{EK} \times (1-s_I)}{[1+r_{EK/Equity} \times (1-s_I)]} + \frac{CF_{EK}}{(1+r_{EK/Equity})-1} \times \frac{1}{(1+r_{EK/Equity})^T}$$

CF_{EK}: Erwartungswert der auszahlungsfähigen Cashflows an die Eigentümer der einzelnen Planungsperiode (t)

s_I: Persönlicher Steuersatz (s) des Investors (I)

$r_{EK/Equity}$: Risikoäquivalente Renditeforderung der Eigentümer eines verschuldeten Unternehmens mittels CAPM als r_{EK} zuzüglich einer Zinsaufschlagsgröße für das Kapitalstrukturrisiko r_R

Bei der Berechnung der für diesen Ansatz relevanten Cashflow-Größen werden Fremdkapitalaufnahmen in Form von zinstragenden Verbindlichkeiten addiert, was konsequenterweise in den Perioden der Fremdkapitalzuführung zu einer Erhöhung der angesetzten Ausschüttungsgröße führt, in den Folgejahren aber dementsprechend durch die Kapitalbedienung in Form von Zins und Tilgung an die Fremdkapitalgeber reduziert wird. Die Erwartungswerte der auszahlungsfähigen Cashflows an die Eigentümer der Planungsperioden (t) sind die aus der operativen Tätigkeit erwirtschafteten Einzahlungsüberschüsse, die um die Kreditzuführungen erhöht und um die Kapitalbedienungsansprüche gemindert werden.

---

117 IDW 2008 (138), S. 28 f.

TAB. 21:	Der auszahlungsfähige Cashflow an die Eigentümer

Bereinigter EBIT
- Ertragsteuern
+ Abschreibungen auf Sachanlagen und immaterielle Vermögensgegenstände
+/- Veränderungen der langfristigen Rückstellungen
+/- Sonstige zahlungsunwirksame Aufwendungen/Erträge
= Operativer Cashflow
-/+ Zunahme/Abnahme Vorräte
-/+ Zuname/Abnahme Forderungen aus Lieferungen und Leistungen
-/+ Abnahme/Zunahme Verbindlichkeiten aus Lieferungen und Leistungen
-/+ Gewinne/Verluste aus dem Abgang von Vermögensgegenständen
= **Cashflow aus der betrieblichen Geschäftstätigkeit**
- Cashflow aus der Investitionstätigkeit
= **Bereinigter Free Cashflow**
- Unternehmenssteuerersparnis aufgrund der Abzugsfähigkeit der FK-Zinsen
+ Fremdkapitalzuführung
- Fremdkapitalrückführung
- Zinsen und ähnliche Aufwendungen
= **Total Cashflow an die Eigentümer** als „Flow to Equity"

Die **Equity-Methode** ist in ihren Grundzügen dem Ertragswertverfahren nach IDW sehr ähnlich. Wesentliches Unterscheidungsmerkmal ist die Diskontierungsgröße, die bei der Ertragswertmethode in Form ausschüttungsfähiger Jahresüberschüsse als Erfolgsgröße der GuV-Rechnung und bei der Equity-Methode in Form einer **Stromgröße des effektiven Zahlungsflusses** angesetzt wird. Die Renditeforderung der Eigentümer ist von der Verschuldungsstruktur, also der Höhe der Kapitalzuführung von außen und von den Konsequenzen hinsichtlich der Kapitalbedienung abhängig, was dazu führen müsste, dass bei veränderten Verschuldungsgraden, wie das in der Praxis geschieht, eine **Anpassung des risikoäquivalenten Kapitalisierungszinses** in jedem Planjahr zur Konsequenz hätte. Das bedeutet aber auch, dass eine Anpassung des Diskontierungszinssatzes unterbleiben kann, wenn der Verschuldungsgrad über die Planungsperiode als konstant angesehen wird.

Der praktische Einsatz der Equity-Methode ist demzufolge als sehr begrenzt einzustufen, da die Bestimmung der Zinsaufschlagsgröße in Bezug auf die Berücksichtigung des Kapitalstrukturrisikos als Addition zu dem mit Hilfe des **Capital Asset Pricing-Model** ermittelten Zinssatz eines unverschuldeten Unternehmens, der das operative Risiko bezüglich des markt-, branchen- bzw. unternehmensspezifischen Risikos abbildet, nur sehr eingeschränkt zu leisten ist. Darüber hinaus werden unpräzise Unternehmenswerte ermittelt, wenn die Verschuldungsgrade zwar in jeder Planperiode differenziert berücksichtigt werden, der Diskontierungszinssatz hingegen über die einzelnen Planperioden konstant gehalten wird und sich eben nicht entsprechend des dann veränderten Risikos für die Investoren verändert. Gerade Letzteres widerspricht entschieden dem **Primat der risikoaversen Haltung der Eigenkapitalgeber**. Sehr eng verwandt mit der DCF-Variante Equity-Methode ist die Ertragswertmethode nach IDW (Institut der Wirtschaftsprüfer in Deutschland e.V.), welche im Folgenden besprochen wird.

4.3 Ertragswertmethode nach IDW

Der Unternehmenswert unter Zugrundelegung der **Ertragswertmethode** nach IDW wird mittels Abzinsung auf den Bewertungsstichtag der zukünftig nachhaltig an die Anteilseigner **ausschüttungsfähigen Jahresüberschüsse** bestimmt. Zu seiner Berechnung müssen die Zukunftserfolge aus den Planungsrechnungen und der Kapitalisierungszinsfuß, den wir in den obigen Ausführungen als Eigenkapitalkosten bzw. als Risiko angepassten Zinssatz[118] schon kennen gelernt haben, ermittelt werden. Dabei wird von der Überlegung ausgegangen, dass der Wert eines Unternehmens grundsätzlich von der zukünftigen Ertragskraft und von dem dadurch erzielten finanziellen Nutzen für den Eigentümer abhängig ist und sich wie folgt bestimmen lässt:

$$UW_E = \sum_{t=1}^{T} E_t \times \frac{1}{(1+r_{EK})^t} + \left(TV \times \frac{1}{(1+r_{EK})-1}\right) \times \frac{1}{(1+r_{EK})^T}$$

Der Unternehmenswert (UW$_E$)[119] ist die Summe der diskontierten zukünftigen Jahresüberschüsse als Ertragsüberschüsse (E$_t$) der einzelnen Planperioden (t) innerhalb des gesamten Planungszeitraumes (T), die dem Unternehmen entnommen werden können, ohne die für den Unternehmenserfolg essenzielle Substanz anzugreifen. Nach der so genannten **Ausschüttungshypothese** wird die vollständige Ausschüttung der zukünftigen Ertragsüberschüsse an die Anteilseigner unterstellt. Dem addiert wird der abgezinste Residualwert, Terminal Value (TV), der finanzmathematisch in Form der „Ewigen Rente" fortgesetzt wird, als der nachhaltige Ertragswert am Ende der Planungsperiode, von dem ausgegangen werden kann, dass er auch in Zukunft in dieser Höhe bestehen bleibt. Zu empfehlen ist es eine Annahme über das wahrscheinliche Ausschüttungsverhalten zu treffen, da sich die jeweiligen Ausschüttungspräferenzen an der Alternativanlage ausrichten werden. Der mit der Ertragswertmethode ermittelte Unternehmenswert ist bei Veräußerungsprozessen mittelständischer Unternehmen wegen des direkten Zusammenhanges zwischen Unternehmenswert und ausschüttungsfähigen Gewinnen für die Wertermittlung bei der Abfindung von Minderheitsgesellschaftern sehr gut geeignet.

4.3.1 Ertragswert

Um die „richtigen" Ertragsüberschüsse (E$_t$) der einzelnen Planperioden als Abzinsungsgrößen zu bestimmen, muss die GuV-Rechnung um Positionen bereinigt werden, die nicht in einem direkten Zusammenhang zur betrieblichen Leistungserstellung stehen.[120] Im Vordergrund der Betrachtung steht auch bei dieser Bewertungsmethode die **sachgerechte Aufbereitung der GuV-Rechnung**, vor allem die Aufteilung in betriebsbedingte und neutrale Aufwendungen bzw. Erträge, auch unter Berücksichtigung der kalkulatorischen Größen als Zusatz- oder Anderskosten. Es empfiehlt sich, die Bereinigung der GuV-Rechnung beim Auftreten der folgenden Positionen vorzunehmen, die bereits im Zusammenhang mit der Berechnung eines bereinigten EBIT angesprochen wurden:[121]

---

[118] Der Eigenkapitalzinssatz (r$_{EK}$) wird mit Hilfe des CAPM (Capital Asset Pricing Model) ermittelt, welches in Kapitel IV.2.2.1 vorgestellt wurde.
[119] IDW 2008 (102), S. 22.
[120] IDW 2008 (104 f), S. 22 f.
[121] Vgl. hierzu Kapitel V.4.1.1.2 „Bereinigung um die neutralen Erfolgsgrößen".

Nach einer sachgerechten Aufbereitung der GuV-Rechnung werden die zukünftigen Ertragsüberschüsse, die dem Unternehmen entnommen werden könnten, ohne die für den Unternehmenserfolg tragende Basis zu schmälern, abgezinst und aufaddiert. Bei der Bewertung von eigentümergeführten Unternehmen wird üblicherweise von einem Planungshorizont von drei bis maximal fünf Jahren ausgegangen. Die grundsätzlich in der Praxis auftretenden Probleme bei der Festlegung der prognostizierten **Planwerte** wurden im Zusammenhang mit der Discounted Cashflow-Methode (DCF)[122] schon angesprochen. Bei der Erfassung der Aufwands- und Ertragsplanungen empfiehlt es sich, die einzelnen Planungsrechnungen nach Erfolgsbereichen zu gliedern.[123] Die künftigen Erträge der Plan-GuV-Rechnung, die von der Geschäftsleitung des zu bewertenden Unternehmens prognostiziert werden, setzen sich im Wesentlichen aus den geplanten Umsatzerlösen zusammen, bei deren Planung Unsicherheitsfaktoren wie Konjunktursituation, Konkurrenzsituation, Produktakzeptanz, Trends oder Nachfrageverschiebungen die relevanten Parameter darstellen.

Auf der Basis des geplanten operativen Geschäftsverlaufs werden aus den Daten der Kalkulation die einzelnen Aufwandspositionen abgeleitet. Der **Materialaufwand** setzt sich im Wesentlichen aus den Einkaufspreisen der Roh-, Hilfs- und Betriebsstoffe zusammen, die für die Produktion eines entsprechenden Produktes und der jeweiligen Menge benötigt werden. Auch etwaige Fremdleistungen, die im Kontext von Ausgliederungen bezogen werden, sind entsprechend in den Planungsrechnungen mit aufzunehmen. Als **Personalaufwand** sind die fixen und variablen Bestandteile der Fertigungslöhne für die Mitarbeiter, die direkt dem Produktionsprozess zugeordnet werden können und die Gehälter der Vertriebs- und Verwaltungsmitarbeiter zu planen. Die aktuellen Aufwandspositionen werden dabei um zukünftige Planungsgrößen zusätzlicher Stellen bzw. abzüglich abgebauter Stellen verändert, natürlich auch unter der Berücksichtigung von Lohn- und Gehaltserhöhungen und Pensionszusagen des bestehenden Personalbestandes. Abgeleitet aus dem Investitionsplan werden die **Abschreibungen** aus den zukünftigen Ersatz- und Erweiterungsinvestitionen, die als nicht zahlungswirksame Abschreibungsaufwandspositionen die ausschüttungsfähige Jahresüberschussgröße reduzieren. Genauso mit einzubeziehen sind sämtliche Aufwendungen, die in direktem und indirektem Zusammenhang mit den getätigten Investitionen stehen, d. h. alle Varianten der **Investitionsfolgekosten**, wie bspw. mögliche Wartungs- und Instandhaltungsaufwandspositionen.

Als weitere Bestimmungsgröße des **Betriebsergebnisses** muss abschließend noch auf die **sonstigen betrieblichen Aufwendungen** verwiesen werden, in denen häufig die Zuführungen zu den langfristigen Rückstellungen in Form von Rückstellungsaufwandspositionen zu finden sind. Der eigentliche Liquiditätsabfluss wird im Unternehmen dann sichtbar, wenn die tatsächliche Inanspruchnahme entstanden ist. Berücksichtigt werden muss auch das Finanzergebnis, welches im Wesentlichen über den Zinsaufwand, als den Fremdkapitalkosten verbriefter Verbindlichkeiten, meist von Banken oder bei Inanspruchnahme von Mezzaninefinanzierungen von anderen Finanzinstituten ausgereicht werden. Konsequenterweise ist zu berücksichtigen, dass die sich ergebenden Zahlungsströme immer von der jeweiligen Finanzierungsstruktur abhängig sind, die dann die entsprechenden liquiden abfließenden Zahlungsströme nach sich ziehen. Natürlich sind auch innerhalb des Finanzergebnisses nur die jeweiligen Positionen, bereinigt um alle **neutralen Aufwandsgrößen** und **kalkulatorischen Kosten** zu erfassen, die mit der eigentlichen betrieblichen Leistungserstellung in direkten Zusammenhang gebracht werden können. So sind bspw. Aufwen-

---

122 Vgl. hierzu Kapitel V.4.2.1.1.6 „Zweiphasenmethode nach dem IDW".
123 IDW 2008 (105 f), S. 22 f.

dungen und Erträge von reinen Finanzanlagen in diesem Zusammenhang nicht zu berücksichtigen.

Dem **Finanzplan**, als der Planungsrechnung, der den in der Zukunft prognostizierten Kapitalbedarf ermittelt und die entsprechenden Finanzierungsszenarien beinhaltet, kommt bei der Strukturierung der zukünftigen sich verändernden Zinsaufwandsgrößen eine entscheidende Bedeutung zu. Der Vollständigkeit halber sei festzuhalten, dass der **Steueraufwand** mit in die Betrachtung einfließt, wohingegen das **außerordentliche Ergebnis** außen vor bleibt, genauso wie alle oben angesprochenen neutralen Aufwands- und Ertragsteile innerhalb der einzelnen Positionen der Gewinn- und Verlustrechnung. Insgesamt ist der gesamte Planungsprozess, der sich in den einzelnen Planungsrechnungen niederschlägt, aus den Daten und Erfahrungen der Vergangenheit abgeleitet, die in die Zukunft aufgrund der mikro- und makroökonomischen Bedingungen prognostiziert werden können.

Als Saldo der ermittelten Umsatzerlöse, zu- bzw. abzüglich der geplanten betriebsbedingten und nicht betriebsbedingten bereinigten Aufwands- und Ertragspositionen, stehen die zukünftig erwartungsgemäß auszuschüttenden, vom Unternehmen erwirtschafteten, finanziellen Zahlungsüberschüsse, die bei der Ertragswert orientierten Unternehmensbewertung als die **eigentliche Kapitalisierungsgröße** herangezogen werden können. Voraussetzung ist allerdings, dass alle Einnahmenüberschüsse auch tatsächlich **ausschüttungsfähig** sind. Als Zahlungen des Unternehmens an die Anteilseigner zählen bei Kapitalgesellschaften primär die **Dividende** bei der Aktiengesellschaft bzw. die **Tantieme** bei der GmbH, während bei Personengesellschaften die **Privatentnahme** darunter zu subsumieren ist. Als sekundärer Zahlungsstrom an die Eigenkapitalgeber würden alle Varianten der Kapitalherabsetzungen oder andere finanzielle Vorteile eingeordnet werden können, die dem Eigentümer von der Unternehmung aufgrund seiner möglichen privilegierten Stellung zugestanden wird, wie überhöhte Darlehenszinsen bei gewährten Gesellschafterdarlehen oder aufgrund sonstiger in Bezug auf die Gesellschafterrolle begründete Vertragsverhältnisse.

Der **Ertragswert nach IDW** ergibt sich aus der Summe der mit dem Kapitalisierungszins (r_{EK} gemäß CAPM) **abgezinsten Ertragsüberschüsse** als eigentliche Kapitalisierungsgröße der Planperioden zuzüglich der finanzmathematischen „Ewigen Rente", dem Terminal Value (TV). Dieser setzt sich aus dem abgezinsten **Residualwert**[124] als der jeweilig **nachhaltig planbar Ertragsüberschuss** am Ende der Planungsperiode zusammen, von dem ausgegangen wird, dass er für einen Zeitraum nach der eigentlichen Planungsperiode weiterhin erreicht werden kann. Die Unternehmensbewertung auf der Basis der Summe zukünftiger abgezinster Einzahlungsüberschüsse geht vom Primat der unendlichen Unternehmensfortführung aus, was diese Entscheidungsrechnung an dieser Stelle deutlich von den Verfahren der Investitionsrechnungen unterscheidet, dessen Planungshorizont zeitlich begrenzt ist und sich nach der Dauer der betrieblichen Nutzung richtet. In diesem Zusammenhang kommt auch bei dieser Unternehmensbewertungsvariante dem letzten prognostizierten abzuzinsenden Planwert der gesamten mit Plandaten belegten ersten Phase, der „**Detailplanungsphase**" (T), dem so genannten Residualwert eine überdurchschnittliche Bedeutung zu, da dieser in der zweiten Phase, der „**Fortschreibungsphase**" mit dem Terminal Value (TV) zu einem finanzmathematischen Wertehebel wird.[125]

Die Planreihe wird nicht einfach „abgeschnitten" und der letzte geplante Einzahlungsüberschuss als **ewige Rente** fortgesetzt, sondern der Bewertende ist, analog zu den getätigten Ausführungen

---
124 IDW 2008 (17), S. 7.
125 IDW 2008 (79), S. 17.

der DCF-Methode (vgl. Kap. V.4.2.1.1) an dieser Stelle aufgefordert, Prognosen über die langfristige Entwicklung abzugeben, um den **letzten Planwert** entsprechend nach oben oder nach unten **zu korrigieren.**

4.3.2 Fallbeispiel

Im Zusammenhang mit der Bestimmung des Unternehmenswertes der Telefonanlagen GmbH[126] unter Zugrundelegung der **Ertragswertmethode nach IDW** wird für die **Abzinsung der zukünftigen bereinigten Jahresüberschüsse** das Capital Asset Pricing-Model zur Berechnung des Eigenkapitalzinssatzes (r_{EK}) herangezogen, der mit Berücksichtigung der in Kapitel V.2 festgelegten Markt- und Branchendaten 11,5 % beträgt.

TAB. 22:	Der r_{EK} für die Bewertung der Telefonanlagen GmbH
	$r_{EK} = 4,4 + 5,5 \times 1,29 = 11,5\ \%$

Annahmen, die der Berechnung des Abzinsungssatzes r_{EK} zugrunde liegen:
i = Durchschnittlicher risikofreier Zinssatz für Bundesanleihen bis 2044: 4,4 %.
r_M = Marktprämie mit 5,5 %

Beta-Faktor (ß) = Peergroup-Analyse unter der Berücksichtigung des Risikofaktors europäischer Telekommunikations- und Elektronikunternehmen mit 1,29.

Bei der Berechnung der Barwerte werden die festgelegten Plan-Ertragswerte am Ende der jeweiligen Planjahre auf den Beginn des Betrachtungsjahres 01 diskontiert. Der **Terminal Value** (TV) wird mit einem Abschlag von 20 % auf das Planjahr 04 der Detailplanungsphase fallenden verfügbaren, nachhaltigen und handelsrechtlichen Planergebnissen ermittelt.

TAB. 23:	Der Unternehmenswert der Telefonanlagen GmbH nach der „Ertragswertmethode nach IDW"					
Planjahre (in T€)	1. Jan.	01	02	03	04	TV
Jahresüberschüsse		749	762	830	900	720[127]
+/- Bereinigungsgrößen/Adjustierungen		-208	-211	-224	-237	-190
Bereinigte Jahresüberschüsse		541	551	606	663	530
Abzinsungsfaktor (r_{EK} = 11,5 %)		0,8969	0,8044	0,7214	0,6470	0,6470
Barwerte der Jahresüberschüsse		485	443	437	429	2.982
Kumulierte Barwerte der Jahresüberschüsse		485	928	1.365	1.794	4.776
Equiy Value als Unternehmenswert bzw. Marktwert des Eigenkapitals	4.776					

Der **Unternehmenswert** der Telefonanlagen GmbH wird mit der Summe der einzelnen abgezinsten zukünftigen Jahresüberschüsse unter Berücksichtigung des Terminal Value bestimmt und beträgt 4,8 Mio. €.

---

126 Vgl. hierzu Kapitel V.2 „Die Telefonanlagen GmbH als begleitendes Fallbeispiel".
127 Der Residualwert als Basiswert für den Terminal Value (TV) wird aufgrund der Unsicherheit der werthaltigen zukünftigen Kundenverträge mit einem Abschlag (g) von 20 % angesetzt.

5. Abschließende Beurteilung

In den obigen Kapiteln wurden verschiedene unterschiedliche Bewertungsverfahren vorgestellt, von denen mit Sicherheit die Liquidations- und die Reproduktionswertmethode nur zur Bestimmung der käufer- und verkäuferseitigen Extrempositionen herangezogen werden können. Für eine erste indikative Unternehmenswerteinschätzung, welche aus den **bereinigten Daten** der Gewinn- und Verlustrechnung für den Branchenkundigen recht schnell und pragmatisch bestimmt werden kann, ist die **Multiplikatorenmethode**, als ein Vergleichswertverfahren recht gut geeignet. Liegt dem ermittelten Werteansatz zwischen den subjektiven Kaufpreisvorstellungen beider Vertragsparteien keine zu große Differenz, empfiehlt es sich in einem zweiten Schritt, mit Hilfe von Unternehmensplandaten, **freie Cashflow-Werte** zu ermitteln, um auf deren Basis die zukünftigen Ertragsgrößen mit Hilfe der **Discounted Cashflow-Methode**, in der Bewertungspraxis meist unter der Verwendung des **WACC-Ansatzes** auf den Bewertungszeitpunkt abzuzinsen, um alle die in der Zukunft liegenden Daten miteinander abgleichen zu können.

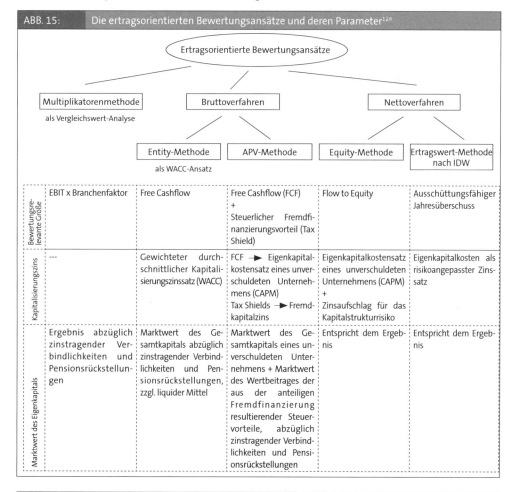

ABB. 15: Die ertragsorientierten Bewertungsansätze und deren Parameter[128]

---

128 In Anlehnung an Drukarczyk (1998, S. 178) sowie Richter und Timmreck (2004, S. 6).

V. KAPITEL — Bewertungsmethoden

Dem Prinzip nach sollten insgesamt alle Bewertungsvarianten, die auf der Basis von operativen Ertragswerten angewandt werden, zu einem mehr oder weniger gleichen Ergebnis führen bzw. einen **Bewertungskorridor** aufzeigen, zwischen deren Eckwerte dann die Verhandlungen geführt werden können. Mit Bezug auf das Fallbeispiel der Telefonanlagen GmbH,[129] deren Unternehmenswert mit den Bewertungsalternativen **Multiplikatorenmethode** (3,1 Mio. €), **Discounted Cashflow-Methode, WACC-Ansatz** (4,5 Mio. €) sowie **Ertragswertmethode nach IDW** (4,8 Mio. €) berechnet wurde, könnte resümierend festgehalten werden, dass der Unternehmenswert auf der Basis der abgezinsten Erfolgsgrößen einem etwa 7-fachen durchschnittlichen EBIT entspricht. Der für die Kaufpreisfindung relevante **Einigungswert** kommt wie jedes faire Verhandlungsergebnis durch den Einklang von Geben und Nehmen von Zugeständnissen zustande. Bei der Veräußerung von mittelständischen Unternehmen **typische Zugeständnisse** des potenziellen Käufers sind Geschäftsführergehalt mit fixen und variablen Bestandteilen, Firmenauto, Mietzins bei nicht mit verkaufter Betriebsimmobilie, die im Eigentum des Unternehmensveräußerers bleibt, während typische Zugeständnisse verkäuferseitig der Verzicht auf das Herausnehmen der liquiden Mittel und auf die Ausschüttung des Jahresüberschusses des aktuellen Geschäftsjahres, welches erst zum nächsten Jahreswechsel abgeschlossen wird, sind.

Die Multiplikatorenmethode kann demzufolge als eine erste grobe Werteinschätzung oder gemäß des IDW als Plausibilitätskontrolle im Zusammenhang mit den gängigen klassischen Ertragswertverfahren herangezogen werden. Bei gravierenden auftretenden Abweichungen ist es ratsam, die für die Unternehmensbewertung herangezogenen Daten und Prämissen kritisch zu überprüfen.[130] Die Ertragswertmethode nach IDW tritt bei Transaktionsprozessen, aufgrund der auch in Deutschland zunehmenden Dominanz der einzelnen Varianten der Discounted Cashflow-Methode, immer stärker in den Hintergrund und findet von den am Prozess Beteiligten, mit Ausnahme der Vertreter von Banken und Wirtschaftsprüfungsgesellschaften, tendenziell nur noch als ein mehr oder weniger ergänzender Bewertungsansatz Verwendung.[131] Haben wir uns bisher die Bestimmung des Unternehmenswertes des zu verkaufenden Unternehmens angesehen, werden wir uns jetzt der finanzstrategischen Überlegungen des Erwerbers widmen.

---

129 Vgl. hierzu Kapitel V.2 „Die Telefonanlagen GmbH als begleitendes Fallbeispiel".
130 IDW 2008 (167), S. 33.
131 Ergänzende Literatur zur DCF-Methode und „Ertragswertmethode nach IDW" in: Born (2003); Copeland, Koller und Murrin (2002); Drukarczyk (1998); Eidel (2000); Ernst, Schneider und Thielen (2006); IDW (2005); Peemöller, Hrsg. (2004), Richter und Timmreck, Hrsg. (2004), Spremann (2005) sowie Voigt, Christoph, Voigt, Jan, Voigt, Jörn und Voigt, Rolf (2005).

VI. Akquisitionsbeurteilung aus Käufersicht

Im angelsächsischen Wirtschaftsraum hat sich schon seit längerer Zeit die Erfolgssteuerung über den **Shareholder Value** durchgesetzt. Im Fokus dieser Analyseform stehen mehrheitlich börsennotierte Unternehmen, deren Kapitalgeber einen Wertansatz heranziehen müssen, die ihnen die **Verzinsung des eingesetzten Kapitals** anzeigt. Die Eigentümer fordern eine Rendite, gemäß ihres eingegangenen Risikos und die Gläubiger bzw. Kreditgeber eine marktübliche Verzinsung ihrer ausgereichten Kredite. Der zu erwirtschaftende Wertbeitrag des Unternehmens muss also über den Bedienungsansprüchen der Kapitalgeber liegen und darüber hinaus sukzessive zu einer Substanzsteigerung beitragen können, um auch in der Zukunft als ein attraktives Investitionsobjekt wahrgenommen zu werden. Für das operative Geschäft bedeutet das die Ausrichtung an der **Steigerung des Wertbeitrages**, was nichts anderes heißen soll, als dass Kapital bindende Maßnahmen wie Expansion mittels Umsatzsteigerung, Investition oder auch Unternehmensakquisition auf ihre Wert erhöhenden Wirkungen hinterfragt werden müssen, beziehungsweise mindestens die Kapitalkosten decken sollten.

1. Wertorientierung

Primär erfordert das eine Controlling-Architektur, welche die cash-positiven Wirkungen offenlegen kann. Die Ermittlung des Erfolges über die Bestimmung des Unternehmenswertes zeigt den Eigentümern, wie hoch die **Rendite** des **eingesetzten Kapitals** ist und welche Faktoren für die langfristige Wertentwicklung verantwortlich sind. Für die Erfolgseinschätzung der Geschäftstätigkeit und der sich daraus ergebenden Akquisitionen bedeutet das gleichzeitig auch die Berücksichtigung von **kapitalmarktorientierten Kosten** für das investierte Eigenkapital sowie das Integrieren von Risikoeinschätzungen des Kapitalmarktes.

Wertorientierte Unternehmenssteuerung muss demzufolge bedeuten, dass sämtliche Investitionsentscheidungen unabhängig vom aktuellen zu erwartenden Jahresabschlussausweis getroffen werden. Die zu tätigenden Akquisitionen müssen die quantifizierbaren Erwartungen der Kapitalgeber befriedigen können. Diese Forderung ist im Wesentlichen an die Verzinsung des im Unternehmen eingesetzten Eigenkapitals gerichtet. Börsennotierte Konzerne quantifizieren den **zusätzlichen Wertbeitrag**, der mit der Akquisition und den, von den Kapitalgebern zur Verfügung gestellten monetären Mittel einhergeht. In Analogie zu den Kennziffern „ROE" und „ROI" hat sich bei börsennotierten Unternehmen für die Darstellung der Verzinsung des im Unternehmen eingesetzten Kapitals der Wertbegriff **„ROCE"** (als Return on Capital Employed) durchgesetzt, der über die **Verzinsung der im Unternehmen investierten Vermögensgegenstände**, also auch dem Good Will im Zusammenhang mit dem Kauf von Unternehmen, gemessen wird. Dieser ist der Quotient aus dem bereinigten operativen Ergebnis im Zähler und dem betrieblich gebundenen Vermögen im Nenner.

Der **strategische Controllingansatz** zur finanzwirtschaftlichen Beurteilung von Unternehmensakquisitionen mit Hilfe von **Wertmanagement**-Konzepten setzt bei der Unternehmensbewertung an. Dabei darf der Wertansatz über eine „Shareholder Value Analysis" aus dem angelsächsischen Raum nicht mit „Aktionärswertanalyse" übersetzt, sondern allgemein nur als eine Wertsteigerungsanalyse verstanden werden, die als Bewertungsansatz auch unabhängig von der Rechtsform der Aktiengesellschaft und der Börsennotiz, eine Allgemeingültigkeit für alle Rechtsformen darstellen sollte. Der Schwerpunkt der Betrachtung richtet sich weg von einer vergangenheitsbezogenen hin zu einer zukunftsbezogenen, im Sinne einer langfristig orientierten Erfolgsgrößenermittlung. Die Intention ist, den unternehmerischen Erfolg in Bezug auf Geschäftsfelder und Strategien in erster Linie aus dem Blickwinkel eines potenziellen Investors zu beurteilen, um diejenigen strategischen Maßnahmen im Unternehmen zu implementieren oder auch Unternehmen zu akquirieren bzw. im Portfolio zu halten, die einen Wertbeitrag im Sinne eines gesteigerten Unternehmenswertes garantieren. Das bedeutet, dass alle Unternehmensakquisitionen und -verkäufe unter dem Primat der Unternehmenswertmaximierung angelegt werden müssen.

Als Wegbereiter gilt Alfred Rappaport, Professor der Universität Harvard, sowie die großen Consulting Unternehmen, wie bspw. Stern Stewart & Co. oder auch die Boston Consulting Group, die das Grundkonzept Rappaports weiterentwickelt haben und für ihre eigene Beratungsstrategie heranziehen. *Rappaport*[132] schlägt für die Steigerung der freien Cashflows, welche für die Bedienung der Kapitalgeber herangezogen werden, die Größen Umsatzwachstum, Gewinnmarge, Investitionen und Kapitalkosten vor, die er als **Value Drivers** bezeichnet.

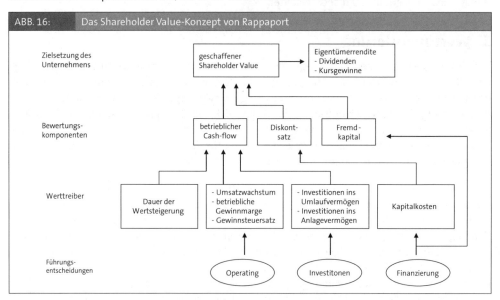

ABB. 16: Das Shareholder Value-Konzept von Rappaport

Nehmen wir an, die Unternehmensführung beobachtet im **finanzwirtschaftlichen Bereich** in einem definierten Geschäftsbereich ein Ansteigen der Verzinsung des eingesetzten Kapitals, dessen Ursache aufgrund der Komplexität nicht erfasst werden kann. Werden bspw. notwendige Investitionen in Form von Reparaturaufwendungen oder ganzen Ersatzbeschaffungen im Unternehmen nicht durchgeführt, könnte das kurzfristig durchaus zu einer Steigerung der Kapitalrendite führen, ohne das sich langfristig eine Steigerung des Erfolges und des Unternehmenswertes darstellen lässt. Mit der Ausarbeitung von operativen Kennzahlen aus dem **leistungswirtschaftlichen Bereich** hingegen ließe sich anhand von Wartungs- oder Reparaturausgaben sehr schön erkennen, dass die Steigerung des Unternehmenswertes nicht nachhaltig fortgesetzt werden kann.

---

132   *Rappaport* (1986 und 1995, S. 79).

Im Kontext einer nachhaltigen Unternehmenswertanalyse sollten neben der Zerlegung der einzelnen Komponenten der **zukünftigen freien Cashflows als Werttreiber** auch die einzelnen „Kapitalkosten", welche wir in der Darstellung des WACC schon kennen gelernt haben, in die Systematisierung eines Werttreibersystems eingebunden werden. Für die Berechnung des Risikoaufschlages wäre neben den Kapitalmarktdaten **Marktprämie** und aus einer Peer Group abgeleiteten branchenüblichen **Beta-Faktoren** auch ein unternehmensspezifisches Risiko zu berücksichtigen. Wären bspw. die Ergebniskennzahlen des leistungswirtschaftlichen Bereiches weit hinter den Erwartungen der Branche, könnte das entweder mit einem Aufschlag auf das Branchen Beta erfolgen oder der durchschnittliche Kapitalisierungszins wäre mit einem angemessenen Zinsaufschlag in Form von Prozentpunkten zu erhöhen, um eine entsprechende Abzinsung der zukünftigen freien Cashflows zu bestimmen.

Auch wenn der Shareholder Value in Verbindung mit dem Agieren börsennotierter Unternehmen in jüngerer Zeit eher negativ diskutiert wird, da eine Reihe von Vorständen großer börsennotierter Unternehmen den Shareholder Value mit dem Füllen der eigenen Hosentasche verwechseln, möchten die Banken nach wie vor eine marktübliche Verzinsung ihrer ausgereichten Kredite und die Investoren eine risikoadäquate Rendite ihres erworbenen oder auch geschaffenen Eigentümeranteils. Demzufolge muss der erwirtschaftete **Wertbeitrag** des Unternehmens über den Bedienungsansprüchen der Kapitalgeber liegen. Dieser wird im Rahmen einer wertorientierten Unternehmensführung mit entsprechenden Wertmanagement-Konzepten quantifiziert. Mit Bewertungsverfahren (Unternehmensbewertungs-Methoden) kann die darüber hinaus erreichte sukzessive Substanzsteigerung des Unternehmens rechnerisch erfasst werden.

Das Unternehmen wird als Ganzes bewertet, da sich der Erfolg aus der komplementären Nutzung der im Unternehmen eingesetzten Vermögensgegenstände einstellt. Demzufolge ist der Unternehmenswert normalerweise höher als die Summe der einzelnen aktivierten Vermögensgegenstände und reflektiert die Zahlungsströme zukünftiger Erwartungswerte. Die Differenz wäre der **Goodwill**, der die „Wertschöpfungstreiber" wie Kundenstamm, Marke, Mitarbeiter etc. als die in der Bilanz nicht erscheinende immaterielle Vermögensgröße offen legt. Um dem Anspruch einer **wertorientierten Unternehmensführung** gerecht werden zu können, müssen demzufolge alle Investitionen und Akquisitionen als kapitalbindende Maßnahmen auf ihre werterhöhenden Wirkungen hinterfragt sowie die Daten der Bilanzrechnung fachgerecht aufbereitet werden, um die wirklich nachhaltigen Erfolgsgrößen bestimmen zu können.

2. Vermögensrendite

Die Erfolgsgrößenermittlung wird beim wertorientierten Controlling über eine Werttreiberanalyse festgestellt. In diesem Zusammenhang reduzieren sich die für den Unternehmenswert relevanten Parameter auf die Größen Wachstumsraten von Umsätzen, Gewinn und Kapitalbasis auf der einen Seite und auf die positive Differenz zwischen **Kapitalertrag** und **Kapitalkosten** auf der anderen. Als **relativer Wertbeitrag** wird die Differenz der Rendite des betrieblich eingesetzten Vermögens (ROCE) abzüglich der Bedienungsansprüche der Kapitalgeber, welche mit den gewichteten durchschnittlichen Kapitalkosten bzw. den Weighted Average Cost of Capital (WACC) angesetzt werden, verstanden. Dieser zeigt den operativen Erfolg, der über die Kosten des eingesetzten Kapitals hinaus erwirtschaftet wird. Multipliziert mit dem eingesetzten betrieblichen Vermögen, den Net Operating Assets (NOA) erhält man den **absoluten Wertbeitrag** in Euro, der als der zusätzlich geschaffene Unternehmenswert die Beurteilung von Investitionen in Sachanlagen und Unternehmensanteile quantifizieren lässt. Es gilt:

$$EVA = (ROCE - WACC) \times NOA$$

Sehr häufig wird der relative Wertbeitrag als **EVA** (Economic Value Added) bezeichnet, ein Begriff, welcher von der New Yorker Unternehmensberatung Stern Stewart & Co.[133] erfunden wurde und als geschützter Begriff eingetragen ist. Über das Quantifizieren einer Investition in entsprechenden Plan-Jahresabschlüssen kann beurteilt werden, ob zumindest die Kapitalkosten erwirtschaftet werden.

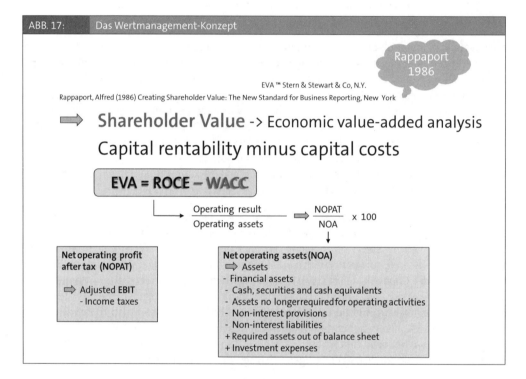

ABB. 17: Das Wertmanagement-Konzept

Im Folgenden wird die Berechnung der Vermögensverzinsung (ROCE) vorgestellt. Die Verzinsung des im Unternehmen durchschnittlich im Jahresverlauf eingesetzten Vermögens wird als der Quotient aus dem betrieblichen Ergebnis (NOPAT) im Zähler und dem betrieblichen Vermögen (NOA) im Nenner quantifiziert.

$$ROCE = \frac{NOPAT}{NOA} \times 100$$

---

[133] Vgl. Homepage Stern Stewart & Co: www.sternstewart.de.

Als eine Erfolgsgröße, die im Zusammenhang mit dem Wertmanagement von Unternehmen herangezogen wird, gilt der **NOPAT** (Net Operating Profit After Tax) als das **betriebliche Ergebnis** bzw. das Ergebnis der betrieblichen Tätigkeit. Der Begriff soll in zwei Schritten erläutert werden, für dessen Bestimmung die Gewinn- und Verlustrechnung als Ausgangsmedium herangezogen wird.

▶ Erster Schritt: „OPAT" als betriebliches Ergebnis nach Steuern
Erfasst wird der „echte" **operative nachsteuerliche Gewinn** als der Gewinn, der mit Investitionen innerhalb des Unternehmens erwirtschaftet wurde, unabhängig davon, ob ein Zahlungsfluss zustande gekommen ist. Konkret werden, ausgehend von den **Umsatzerlösen**, die bereinigten **Material-, Personal-** und **Abschreibungsaufwendungen** sowie die **sonstigen betrieblichen Aufwandspositionen** abgezogen. Auch der **Steueraufwand** wird als echte Abzugsgröße berücksichtigt, da dieser zum einen ein Abfluss liquider Mittel und zum anderen das Entgelt für die wirtschaftliche Leistungsfähigkeit des Unternehmens darstellt. Natürlich ließen sich diesbezüglich auch Verfeinerungen vornehmen, bspw. mit der Überlegung, den Steuervorteil, der sich aus der Möglichkeit der Abzugsfähigkeit der Fremdkapitalkosten ergibt, abzuziehen.

Nicht mit einbezogen wird das **Finanzergebnis**, da dieses durch Investitionen anderer bzw. außerhalb des Unternehmens zustande kommt. Gleiches wurde auch schon für die Erfolgsgröße des Betriebsergebnisses bzw. EBIT festgehalten. Bei der Mehrheit mittelständischer Unternehmen besteht dieses im Wesentlichen aus dem Zinsaufwand in Form der Fremdkapitalkosten von Bankverbindlichkeiten, von fremdkapitalnahen Mezzanine-Finanzierungen von anderen Finanzinstituten, von Gesellschafterdarlehen sowie aus möglichen außerplanmäßigen Abschreibungen auf das Finanzanlagevermögen und der Wertpapiere. Unter Berücksichtigung der häufig hohen Fremdkapitalanteile im Unternehmen, wird dem Finanzaufwand bzw. den Kreditzinsen die Guthabenverzinsung gegengerechnet. Demzufolge wird die Darstellung des Finanzergebnisses auch als der Netto-Zinsaufwand kommuniziert.

▶ Zweiter Schritt: „Net" als Bereinigungsgrößen bzw. Adjustierungen
Die Ermittlung des Netto-Gewinns, genauer gesagt das operative nachsteuerliche **Netto-Ergebnis**, zielt auf die notwendigen Bereinigungen ab. Für die notwendige Aufbereitung der finanzwirtschaftlichen Unternehmenssituation ist es erforderlich, dass die Daten des Plan-Jahresabschlusses um alle bilanz- und steuerpolitischen Bewertungsgrößen korrigiert werden. Zu hinterfragen wäre das Eliminieren bzw. Aufgreifen der in Kapitel V.4.1.1.2 erläuterten neutralen Aufwands- und Ertragsgrößen sowie die kalkulatorischen Kosten als Zusatz- oder Anderskosten. Tabelle 24 verdeutlicht den Gesamtzusammenhang für das Aufkommen des NOPAT.

TAB. 24:	Die Ermittlung des NOPAT

Jahresüberschuss/Jahresfehlbetrag *(handelsrechtliche Ausschüttungsgröße)*
+ Neutraler Aufwand als
    betriebsfremder Zusatzaufwand
    periodenfremder Zusatzaufwand
    bewertungsbedingter Zusatzaufwand
    außerordentlicher Zusatzaufwand
- Neutraler Ertrag
- Kalkulatorische Kosten als Anders- oder Zusatzkosten als
    Unternehmerlohn
    Mieten
    Zinsen
    Abschreibungen
    Wagniskosten
= **Bereinigtes Periodenergebnis**
+ Finanzaufwand
- Finanzertrag
= **NOPAT** als das „betriebliche Ergebnis"

Demzufolge setzt sich der **NOPAT** aus dem den Eigentümern gehörenden Jahresüberschuss ohne Finanzergebnis und außerordentlichem Ergebnis, bereinigt um die neutralen Erfolgsgrößen und kalkulatorischen Kosten zusammen. Bei der Erfassung der Bereinigungsgrößen müssen innerhalb des Betriebsergebnisses alle Ertrags- und Aufwandsgrößen auf ihre betriebs- und periodenfremden sowie bewertungsbedingten und außerordentlichen Aufwandsbestandteile hinterfragt werden. Entsprechend werden diese dann für ein kalkulatorisches Ergebnis addiert, während die neutralen Erträge und die kalkulatorischen Kosten in Abzug gebracht werden. In einzelnen Geschäftsberichten börsennotierter Unternehmen wird der NOPAT auch gerne über den bereinigten EBIT abzgl. des Finanzergebnisses berechnet. Insgesamt ist dieser das bereinigte operative bzw. das echte betriebliche Ergebnis nach Steuern, welches als Zählerwert mit dem betrieblichen Vermögen (NOA) des Nenners den Quotienten der Verzinsung des betrieblichen Vermögens (ROCE) ergibt.

▶ **NOA als betriebliches Vermögen**
Die im Unternehmen gebundenen und operativ in Wert gesetzten Vermögenspositionen sind vom Grundsatz die Summe der bilanzierten Buchwerte[134] der **Bilanzaktiva** wie die immateriellen Vermögenswerte, das Sachanlagevermögen, die Vorräte, die Forderungen aus Lieferungen und Leistungen, die sonstigen Vermögensgegenstände sowie die Rechnungsabgrenzungsposten. Da aber nur das „netto" in Wert gesetzte betriebliche Vermögen, bezeichnet als **NOA** (Net Operating Assets), berücksichtigt wird, müssen entsprechende Korrekturen vorgenommen werden:

(-) Nicht dem investierten Vermögen zugehörig sind die **Finanzanlagen**, die betriebsfremden Beteiligungen und die Anlage kurzfristiger liquider Mittel, da deren Verzinsung über das Finanzergebnis abgebildet wird. Da die **Kassen-** und **Bankkontenbestände** keine betriebliche Wertschöpfung erfahren, werden auch diese nicht erfasst.

---

[134] Bei der E.ON AG bspw. werden die Firmenwerte aus Akquisitionen (Goodwill), so lange diese werthaltig sind, mit ihren Anschaffungswerten angesetzt. Die RWE AG erfasst die abnutzbaren Gegenstände des Anlagevermögens nicht mit ihren aktuellen Buchwerten, sondern mit der Hälfte der historischen Anschaffungs- oder Herstellungskosten. Die österreichische Wienerberger AG rechnet auf der Basis eines durchschnittlichen Capital Employed (betriebliches Vermögen), als Mittelwert der Buchwerte zum 1. 1. und 31. 12. des Geschäftsjahres.

(-) Zum Abzug gebracht werden bilanzierte, aber **nicht benötigte Gegenstände** des Sachanlagevermögens, **unverzinste Verbindlichkeiten** und **Rückstellungen**. Letztere sind üblicherweise kurzfristige Rückstellungen, Verbindlichkeiten aus Lieferungen und Leistungen sowie die kurzfristigen Teile der sonstigen Verbindlichkeiten.

(+) Hingegen werden **nicht bilanzierte Vermögensgegenstände**, die aber dennoch für den eigentlichen Betriebszweck genutzt werden, zum Ansatz gebracht. Häufig stehen diese im Zusammenhang mit so genannten „Off-balance Finanzierungen", wie Leasing- oder auch Mietobjekte. Da es bei den betrieblichen Aufwandspositionen einzelne gibt, die aufgrund eines restriktiven handelsrechtlichen Ansatzes keine Aktivierung erfahren, dennoch aber Investitionscharakter haben, wie bspw. selbsterstellte immaterielle Vermögensgegenstände, werden auch diese dem betrieblichen Vermögen addiert. Gleiches gilt auch für kumulierte Abschreibungen auf Firmenwerte oder zu hoch angesetzte Abschreibungen des Sachanlagevermögens.

Bei signifikanten Abweichungen der bilanzierten Stichtagswerte von den üblicherweise im Unternehmen vorhandenen **durchschnittlichen Größenordnungen** eingesetzter Vermögensgegenstände wäre zu raten, entsprechende Korrekturen vorzunehmen. Eine Renditeoptimierung der betrieblich genutzten aktivierten Vermögensgegenstände kann vernünftigerweise mit entsprechend gewählten Liquidationsvorgängen, so genannter aktivischer Finanzierung, sei es mittels Verkauf einzelner Vermögensgegenstände bzw. ganzer Unternehmen oder auch über die Verkürzung der Abschreibungsdauer, erreicht werden.

▶ **ROCE als Vermögensrendite**
Mit den Werten für das betriebliche Ergebnis (NOPAT) und für das betriebliche Vermögen (NOA) lässt sich die Verzinsung (ROCE) des Vermögens, welches durchschnittlich im Jahresverlauf eingesetzt wird, berechnen. Ein im Zusammenhang mit getätigten Investitionen höherer **Wertbeitrag** wird dann geschaffen, wenn die Vermögensrendite über die Höhe der Kapitalkosten angehoben werden kann, also der Ertrag des Unternehmens die Höhe der Gesamtfinanzierung übersteigt. Demzufolge wird von einzelnen Investitionen eine Mindestverzinsung in Höhe der Kapitalkosten gefordert. Was nichts anderes heißt, als dass die betriebliche Wertschöpfung auf dem Absatzmarkt (Desinvestition) mehr erwirtschaften muss, als vom Unternehmen an Ressourcen auf dem Beschaffungsmarkt (Investition) nachgefragt wird. Für börsennotierte Unternehmen wird der Wertbeitrag als das zentrale Steuerungsinstrument kommuniziert. Um eine langfristige Steigerung des Unternehmenswertes generieren zu können, werden wertschaffende Investitionen bzw. Akquisitionen auf die Deckung der Kapitalkosten hin überprüft. Als ein Beispiel für das Wertmanagement-Konzept eines börsennotierten Konzerns wird die von der RWE AG in ihrem Geschäftsbericht kommunizierte renditeorientierte Unternehmensteuerung vorgestellt.

FALLBEISPIEL: DAS WERTMANAGEMENT-KONZEPT DES RWE-KONZERNS[135]

„Renditeorientierte Unternehmenssteuerung: Die Steigerung des Unternehmenswertes ist Kernelement unserer Strategie. Ob und wie erfolgreich wir dabei sind, messen wir mit unserem Wertmanagementkonzept. Zusätzlicher Wert wird immer dann geschaffen, wenn die Rendite auf das eingesetzte Vermögen, d. h. der Return on Capital Employed (ROCE), höher ist als die Kapitalkosten. Der ROCE zeigt die rein operative Rendite. Er entspricht dem Verhältnis des betrieblichen Ergebnisses zum betrieblichen Vermögen. Wir ermitteln sie als gewichteten Durchschnitt der Eigen- und Fremdkapitalkosten. Die Eigenkapitalkosten spiegeln die unternehmensspezifische Renditeerwartung am Kapitalmarkt bei einer Investition in die RWE-Aktie wider. Die Fremdkapitalkosten orientieren sich an den langfristigen Finanzierungskonditionen des RWE-Konzerns. Mitberücksichtigt ist die steuerliche Abzugsfähigkeit von Fremdkapitalzinsen (Tax Shield). Bei der Ermittlung der Kapitalkosten für 2012 legen wir Werte zugrunde, die von denen des Vorjahres teilweise abweichen. Die wesentliche Anpassung besteht darin, dass wir angesichts gestiegener Risiken den Betafaktor angehoben haben. Die Eigenkapitalkosten ermitteln wir folgendermaßen: Wir nehmen einen Zinssatz für eine risikolose Anlage in Höhe von 3,8 % (Vorjahr: 3,7 %) als Basis und addieren konzern- bzw. bereichsspezifische Risikoaufschläge. Für das Berichtsjahr legen wir einen Betafaktor von 1,03 (Vorjahr: 0,90) zugrunde. Beim Eigenkapital ergibt sich damit ein Kostensatz von 8,9 % nach Steuern (Vorjahr: 8,2 %). Für das Fremdkapital veranschlagen wir einen Kapitalkostensatz von 5,0 % (Vorjahr: 4,9 %) vor Steuern. Das Verhältnis von Eigen- zu Fremdkapital setzen wir unverändert mit 50:50 an. Dieser Wert wird nicht aus den Buchwerten der Bilanz abgeleitet, sondern basiert u. a. auf einer Marktbewertung des Eigenkapitals und auf Annahmen über die langfristige Entwicklung von Nettofinanzposition und Rückstellungen. Insgesamt kommen wir für 2012 auf Kapitalkosten für den RWE-Konzern von 9 % vor Steuern (Vorjahr: 8,5 %). Bei der Ermittlung des betrieblichen Vermögens gehen wir so vor, dass abnutzbare Gegenstände des Anlagevermögens nicht mit ihren Buchwerten, sondern mit der Hälfte der historischen Anschaffungs- oder Herstellungskosten angesetzt werden, und zwar über die gesamte Nutzungsdauer. Diese Methodik hat den Vorteil, dass die ROCE-Ermittlung nicht von der Abschreibungsdauer beeinflusst wird. Damit verringern sich die durch den Investitionszyklus verursachten Schwankungen der Wertbeiträge. Firmenwerte aus Akquisitionen berücksichtigen wir hingegen in voller Höhe. Der ROCE abzüglich Kapitalkosten ergibt den relativen Wertbeitrag. Durch Multiplikation mit dem eingesetzten betrieblichen Vermögen erhält man den absoluten Wertbeitrag, den wir als zentrale Steuerungsgröße einsetzen. Je höher er ausfällt, desto attraktiver ist die jeweilige Aktivität für unser Portfolio. Der absolute Wertbeitrag ist auch ein wichtiges Kriterium bei der Beurteilung von Investitionen und zugleich Maßstab für die erfolgsabhängige Vergütung unserer Führungskräfte. Die Intention ist, den unternehmerischen Erfolg in Bezug auf einzelne Geschäftsfelder und Strategien in erster Linie aus dem ganzheitlichen Blickwinkel potenzieller Investoren und Gläubiger zu beurteilen, um diejenigen strategischen Maßnahmen im Unternehmen zu implementieren, die bezüglich eines gesteigerten Unternehmenswertes den höchsten Wertbeitrag garantieren. In letzter Konsequenz bedeutet das gleichzeitig, dass sich die Mittelverwendung für strategische Investitionen an der Höhe der Kapitalkosten orientieren muss".

---

135 RWE AG (2013) Geschäftsbericht 2012, S. 65.

VII. Transaktionen

In den nun folgenden beiden Kapiteln werden dem Leser zwei in den letzten Jahren durchgeführte Transaktionen, erstere aus der M&A-Sicht im Zusammenhang mit einem **Verkaufsmandat** und das Zweite aus der Perspektive eines **Kaufmandates** vorgestellt. Ziel ist es, den Zusammenhang zwischen der Ausgangslage der Beteiligten und den dann verhandelten Ergebnissen und deren Zustandekommen aufzugreifen. Beide Transaktionen schließen mit **konkreten Handlungsempfehlungen** für weitere potenzielle Verkäufe bzw. Zukäufe ab, die auf die bei diesen Transaktionen gewonnenen Erkenntnissen zurückzuführen sind. Beide Transaktionen sind abgeschlossene Mandate aus dem unmittelbaren Beratungsumfeld des Verfassers. Die Einverständniserklärungen zu deren Veröffentlichungen wurden im Vorfeld eingeholt, die Namen aber wurden aus Vertraulichkeitsgründen geändert. Um eine direkte Zuordnung zu vermeiden, wurden auch die Größenordnungen der Daten verändert, die Verhältnisse bleiben aber real erhalten.

1. Fallstudie I: Verkaufsmandat eines mittelständischen Unternehmens

Ein typisches mittelständisches Unternehmen ist die Reha GmbH[136] in Deutschland. Gegründet wurde dieses als ein Spin-off eines ausländischen börsennotierten Konzerns. Das Kerngeschäft ist der Vertrieb medizinischer Hilfsmittel für Senioren und körperlich Behinderter.

Hervorgegangen ist die Reha GmbH aus der Ausgründung eines börsennotierten Konzerns. Ein Mitglied des Vorstandes hat diese mitgetragen und leitet das operative Geschäft als geschäftsführender Gesellschafter mit einem Mehrheitsanteil von 74,9 %. Weitere 25,1 % hält ein Privatinvestor als reine Finanzbeteiligung. Für den Vertrieb und das Marketing zeichnet der Sohn des Geschäftsführers verantwortlich. Das Unternehmen beschäftigt 46 Mitarbeiter. Der Umsatz beträgt 21 Mio. €, bei einem EBIT von 1.675 T€.

Ein neues Betriebsgebäude wird in einem am Stadtrand gelegenen Gewerbegebiet errichtet. Die dafür relevanten Bestands- und Erfolgsgrößen werden im Jahresabschluss berücksichtigt. Das Investitionsvolumen beträgt 1,8 Mio. €, welches zu einem Großteil von der Hausbank mit einem Betriebskredit zu 5,8 % Zinsen sowie einer Laufzeit von zwölf Jahren finanziert wird.

1.1 Maklervertrag

Die Vertragsgrundlage für das Mandat mit der betreuenden M&A-Boutique, die sich um die Veräußerung des Unternehmens kümmert, ist ein Maklervertrag. Zu den vertraglich fixierten Aufgaben gehören Exposéerstellung, Unternehmensbewertung, Käufersuche, Käuferansprache, die Teilnahme an der Due Diligence-Prüfung, die Protokollierung von Gesprächen und Verhandlungen mit den potenziellen Käufern sowie die Entwicklung von Verhandlungsstrategien bis zum Abschluss des Kaufvertrages. Bezüglich der Honorierung wird eine ausschließliche Erfolgshonorierung mit einem prozentualen Anteil an der Transaktionssumme vereinbart. Eine grundlegende

---

[136] Der Unternehmensname dieses Verkaufsmandats wurde aus Gründen der Vertraulichkeit gegenüber dem Mandanten geändert.

Voraussetzung für die Annahme eines Mandates ist aber auch eine realistische Einschätzung des verkaufenden Unternehmers in Bezug auf den möglichen erzielbaren Unternehmenswert.

1.2 Unternehmensbewertung

Die Bestimmung des Unternehmenswertes soll auf der Basis der **Multiplikatoren-** und der **Discounted Cashflow-Methode (DCF)** erfolgen. Als Datenbasis wird der Jahresabschluss der vergangenen abgeschlossenen Geschäftsperiode per 31.12. mit den Instrumenten Ist-Bilanz und Ist-GuV herangezogen, die dann um eine Planungsrechnung, mit Plandaten der laufenden Geschäftsperiode in Bezug auf die Multiplikatorenmethode und für die nächsten fünf Abschlussperioden in Vorbereitung auf die DCF-Methode ergänzt werden.

TAB. 25: Die Bilanz der Reha GmbH

Bilanz (in T€)

	Plan	Ist		Plan	Ist
A. Anlagevermögen			**A. Eigenkapital**		
I. Immaterielle Vermögensgegenstände			I. Stammkapital	878	878
1. Konzessionen und Schutzrechte	137	75	II. Gewinnrücklagen	680	59
			III. Jahresüberschuss	1.214	621
II. Sachanlagen					
1. Grundstücke und Gebäude	2.459	184	**B. Rückstellungen**		
2. Technische Anlagen u. Maschinen	10	15	1. Steuerrückstellungen	119	98
3. Betriebs- u. Geschäftsausstattung	540	165	2. Sonstige Rückstellungen	332	139
4. Geleistete Anzahlungen und Anlagen im Bau	0	266			
			C. Verbindlichkeiten		
B. Umlaufvermögen			1. Bankdarlehen	3.190	908
I. Fertige Erzeugnisse und Waren	1.853	1.217	2. Kontokorrentkredite	1.183	427
II. Forderungen und sonstige Vermögensgegenstände	2.227	1.622	3. Verbindlichkeiten aus LuL	871	1.056
1. Forderungen aus LuL	907	188	4. Sonstige Verbindlichkeiten	5	12
2. Sonstige Vermögensgegenstände	271	419			
III. Kassenbestand und Bankguthaben	68	47			
C. Rechnungsabgrenzung					
Summe	8.472	4.198	Summe	8.472	4.198

TAB. 26: Die Gewinn- und Verlustrechnung der Reha GmbH

Gewinn- und Verlustrechnung (in T€)

	Plan	Ist
1. Umsatzerlöse	20.786	14.393
2. Erhöhung des Bestandes an fertigen und unfertigen Erzeugnissen	95	0
3. Gesamtleistung	**20.881**	**14.393**
4. Sonstige betriebliche Erträge		
a. Sonstige Erträge im Rahmen der gewöhnlichen Geschäftstätigkeit	90	22
b. Erträge aus der Auflösung von Rückstellungen	10	0
c. Erträge aus dem Abgang von Vermögensgegenständen	300	0
5. Materialaufwand		
a. Aufwendungen für Roh-, Hilfs- und Betriebsstoffe und für bezogene Waren	13.308	8.835
b. Aufwendungen für bezogene Leistungen	35	37

Fallstudie I: Verkaufsmandat eines mittelständischen Unternehmens — VII. KAPITEL

6. Personalaufwand		
a. Löhne und Gehälter	1.331	857
b. Soziale Abgaben und Aufwendungen für Altersversorgung und Unterstützung	268	161
7. Abschreibungen auf immaterielle Vermögensgegenstände und Sachanlagen	233	129
8. Sonstige betriebliche Aufwendungen		
a. Sonstige Aufwendungen im Rahmen der gewöhnlichen Geschäftstätigkeit	4.431	3.226
b. Verluste aus dem Abgang von Vermögensgegenständen	0	300
9. Betriebsergebnis	**1.675**	**870**
10. Zinsen und ähnliche Erträge	9	8
11. Zinsen und ähnliche Aufwendungen	227	157
12. Ergebnis der gewöhnlichen Geschäftstätigkeit	**1.457**	**721**
13. Steuern vom Einkommen und vom Ertrag	242	98
14. Sonstige Steuern	1	2
15. Jahresüberschuss	**1.214**	**621**

Erläuterungen zum Jahresabschluss:

▶ Der Jahresabschluss ist auf der Basis der vorgelegten Finanzbuchhaltung, den sonstigen Unterlagen und den von der Geschäftsleitung erteilten Auskünften erstellt worden

▶ Das Unternehmen investierte 1,8 Mio. € in ein Firmengebäude. Finanziert wurde dieses mit einem Bankdarlehen über zwölf Jahre mit 5,8 % Verzinsung

▶ Die Position „sonstige Forderungen" beinhalten ein Darlehen an den Gesellschafter mit 92 T€

▶ „Sonstige Rückstellungen" sind im Wesentlichen kurzfristig. Etwa 5 T€ sind Pensionsrückstellungen für den geschäftsführenden Gesellschafter

▶ „Sonstige Verbindlichkeiten" sind kurzfristig

▶ Im vorangegangenen Geschäftsjahr wurde aufgrund von Verkäufen verschiedener Vermögensgestände des Anlagevermögens, dessen Verkaufspreise unter dem bilanzierten Buchwert waren, ein buchhalterischer Verlust erfasst, der in der GuV-Rechnung mit der Position Verluste aus dem Abgang von Vermögensgegenständen in Höhe von 300 T€ gebucht wurde. Im aktuellen Geschäftsjahr wurde im Zusammenhang mit der Veräußerung weiterer Bestände ein Ertrag von 300 T€ gebucht

▶ Das Geschäftsführergehalt ist jährlich 40 T€

▶ Das Budget für das erste Planjahr weist einen Jahresüberschuss in Höhe von 1,6 Mio. € aus

▶ Der durchschnittliche Ertragsteuersatz beträgt 20 %

▶ Der Zinssatz einer risikolosen Anleihe beträgt 4,4 %, die Marktprämie 5,5 % und der Beta-Faktor ist 1,3 (Risikofaktor des Erwerbers)

1.2.1 EBIT-Multiple

Der Mehrheitsgesellschafter hat eine **Kaufpreisvorstellung** von 9,0 Mio. € bis 10,0 Mio. € genannt. Um diese Größe entsprechend zu quantifizieren, soll eine erste Kaufpreisindikation mit Hilfe der Multiplikatorenmethode auf EBIT-Basis durchgeführt werden. Der damit ermittelte Unternehmenswert ist das Produkt aus dem Plan-EBIT in Höhe von 1.675 T€ und dem Branchenfaktor, den der Erwerber analog der hausinternen Vorgaben bzw. abgeleitet von getätigten Transaktionen des Konzerns mit 7 veranschlagt hat. Mit 7,6 Mio. € kann die Größe des Unternehmenswertes als ein eher konservatives Ergebnis interpretiert werden. Aus Beratersicht wäre festzustellen, dass die Preisvorstellung des Verkäufers nicht aus der Luft gegriffen ist. Einzig und allein die Bankverbindlichkeiten, für die der Veräußerer aufkommen muss, drücken den Marktwert des Eigenkapitals als den eigentlichen Unternehmenswert.

TAB. 27: Der Unternehmenswert mit Hilfe der Multiplikatorenmethode	
Geschäftsjahre[137]	Plan 01
EBIT (T€)	1.675
Branchenmultiplikator	7
Enterprise Value	**11.725**
- Bankverbindlichkeiten	4.373
+ Kasse und Bank	271
Equity Value (TE)	**7.623**

In diesem Zusammenhang erscheint es als durchaus sinnvoll, einen differenzierteren Bewertungsansatz heranzuziehen, da auch die am Markt auftretenden Käufer und die einer Transaktion begleitenden sowie finanzierenden Banken den Wert eines Unternehmens häufig über die Abzinsung zukünftiger Ertragsgrößen bestimmen. In den obigen Kapiteln wurde die Discounted Cashflow-Methode (DCF) mit der Spezifikation des **WACC-Ansatzes** in ihrer Funktionsweise schon vorgestellt, mit der sich dann der Werteansatz wie folgt berechnen lässt.

1.2.2 DCF-Methode

Für die Unternehmensbewertung auf der Basis der DCF-Methode sind die folgenden Schritte durchzuführen bzw. Informationen zu beschaffen:
1. Plan-Jahresabschlüsse über die nächsten drei bis fünf Jahre
2. Festlegung der Planperiode (T)
3. Bereinigte freie Cashflow-Größen (FCF_b) pro Periode (t)
4. Durchschnittliche Kreditkosten (r_{FK})
5. Ertragsteuersatz (s)
6. Risikoloser Zinssatz (i), Marktprämie (r_M) und Betafaktor (ß)
7. Zielkapitalstruktur (FK/GK und EK/GK)
8. Risikoangepasster Zinssatz (r_{WACC})
9. Value (TV +/(- g))
10. Marktwert des Fremdkapitals bzw. Finanzverbindlichkeiten (MW_{FK})
11. Liquide Mittel (LM)
12. Nicht betriebsnotwendiges Vermögen (MW_{nbV})
13. Unternehmenswertermittlung (MW_{EK})
14. Plausibilitätsprüfung

Unter Verwendung der Plandaten für die Geschäftsjahre 01 bis 05 lassen sich die folgenden freien Cashflow-Größen bestimmen.

---

137 Das Planungsjahr 01 entspricht dem Bewertungsjahr.

1.2.2.1 Free Cashflow

Ausgehend vom Jahresüberschuss wird mit der Addition der nicht liquiditätswirksamen Aufwandspositionen der operative Cashflow berechnet. Da die Umsatz- und Aufwandsbildung in Bezug auf das Working Capital in der GuV-Rechnung zwar erfasst wurde, nicht aber der entsprechende Zahlungsfluss, wird die Erhöhung des Working Capital in Abzug gebracht. Mit der Neutralisation des Finanzergebnisses wird zum einen der Cashflow aus der laufenden Geschäftstätigkeit, zum anderen das Ergebnis vor Bedienung der Kapitalgeber herausgestellt.

In Bezug auf die Berechnung der freien Cashflow-Größen als Darstellung der ausschüttungsfähigen Liquidität werden die Investitionsauszahlungen des aktuellen Geschäftsjahres in Höhe von 1,8 Mio. € (erfasst in den Abschreibungen) angesetzt. Der bereinigte Free Cashflow (FCF$_b$) als nachhaltiges Nettoergebnis wird mit der Neutralisation im Zusammenhang mit den Buchungen Verluste bzw. Erlöse aus dem Abgang von Vermögensgegenständen ermittelt. Weitere Bereinigungen sind nicht notwendig, da die neutralen Erfolgspositionen und auch die kalkulatorischen Kosten bereits in den Plandaten der Geschäftsjahre 02 bis 05 berücksichtigt wurden.

TAB. 28: Die Ermittlung des bereinigten Free Cashflow						
Geschäftsjahre (Werte in T€)	Ist 00	Plan 01	Plan 02	Plan 03	Plan 04	Plan 05
Jahresüberschuss	621	1.214	1.281	1.323	1.366	1.409
+ Abschreibungen	129	233	233	233	227	227
= Operativer Cashflow	750	1.447	1.514	1.556	1.593	1.636
+ Netto-Zinsaufwand	149	218	227	227	227	227
- Erhöhung Working Capital	0	-1.426[138]	0	0	0	0
= **Cashflow aus betrieblicher Geschäftstätigkeit**	899	239	1.741	1.783	1.820	1.863
- Cashflow aus Investitionstätigkeit	-129	-950	-250	-250	-250	-400
= **Free Cashflow**	770	-711	1.491	1.533	1.570	1.463
+/- Neutrale Erfolgsgrößen	300	-300	0	0	0	0
= **Bereinigter Free Cashflow (FCF$_b$)**	1.070	-1.011	1.491	1.533	1.570	1.463

Eine Besonderheit sind die Plangrößen des ersten geplanten Geschäftsjahres, deren Umsatzerlöse auf der Basis bestehender Verkaufsverträge sehr präzise geplant werden können und demzufolge von allen Planjahren die größte Zuverlässigkeit eingeräumt werden kann. Herausgestellt werden kann aufgrund des starken Anstiegs der Kundenforderungen und Vorräte eine nicht zufrieden stellende Liquiditätssituation, was mit der Berücksichtigung der Investitionsleistungen zu einem negativen, freien Cashflow-Ausweis führt. Die getätigte Erweiterungsinvestition, unter Berücksichtigung der Abschreibungen und echten Desinvestitionen, wird als Cashflow aus der Investitionstätigkeit dem Cashflow aus der laufenden Geschäftstätigkeit gegengerechnet und

---

138 Das Working Capital in Höhe von 1.426 T€ ergibt sich aus der Veränderung der Vorräte (+636 T€), der Kundenforderungen (+605 T€) sowie der Lieferantenverbindlichkeiten (-185 T€).

treibt mit der Berücksichtigung der Bereinigungsgröße den Free Cashflow ins Negative. In einem nächsten Schritt werden die bereinigten Free Cashflow-Größen (FCF$_b$) mit dem Kapitalisierungszinssatz (WACC) für die Barwertermittlung diskontiert.

1.2.2.2 WACC

Der gewichtete durchschnittliche Kapitalisierungszinssatz (r_{WACC}) ist die Summe der Bedienungsansprüche der Fremd- und Eigenkapitalgeber. Für die Berechnung der Eigenkapitalkosten wird der Betafaktor des Erwerbers in Höhe von 1,3 zugrunde gelegt, welcher das individuelle Risiko des Investments zum Ausdruck bringt. Die Eigenkapitalquote von 35,0 % berechnet sich aus dem Durchschnittswert des Ist-Abschlusses, zzgl. der für das erste und zweite Planjahr erwarteten Thesaurierung. Da eine Vollthesaurierung unterstellt wird, soll der Jahresüberschuss des ersten Planjahres vollständig dem Eigenkapital zugerechnet werden. Unter der Berücksichtigung der obigen Angaben können mit

$$\{5,8 \times (1 - 0,2) \times 0,65\} + \{(4,4 + 5,5 \times 1,3) \times 0,35\} = 7,1 \%$$

7,1 % gewichtete durchschnittliche Kapitalisierungskosten[139] nach Steuern zugrunde gelegt werden. Die geplanten freien Cashflows der Planjahre 01 bis 05 werden nach Steuern entsprechend diskontiert. Anzumerken wäre an dieser Stelle, dass mit der Erfassung von Plandaten zukünftige Cashflow-Größen herangezogen werden, der Diskontierungssatz WACC mit den Größen Betafaktor und Marktprämie aber Daten aus der Vergangenheit zugrunde gelegt wird. Ein Umstand, der zwar von vielen Kritikern des Capital Asset Pricing Models (CAPM) herausgestellt wird, der breiten Anwendung aber nicht schadet, da es an wirklich aussagefähigeren Alternativen fehlt. Mit dem Diskontieren der zukünftigen freien Cashflows wird im Folgenden der Unternehmenswert bestimmt.

1.2.2.3 Unternehmenswert

In einem ersten Schritt (Detailplanungsphase) werden die bereinigten Cashflow-Größen (FCF$_b$) der einzelnen Planjahre 01 bis 05 mit dem Kapitalisierungszinssatz r_{WACC} in Höhe von 7,1 % diskontiert und addiert. Da Unternehmen im Gegensatz zu den aktivierten Vermögensgegenständen des Sachanlagevermögens keine vorher definierte Nutzungszeit haben, muss am Ende der Planungsperiode der Terminal Value (TV) bestimmt werden, der als finanzmathematische ewige Rente fortgeführt wird und ebenfalls auf den Bewertungszeitpunkt diskontiert wird. Bei der Bestimmung kann zwar weiterhin für die Branche von einer stabilen Ertragssituation ausgegangen werden, ein Bewertungsabschlag (g) wird dennoch berücksichtigt, um etwaige Planungsunsicherheiten abzuschwächen. Demzufolge wird in einem zweiten Schritt (Fortschreibungsphase) auch die um 20 % reduzierte letzte Plangröße als Residualwert der ewigen Rente diskontiert. Der Unternehmenswert (UW) setzt sich im Folgenden aus der Addition der Summe der einzelnen Barwerte (BW) zusammen.

---

[139] Vgl. hierzu die Ausführungen in Kapitel IV.2.2 „Kapitalkosten und Risiko angepasster Zinssatz".

TAB. 29:	Die Ermittlung des Unternehmenswertes auf der Basis der DCF-Methode (WACC-Ansatz)						
Jahre $_{T€}$	01. Jan.	01	02	03	04	05	$TV_{80\%}$
FCF_b		-1.011	1.491	1.533	1.570	1.463	1.170/0,071
$1,071^t$		1,071	1,147	1,228	1,316	1,409	1,409
BW		-944	1.300	1.248	1.193	1.038	11.695
C_0	15.530						
MW_{FK}	-4.373						
LM	271						
UW	11.428						

FCF_b: Bereinigter Free Cashflow
BW: Barwert der abgezinsten zukünftigen freien Cashflow-Größen
MW_{FK}: Marktwert der zinstragenden Verbindlichkeiten
LM: Liquide Mittel wie Bank, Kasse sowie Wertpapiere des Umlaufvermögens
UW: Unternehmenswert (Equity Value) als der Marktwert des Eigenkapitals

Um den Unternehmenswert als den **Wert für das Eigenkapital** (UW) zu erhalten, werden in einem dritten Schritt die Finanzverbindlichkeiten abgezogen und die liquiden Mittel addiert. Als Finanzverbindlichkeiten sollen die aktuellen Buchwerte der Darlehen und der Kontokorrentkredite herangezogen werden, da sich der Ausweis einer zukünftigen Kapitalstruktur bei eigentümergeführten Unternehmen als eher schwierig erweist. Die liquiden Mittel werden in Form des Kassenbestandes und des Bankguthabens repräsentiert. Unter Zugrundelegung der DCF-Methode, auf der Basis mit einem WACC in Höhe von 7,1 % diskontierter freier Cashflow-Größen, kann ein Unternehmenswert mit 11,4 Mio. € bestimmt werden. Mit Hilfe der Multiplikatorenmethode soll dieser auf seine Plausibilität hin überprüft werden.

1.2.2.4 Plausibilitätsprüfung

Die Unternehmensbewertung mit der Multiplikatorenmethode wird mit dem Produkt aus dem bereinigten EBIT und einem **Branchen-Multiple** hergeleitet. Letzterer kann über eine Peer Group-Analyse auf der Basis abgeschlossener Transaktionen oder über ermittelte KGV börsennotierter Unternehmen bestimmt werden. Das KGV oder auch PER (Price-Earnings-Ratio) der einzelnen börsennotierten Unternehmen wird von den großen überregionalen Tageszeitungen wie bspw. dem Handelsblatt veröffentlicht. Im Internet wäre unter www.onvista.de ein entsprechender Link zu finden.

Da es in Deutschland kein börsennotiertes Unternehmen mit dem Produktangebot „medizinische Hilfsmittel" gibt, wird zumindest näherungsweise ein Branchen-KGV über eine Peer Group-Ermittlung ausgewählter US-amerikanischer Unternehmen der Branche „Medical Equipment"[140] eruiert. Die Unternehmen beschäftigen sich im Wesentlichen mit der Entwicklung, der Produktion und dem Vertrieb von Produkten, die im Gesundheitssektor verwendet werden, wie bspw. orthopädische und medizinische Geräte.

---

[140] www.onvista.de, Aktien, Suche/Vergleich, Profilvergleich, Sektor/Branche: „Medical Equipment" und Land: „USA".

Unternehmen	KGV
Beckmann Coulter Inc.	21
Becton, Dickinson & Co.	22
Biomet Inc.	20
Cyberoptics Corp.	19
Lakeland Industries Inc.	12
Zimmer Holdings Inc.	21
Gesamt:	115
Ø-KGV	19
Branchen-KGV (abzgl. 40 % Abschlag)	**11**

Der über die Peer Group-Analyse ermittelte Branchenmultiplikator ist auf der Basis der nachsteuerlichen Ergebnisse entstanden. Auch wenn die eingesetzten EBIT-Werte über die Addition des Zins- und Steueraufwands höher ausfallen und damit zu geringeren Kurs-Gewinn-Verhältnissen führen, kann das Branchen-KGV von elf durchaus als eher hoch eingeschätzt werden. Für die Wertbestimmung von Unternehmen, die weitläufig der Branche Gesundheit zuzuordnen sind, können aus den Verkäufen inhabergeführter Unternehmen Branchenmultiplikatoren[141] von sechs bis acht abgeleitet werden. Grundsätzlich zeigen die Erfahrungswerte aus der Praxis, dass für einen Investor eines eigentümergeführten Unternehmens i. d. R. von einer Amortisationsdauer von fünf bis sieben Jahren ausgegangen werden kann. Der **Branchen-Multiple** der Vergleichswertmethode wäre der Quotient der mit der DCF-Methode ermittelte Unternehmenswert von 11,4 Mio. € und dem durchschnittlichen zukünftigen EBIT in Höhe von 1.655 T€.

TAB. 30:	Die Plausibilitätsprüfung auf der Basis von Vergleichsgrößen					
Geschäftsjahre (Werte in T€)	Ist 00	Plan 01	Plan 02	Plan 03	Plan 04	Plan 05
Jahresüberschuss	621	1.214	1.281	1.323	1.366	1.409
+ Netto-Zinsaufwand	149	218	227	227	227	227
+ Steueraufwand	100	243	256	265	273	282
= EBIT	870	1.675	1.764	1.815	1.866	1.918
+/- Neutrale Erfolgsgrößen	300	-300	0	0	0	0
= Bereinigter EBIT	1.170	1.375	1.764	1.815	1.866	1.918
Ø bereinigter EBIT auf Basis der Plandaten: **1.651** => 11.428/1.651 = 7						

Der mit Hilfe der Multiplikatorenmethode zur **Plausibilitätsprüfung** herangezogene Branchen-Multiple von sieben zeigt, dass das über die DCF-Methode ermittelte Ergebnis zwar ambitioniert, aber noch innerhalb einer realistischen Bandbreite liegt. Die Notwendigkeit einer grundsätzlichen Relativierung der zugrundegelegten Plandaten der Detailplanungsperiode 01 bis 05 ist nicht gegeben. Im Falle einer Veräußerung wird auch über die Verwendung des Jahresüberschusses in Höhe von 1,2 Mio. € diskutiert werden müssen.

---

141 Vgl. hierzu auch Abbildung 10.

1.2.2.5 Gesamteinschätzung

Durchgesetzt haben sich in der Bewertungspraxis die **Ertragswertverfahren**, bei denen der zukünftige operative Ertrag den Unternehmenswert bestimmt. **Vergleichswertverfahren**, wie die vorgestellte Multiplikatorenmethode dienen im Wesentlichen zur Prüfung der Plausibilität bzw. werden für eine erste Kaufpreisindikation herangezogen. Eine untergeordnete Rolle spielen dagegen die **Substanzwertverfahren**, die im Wesentlichen auf die reine Bewertung der bestehenden Vermögenspositionen ausgerichtet sind. Aufgrund der zunehmenden internationalen Kapitalmarktverflechtung gehört die ertragswertorientierte DCF-Methode in der Darstellung des WACC-Ansatzes seit Mitte der 1990er Jahre auch in Deutschland zu der am meisten präferierten Bewertungsmethode für Unternehmen.

In Verbindung mit Unternehmensverkäufen dient sie zur Wertermittlung, um beiden Parteien eine solide Verhandlungsgrundlage an die Hand zu geben. Die Bewertungsproblematik liegt dabei weniger in der richtigen Anwendung der Formel, sondern in der sachgerechten Aufarbeitung der Ist-Daten und der Prognose der einzelnen Planwerte. Eine wesentliche Verantwortung des Controllings besteht darin, auf der Basis des Residualwerts den Wert für die Fortschreibungsphase zu ermitteln. Obwohl das auch in der Beratungspraxis von den großen Wirtschaftsprüfungsgesellschaften mit pauschalen Ab- oder auch Zuschlagsätzen gelöst wird, müssen sich die Verantwortlichen dem Wertehebel bewusst sein.

Auf Basis der zugrunde gelegten Daten kann mit der DCF-Methode und auch mit einem Branchen-Multiple von sieben für die Reha GmbH ein **Unternehmenswert** von 11,4 Mio. € bestimmt werden, der aufgrund der Höhe eher vom Verkäufer vertreten wird. Da aber ein potenzieller Käufer an einer zügigen Amortisation seiner Investition interessiert ist, möchte dieser einen möglichst geringen Kaufpreis bezahlen und wird sein Angebot an der unteren Wertgrenze auf der Basis eines für ihn geltenden subjektiven Unternehmenswertes anlehnen. Primär ist dieser auch nur am Erwerb einer Einkommensquelle interessiert. Demzufolge wird das Betriebsvermögen in diesem Zusammenhang ausschließlich als die für die Wertschöpfung notwendige Infrastruktur und der Goodwill als ersparter Aufwand betrachtet, die über den Wertansatz der freien Liquidität zusätzlich nicht abgegolten werden.

Bei Veräußerungsvorhaben wird kein „richtiger" Verkaufspreis erzielt, da Verkaufspreise auch für Unternehmen der jeweiligen Marktsituation ausgesetzt sind und aufgrund von Angebot und Nachfrage entstehen. Trotzdem sollte auf eine fundierte Unternehmensbewertung nicht verzichtet werden, da sich mit Hilfe des Einsatzes finanzmathematischer Verfahren und auch handfester Praktikerformeln ein Wertekorridor aufzeigen lässt, der den Verhandlungsspielraum der potenziellen Vertragspartner bestimmt. Das Verhandlungsergebnis ist dann ein Einigungswert, zu dem die Parteien bereit sind, die Transaktion abzuschließen.

Der als **Käufer** auftretende Konzern ist eine irische börsennotierte Holding, die in den 1970er Jahren gegründet wurde, einen Umsatz von 2,2 Mrd. € bei einem operativen Ergebnis von jährlich etwa 11,0 % schreibt und etwa 3.700 Mitarbeiter beschäftigt. Mit der Akquisition der Reha GmbH möchte dieser die Expansionsstrategie sinnvoll fortsetzen, um mit einem Stützpunkt auf dem westeuropäischen Festland die für die Gruppe interessanten Märkte in Osteuropa zu bedienen. Die Kaufpreiseinschätzung wurde schon in einer sehr frühen Phase der Gespräche mit 10,0 Mio. € auf der Basis der Multiplikatorenmethode festgelegt. Als Bewertungsgrößen hat der Erwerber einen nachhaltigen EBIT des aktuellen Jahres und des ersten Planjahres sowie einen Branchen-Multiplikator von sechs herangezogen. Für die zinstragenden Verbindlichkeiten, die im Wesentlichen die langfristigen Darlehen für den Bau der Firmenimmobilie darstellen, tritt der Käufer vollständig ein, deren gestellte Sicherheiten gegenüber der finanzierenden Bank auch abgelöst werden. Die gesamten Ergebnisse der Vorgespräche, welche die Transaktionsstruktur ergeben, werden in der Absichtserklärung, einem Letter of Intent bzw. in einem in Irland gebräuchlichen „Heads of Agreement" zusammengefasst, welche dann die Grundlage für die Due Diligence und die eigentlichen Vertragsverhandlungen bildet.

1.3 Letter of Intent

Anteilsstruktur

Der Mehrheitsgesellschafter verkauft von seinen 74,9 % anteilige 49,8 Prozentpunkte, um einen qualifizierten Minderheitsanteil von 25,1 % behalten zu können, der ihm auch nach der Veräußerung als geschäftsführender Gesellschafter Mitspracherechte in dem dann Konzern geführten Unternehmen ermöglicht. Der Finanzinvestor als Minderheitsgesellschafter verkauft seine ihm gehörenden 25,1 % Unternehmensanteile komplett und scheidet aus dem Unternehmen aus.

Kaufpreisstruktur

Auf der Basis der oben dargestellten Unternehmensbewertung anhand der Multiplikatorenmethode unter der Zugrundelegung eines nachhaltigen EBIT und dem Branchen-Faktor sechs werden ein **fixer** und ein **variabler Verkaufsbestandteil** als Kaufpreis angeboten. Als fester Bestandteil werden dem Mehrheitsgesellschafter die veräußerten 49,8 % der Unternehmensanteile mit 4,9 Mio. € vergütet. Die variable Vergütung wird von der zukünftigen operativen Entwicklung abhängig gemacht und reicht von 0 € bis 500 T€. Als messbare Gewinngröße wird das bilanzierte Ergebnis vor Steuern des Planjahres 01, dem EBT 01 (Earnings Before Tax) herangezogen, deren Entwicklung wie folgt vergütet wird:

EBT > 2,0 Mio. € und < 2,1 Mio. €: 200 T€
EBT > 2,1 Mio. € und < 2,2 Mio. €: 300 T€
EBT > 2,2 Mio. € und < 2,3 Mio. €: 400 T€
EBT > 2,3 Mio. €: 500 T€

Der maximal erreichbare Kaufpreis entspricht einem Unternehmenswert für 100 % Anteile in Höhe von 10,8 Mio. €. Die 25,1 % Unternehmensanteile des Minderheitsgesellschafters werden mit einem einmaligen Kaufpreis von 2,5 Mio. € abgegolten.

Optionen

Die verbleibenden 25,1 % der Unternehmensanteile können ab dem Jahresabschluss des fünften Jahres nach Closing, also mit dem Ende des Geschäftsjahres (GJ) 06 zu einem Drittel, also 8,4 % mit einer so genannten **Put- und Call-Option** verkäuferseitig angeboten und käuferseitig verlangt werden. Die jeweilige Gegenseite hat aus der vereinbarten Option eine Abnahme- bzw. eine Lieferverpflichtung. Weitere 8,4 % können zum Ende des Geschäftsjahres (GJ) 07 und die restlichen 8,3 % zum Ende des Geschäftsjahres (GJ) 08 angeboten oder verlangt werden. Der Kaufpreis wird ergebnisabhängig auf der Basis des entsprechenden EBIT mit dem Faktor 5, abzüglich der zinstragenden Verbindlichkeiten und zuzüglich liquider Mittel vereinbart. Nach oben hin werden die noch verbleibenden Teilkaufpreise auf 3,0 Mio. €, 4,0 Mio. € und 5,0 Mio. € begrenzt.

GJ 06: 8,4 % mit EBIT x 5 - Verbindlichkeiten + Geldvermögen (max. 3,0 Mio. €)
GJ 07: 8,4 % mit EBIT x 5 - Verbindlichkeiten + Geldvermögen (max. 4,0 Mio. €)
GJ 08: 8,3 % mit EBIT x 5 - Verbindlichkeiten + Geldvermögen (max. 5,0 Mio. €)

Gesetzt den Fall, dass die operativen Ergebnisse der Geschäftsjahre 06 bis 08 überproportional ansteigen, könnten dem Mehrheitsgesellschafter am Ende der Haltezeit die bis dahin verbleibenden Restanteile von 25,1 % mit weiteren 12,0 Mio. € vergütet werden. Der gesamte gezahlte Kaufpreis wäre dann 19,9 Mio. €, was bei dem oben gerechneten nachhaltigen EBIT in Höhe von 1.533 T€ am Laufzeitende der Optionen einem Multiplikator von 13 entsprechen würde.

Management

Für die Haltezeit bis zum Fälligwerden, also dementsprechend für fünf Jahre bis zum Ende des Geschäftsjahres 06 der ersten Tranche aus der Put- und Call-Option, wird mit dem Veräußerer ein **Geschäftsführervertrag** vereinbart. Die Vertragsbestandteile sind ein angemessenes Geschäftsführergehalt, ein Dienstwagen der Oberklasse (Mercedes S-Klasse, 7er BMW oder Audi A8), 30 Tage Urlaub und eine Vereinbarung zur betrieblichen Altersversorgung. Nach Ablauf des Geschäftsführervertrages ist die Weiterbeschäftigung in einer Beiratsfunktion auf längstens drei Jahre möglich. Mit dieser Variante ist gewährleistet, dass die Restlaufzeit der Put- und Call-Option bis zum Ende des Geschäftsjahres 08 in der aktiven Beschäftigungszeit des Alteigentümers enthalten ist.

Als **Nachfolger** für den sukzessiv ausscheidenden geschäftsführenden Gesellschafter ist der Sohn vorgesehen, der innerhalb des Konzerns für diese Funktion entsprechend vorbereitet wird. Für ihn wird ebenfalls ein Geschäftsführervertrag vereinbart, allerdings mit einer höheren Grundvergütung zuzüglich einer am operativen Geschäft erfolgsabhängigen Tantiemenvergütung und einem Mittelklassewagen (Mercedes E-Klasse, 5er BMW oder Audi A6) als Dienstfahrzeug. Die Option auf die Verlängerung des Vertrages auf weitere fünf Jahre Laufzeit wird eingeräumt, da durchaus beabsichtigt wird, ihn über die nächsten Jahre für eine Führungsposition innerhalb des Konzerns aufbauen zu können.

Controlling

Im Laufe der Verhandlungen und nach der Beendigung einer kleinen Vorab-Due Diligence hat sich bei dem zu verkaufenden Unternehmen herausgestellt, dass es keine fundierten Aufzeichnungen über das Budget gibt. Dem soll für die Zukunft Abhilfe geschaffen werden, indem die Position eines **Leiters der Finanzabteilung** geschaffen werden soll. Die Auswahl wird vom Käufer veranlasst und durchgeführt. Ein weiterer wichtiger Grund einer derartigen Position innerhalb der Finanzsteuerung ist die Aufbereitung und die Abstimmung der Ist- und Plandaten mit der Konzernmuttergesellschaft in Irland, die für die Zukunft einmal monatlich vorgesehen ist.

Bedingungen

Das vom Investor unterbreitete Kaufpreisangebot wurde im Wesentlichen auf der Basis des geplanten Jahresabschlusses der aktuellen Geschäftsperiode 01 verfasst. Um die gekaufte Substanz zu sichern, ist es in diesem Zusammenhang nötig, bestimmte Positionen in der Bilanz und in der Gewinn- und Verlustrechnung mit **Mindestgrößen** vorzugeben, wie die Umsatzerlöse mit

20,8 Mio. € und einen EBIT von 1,6 Mio. €. Für das Eigenkapital wären das mindestens 2,3 Mio. € und die Bankverbindlichkeiten dürfen 4,4 Mio. € nicht überschreiten.

Zeitplan
Als ein abschließender Bestandteil der Absichtserklärung wird für den verbleibenden Zeitraum ab der Unterzeichnung des Letter of Intent bis zum Closing vor dem Notar ein Zeitplan für die unmittelbar folgende Due Diligence Prüfung, für weitere Abstimmungsgespräche, für die Vertragsverhandlungen und für den angestrebten Abschluss der Transaktion vereinbart.

Die Treffen waren, bis auf zwei Präsentationstermine beim Käufer in Irland, ausschließlich in den Räumlichkeiten des verkaufenden Unternehmens. Der von beiden Parteien unterschriebene Letter of Intent initiiert die Due Diligence-Prüfung und die Finalisierung des Vertragswerkes, welches Gegenstand der Vertragsverhandlungen ist.

1.4 Vertragsverhandlungen und Closing

Das Prüfungsteam des Käufers bekam einen passwortgeschützten Zugang zu einem virtuellen Datenraum, in dem alle für die Akquisitionsprüfung relevanten Unterlagen, wie sie im obigen Kapitel erläutert wurden, hochgeladen wurden. Für die Nutzer wurden Lese- und Druckrechte vergeben. Die Due Diligence schließt mit einem **Due Diligence-Prüfungsbericht**, dessen Ergebnisse, zusammen mit den Vereinbarungen der Absichtserklärung wesentliche inhaltliche Bestandteile der Vertragswerke darstellen. In der heißen Phase der Vertragsverhandlungen kommt es dann schon vor, dass die Gemüter sich erhitzen und den Emotionen freier Lauf gelassen wird. In derartigen Situationen ist es ausdrücklich zu empfehlen, dass sich die Berater ohne ihre Mandanten an den Verhandlungstisch setzen, was dann den großen Vorteil hat, dass die Hauptakteure Gesicht wahren können und eine gewisse Rückzugsmöglichkeit von Einzelentscheidungen behalten. Neben den Vertragsbestandteilen, welche die formaljuristische Übertragung der Gesellschaftsanteile regelt, werden die Gespräche jetzt auch in Bezug auf die operative Integration Ziel gerichtet geführt. Im Einzelnen wurden in den Verhandlungen die folgenden Positionen geklärt:

▶ Festlegen eines **Maßnahmenkataloges** für die ersten 100 Tage nach Beendigung der Akquisition mittels Closing in einem so genannten „Memorandum of Understanding"

▶ **Integration** des Zielunternehmens in das vom Konzern vorgegebene Finanzierungs- und Rechnungswesensystem, um in der Zukunft ein monatliches Abstimmen der Ist- und Planzahlen des Zielunternehmens mit der Konzernmutter zu gewährleisten

▶ Ausreichung der wirtschaftlich erforderlichen und sinnvollen **Kredite** durch den Käufer sowie Ablösung der bisherigen Sicherheiten für die Finanzierung des Anlage- und Umlaufvermögens. Ob und zu welchen Konditionen Kredite zur Verfügung gestellt werden, ist eine Ermessensentscheidung des Käufers. Der Zinsaufwand wird auf die Größenordnung von maximal $1/6$ des operativen Ergebnisses bestimmt

▶ Übernahme von **Garantien und Gewährleistungen** durch den Verkäufer wie Richtigkeit der Angaben in Bezug auf:

— den Kauf- und Übertragungsvertrag

— die sonstigen Informationen

- die wirksame Gründung
- die Eintragungen im Handelsregister
- das Nichtvorhandensein von Insolvenzanträgen
- die Genehmigungen und Zulassungen
- die Ordnungsmäßigkeit der Jahresabschlüsse und des Budgets
- die Bezahlung aller angefallenen Steuern und Abgaben bzw. Bildung einer entsprechenden Rückstellung
- die Ansprüche des Geschäftsführers
- den Mitarbeiterbestand
- die Lieferanten, von denen für alle bezogenen Produkte mindestens zwei Produktionsstätten zur Verfügung stehen
- die Abnehmer, von denen drei Großkunden etwa 25 % des Umsatzvolumens ausmachen und sich der Kundenstamm in den letzten zwölf Monaten nicht negativ verändert hat
- das Nichtvorhandensein von Rechtsstreitigkeiten
- die Eigentumsstruktur der Betriebsgrundstücke und der Betriebsimmobilie, das Nichtvorhandensein von Konkurrenzgeschäften
- das Nichtvorhandensein von weiteren Handelsgeschäften der gesamten Gesellschafterfamilie
- die ordnungsgemäße Eintragung der gewerblichen Schutzrechte

▶ Die **Gewährleistungsfrist** für die Garantien beträgt zwei Jahre, beginnend mit dem Abschluss des Übertragungsvertrages und wird durch die schriftliche Geltendmachung von Schäden für jeweils sechs Monate unterbrochen

▶ Übernahme der **Finanzsteuerung** des Unternehmens durch den neu einzustellenden Leiter der Finanzabteilung als Controller

▶ Verknüpfung der **Produktinnovationen**

▶ Nutzung von **Beschaffungssynergien** in einzelnen osteuropäischen Ländern

▶ Erschließung neuer **Absatzmärkte**: Zusammen mit dem englischen Tochterunternehmen soll der Markteintritt in die Beneluxländer vorbereitet werden

▶ **Personalentwicklungsplanung** des jetzt 27jährigen Sohnes des Alteigentümers, um das Unternehmen in der Zukunft erfolgreich weiterführen zu können

▶ Regelmäßige „**Board Meetings**" in der Konzernzentrale in Dublin mit allen Vertretern der akquirierten Tochterunternehmen

Das Closing als die **notarielle Beurkundung**, nach dem jetzt dauernden etwa einjährigen Verhandlungszeitraumes ist das letzte Treffen der Beteiligten innerhalb des Akquisitionsprozesses, der dann mit dem Vorlesen der einzelnen Inhalte der Übernahmeverträge durch den Notar und der anschließenden Unterschriftsleistung des Käufers und Verkäufers beendet wird. Ab diesem Zeitpunkt hat der Käufer die Pflicht, als börsennotiertes Unternehmen die erfolgreiche Akquisition in einer **Adhoc-Meldung** an die Aktionäre entsprechend zu kommunizieren. Die Phase der Integration in die bestehende Konzernstruktur schließt sich an. Der Verkäufer ist um den oben angesprochenen Geldbetrag reicher, und die involvierten Berater können jetzt, aufgrund der erfolgsabhängigen Honorarvereinbarung, entsprechende Rechnungen schreiben. Einen Grund zu feiern jedenfalls haben alle an der Transaktion Mitwirkenden.

1.5 Erkenntnisgewinn aus Verkäufersicht

Abschließend sei bemerkt, dass während des gesamten Akquisitionsprozesses die Auseinandersetzung in der Sache zwar hart verhandelt wurde, der Ton war aber weitgehend immer freundschaftlich. Viele der Gesprächstage wurden schon am Vorabend mit einem gemeinsamen informellen Einstimmen, zumindest zwischen den Vertretern des Käufers und den beteiligten M&A-Beratern des Verkäufers, eingeleitet. Auch der Small Talk vor den Verhandlungssitzungen hat in aller Regel immer einen sehr breiten Zeitraum in Anspruch genommen. Da während der heißen Schlussphase sehr häufig Turbulenzen, Missverständnisse und auch Schwierigkeiten aufgetreten sind, die manchmal auch dazu führten, dass der Deal kurz davor war zu platzen, hat sich die aufgebaute Sympathie jedoch immer wieder als sehr wertvoll herausgestellt. Natürlich bedarf es da dann auch an der einen oder anderen Stelle das entsprechende Einfühlungsvermögen der beteiligten Berater, um die Situation nicht eskalieren zu lassen. Als Erkenntnisgewinn aus der vorgestellten Transaktion lassen sich die verkäuferseitigen **Erfolgsparameter** wie folgt zusammenfassen:

Persönliche Ebene

- ▶ Gegenseitige Sympathie und offene Gesprächsführung
- ▶ Gemeinsame operative Vision für Produkte und Märkte

Finanz- und Rechnungswesen

- ▶ Funktionierendes betriebliches Rechnungswesen mit der Möglichkeit zum Soll-/Ist-Vergleich aufbauen
- ▶ Mindestens drei ertragsstarke Jahresabschlüsse vorlegen
- ▶ Planbilanzen für die kommenden drei Geschäftsjahre aufstellen
- ▶ Nachhaltiges operatives Wachstum generieren
- ▶ Überlegte Investitionen tätigen
- ▶ Steueroptimierung vermeiden
- ▶ Bankverschuldung abbauen
- ▶ Kostensenkungsmaßnahmen einleiten

- Earn Out-Regelung als erfolgsabhängige Kaufpreiskomponente nur sehr eingeschränkt akzeptieren
- Garantien und Gewährleistungen mittels einer verkäuferseitigen Due Diligence eingrenzen

Personalbereich

- Schlanke und funktionierende Organisation etablieren
- Eine zweite Führungsebene aufbauen
- Mitarbeiter über eine geplante Transaktion nur selektiv informieren
- Neueinstellungen vermeiden

2. Fallstudie II: Internationales Kaufmandat eines börsennotierten Unternehmens

Im Fokus der Fallstudie II steht die wertmäßige Einschätzung eines Akquisitionsvorhabens. Um einen Gesamtzusammenhang herstellen zu können, wird der gesamte Transaktionsprozess von der Festlegung eines Akquisitionsprofils durch den Käufer bis zur notariellen Beurkundung der Übernahmeverträge besprochen. Der für börsennotierte Unternehmen relevante Sachverhalt des Shareholder Value, der sehr stark mit der Fragestellung des richtigen Kaufpreises einhergeht, wird den an der Transaktion beteiligten Akteuren mit Hilfe einer Unternehmensbewertung transparent gemacht. Eine erste Kaufpreisindikation, um den Verhandlungsspielraum der beiden Parteien einschätzen zu können, soll über eine Multiplikatorenmethode und in einem zweiten Schritt mit Hilfe der in der betrieblichen Praxis als „State of the Art" geltenden Discounted Cashflow-Methode durchgeführt werden.

2.1 Ausgangslage

Der Käufer ist ein international agierendes, börsennotiertes Unternehmen[142] für IT-Lösungen im Bereich Customer Management, insbesondere für Telekommunikationsunternehmen. Für die Kunden werden alle Elemente integriert, die für ein erfolgreiches Kundenmanagement von der Geschäftsstrategie über die technische Implementierung benötigt werden. Das Unternehmen erwirtschaftet etwa 12,0 Mio. € Umsatz und hat eine Marktkapitalisierung von etwa 90,0 Mio. €.

Im Fokus der internationalen Expansion des Konzerns steht der südeuropäische Wirtschaftsraum, für den ein entsprechendes Investitionsvolumen bereitgestellt werden soll. Um den Markteintritt im Ausland möglichst schnell realisieren zu können und um die rasante Entwicklung auf den Märkten aktiv zu beeinflussen, soll ein etabliertes Unternehmen akquiriert und gekauft werden. Im Vergleich zu einem Geschäftsaufbau mit eigenen Ressourcen wird ein zeitlicher Vorsprung von etwa drei bis vier Jahren als realistisch angenommen. Die Akquisitionsbemühungen werden bis zur Unterzeichnung der Verträge von einem etablierten und auf internationale Transaktionen spezialisierten M&A-Advisor unterstützt und begleitet. Eine schriftliche Vereinbarung zwischen dem Investor und dem begleitenden M&A Büro wurde auf der Basis eines Maklervertrages geschlossen, in dem das vom Vorstand verabschiedete Akquisitionsprofil detailliert aufgenommen wurde.

---

142 Die Unternehmensdaten dieses Kaufmandats wurden aus Gründen der Vertraulichkeit gegenüber dem Mandanten geändert.

2.2 Akquisitionsprofil

Die Beteiligungsart wäre eine qualifizierte **Mehrheitsbeteiligung** zur Unterstützung des Konzernwachstums, was einschließen soll, dass das Management für die Zeit der Konzernintegration dem Unternehmen mittelfristig noch zur Verfügung steht und auch der Kaufpreis mit einer ergebnisabhängigen Komponente, einer so genannten **Earn Out-Regelung**, versehen werden kann. Als wichtigste operative Tätigkeitsschwerpunkte für Zielunternehmen werden die Bereiche IT-Dienstleistungen, Applikationsentwicklung, Geschäftsprozessberatung und Softwareentwicklung definiert. Bezüglich des Kundenportfolios müssen entsprechende gewichtige Blue-Chips der Branchen Telekommunikation, Banken und Versicherungen vorhanden sein, die vom jeweiligen Unternehmensstandort räumlich vernünftig betreut werden können. Die Größenordnung des Umsatzes soll zwischen 5,0 Mio. € und 30,0 Mio. €, bei einer EBIT-Größe von mindestens 10,0 % sein. Der Wertansatz für eine **erste Indikation** des Kaufpreises soll auf der Grundlage einer **Vergleichswertanalyse** über die Multiplikatormethode auf der Basis von EBIT-Multiples mit dem fünf- bis siebenfachen EBIT veranschlagt werden. Entsprechend vorzuschlagende Zielunternehmen wurden von dem M&A Büro recherchiert und dem Käufer in Form einer **Long-List** präsentiert.

2.3 Selektion geeigneter Übernahmekandidaten

Die Gliederung der **Long-List** wird vom Vorstand vorgegeben und in die Vergleichsparameter Tätigkeiten, Technologien, Branchen, Umsatz, Mitarbeiteranzahl und Einschätzung untergliedert. Nach der Recherche ist das Ergebnis wie folgt:

TAB. 31:	Die Longlist von möglichen Zielunternehmen					
Firma	Tätigkeiten/ Spezialisierung	Technologien	Branchen	Umsatz in Mio. €	Mitarbeiter	Einschätzung
BAS	Expertensysteme/ Internet	C/S, Internet	Banken/ Versicherungen	36,0	700	Branchengeneralist
TEL	IT für Telekommunikation	C/S	Telekommunikation	16,8	350	Branchenspezialist
KAR	Consulting/ Internet	C/S, Internet	Diverse	9,6	230	Branchengeneralist
RIS	Diverse Standardsoftware	Diverse	Diverse	6,0	120	Breit aufgestellt
EXU	Plan und Build	C/S, Internet	Finanzen/Industrie	5,9	150	Noch nicht voll etabliert
TRE	Plan, Build, Run	C/S, Internet	Finanzen/Öffentliche Einrichtungen	3,9	100	Nur regionale Projekte
LYN	Diverse Standardsoftware	C/S	Handel	3,0	50	Interessante Ansätze
INE	ERP-Standard	C/S	Diverse Mittelstand	n.v.	n.v.	ERP
NIS	IBM-Produkte	IBM	Diverse Mittelstand	n.v.	n.v.	Passt nicht

Fallstudie II: Internationales Kaufmandat eines börsennotierten Unternehmens VII. KAPITEL

Nach Vorlage der Long-List muss der Vorstand eine Gewichtung der Vergleichsparameter mit einer einfachen **Nutzwertanalyse** vornehmen, welche in eine Punktehierarchie von sechs Punkten für optimal bis einem Punkt für dürftig abgestuft wird.

TAB. 32:	Die Nutzwertanalyse mit den potenziellen Zielunternehmen						
Kriterium	Gewichtung	6	5	4	3	2	1
Umsatz/MA	10 %	> 200 T€			< 125 T€		< 50 T€
Umsatzstruktur	20 %	Viele Großkunden		Wenige Großkunden			Viele Kleinkunden
EBIT	10 %	> 30 %	> 25 %	> 20 %	> 15 %	> 10 %	< 10 %
Mitarbeiter	10 %	50 - 100	> 100	< 50	< 20	< 10	< 5
Tätigkeiten	20 %	Ergänzung		Wie Käufer			Differenziert
Kunden	20 %	Telco		Banken			Industrie
Eigentümerstruktur	10 %	Einfach	Wenige	Klare Struktur		Komplex	Viele
	100 %						

Die Auswertung der gewichteten Kriterien ergibt eine **Short-List** mit den interessantesten drei Unternehmen EXU, KAR und TEL, über die dann das beauftragte M&A Büro weitere Informationen beschaffen und eine erste Kontaktaufnahme vereinbaren soll. Nach Sichtung der Detailunterlagen und nach erfolgten Erstgesprächen wird eine **Präferenzreihenfolge** festgelegt, bei der als Idealkandidat das Dienstleistungsunternehmen für den Schwerpunktbereich Telekommunikation, die Firma T.E.L. (kurz TEL) den Vorzug erhält. Die operative Tätigkeit ist analog der des Investors mit der Schwerpunktlegung auf die kunden- und vertriebsorientierten Geschäftsprozesse. Aufgrund der dann erhöhten Umsatz- und Mitarbeitergröße sowie der fundierten fachlichen Kompetenz sollte es dem Erwerberkonzern nach der Akquisition dann möglich sein, weitere Kunden zu akquirieren und neue Mitarbeiter zu rekrutieren. Insgesamt sollte das zu einer gesteigerten Wertschöpfung bzw. Eigenkapitalverzinsung führen. Eine entsprechende Kommunikation dieser dann neuen Positionierung muss zu gegebener Zeit auch entsprechend veranlasst werden. Der Jahresabschluss des Zielunternehmens TEL (in der Rechtsform einer Kapitalgesellschaft), aufbereitet mit den Ist- und Plandaten sowie dem Terminal Value (TV) ist untenstehend.

2.4 Unternehmensbewertung und Kaufpreisfindung

Nach Abschluss der Verhandlungen des **Letter of Intent** (LOI) und der sich daran anschließenden **Due Diligence** Prüfung wird von der beratenden Wirtschaftsprüfungsgesellschaft und dem M&A-Beratungsunternehmen ein Jahresabschlussszenario nach Erwerb des Unternehmens simuliert, um insbesondere die Auswirkungen auf den Cashflow darzustellen. Der Jahresabschluss des Zielunternehmens mit den Ist- und Plandaten sowie dem Terminal Value (TV) ist dabei wie folgt:

TAB. 33: Die Ist- und Plan-Bilanzen der TEL

In T€	Ist	Plan					TV6[143]
Geschäftsjahre	0	1	2	3	4	5	6
AKTIVA							
A. Anlagevermögen							
I. Immaterielle Vermögensgegenstände	165	164	164	163	163	162	162
II. Sachanlagevermögen							
1. Grundstücke, Gebäude, BGA	80	0	0	0	0	0	0
2. Sonstige (alt)	120	118	118	118	118	118	118
3. Sonstige (neu)	0	668	821	830	791	692	692
III. Finanzanlagen							
1. Beteiligungen	6	0	0	0	0	0	0
2. Sonstige	164	164	164	164	164	164	164
B. Umlaufvermögen							
I. Vorräte Unfertige Erzeugnisse	1.074	1.732	2.078	2.390	2.629	2.892	2.892
II. Forderungen, sonstige Vermögensgegenstände Forderungen aus Lieferungen und Leistungen	5.937	1.631	2.367	3.200	4.056	5.036	5.036
III. Liquide Mittel Kasse und Guthaben Kreditinstitute	108	330	175	196	229	353	353
C. Rechnungsabgrenzung	0	0	0	0	0	0	0
Bilanzsumme	**7.654**	**4.807**	**5.887**	**7.061**	**8.150**	**9.417**	**9.417**
PASSIVA							
A. Eigenkapital							
I. Gezeichnetes Kapital	464	464	464	464	464	464	464
II. Gewinnrücklagen							
1. Gesetzliche Rücklagen	93	93	93	93	93	93	93
2. Sonstige Gewinnrücklagen	114	108	108	108	108	108	108
III. Gewinnvortrag	0	1.055	2.031	3.106	4.202	5.227	6.427
IV. Jahresüberschuss	1.055	2.789	3.071	4.383	5.127	6.000	6.000
davon ausgeschüttet	0	-1.813	-1.996	-3.287	-4.102	-4.800	-6.000
B. Sonderposten mit Rücklagenanteil	539	0	0	0	0	0	0
C. Rückstellungen							
I. Pensionsrückstellungen	0	0	0	0	0	0	0
II. Steuerrückstellungen	60	60	60	60	60	60	60
D. Verbindlichkeiten							
I. Verbindlichkeiten gegenüber Kreditinstituten	1.745	0	0	0	0	0	0
II. Verbindlichkeiten aus Lieferungen u. Leistungen	2.208	675	680	758	822	889	889
III. Sonstige Verbindlichkeiten	1.376	1.376	1.376	1.376	1.376	1.376	1.376
E. Rechnungsabgrenzung	0	0	0	0	0	0	0
Bilanzsumme	**7.654**	**4.807**	**5.887**	**7.061**	**8.150**	**9.417**	**9.417**

---

143 Der letzte geplante Bilanzwert wird mit (g = 0) als Terminal Value angesetzt.

TAB. 34: Die Ist- und Plan-Gewinn- und Verlustrechnungen der TEL							
In T€	Ist	Plan					TV[144]
Geschäftsjahre	0	1	2	3	4	5	6
Umsatzerlöse	14.163	17.318	20.782	23.899	26.289	28.918	28.918
Bestandsveränderung unfertige Leistungen	0	0	0	0	0	0	0
Andere aktivierte Eigenleistungen	170	0	0	0	0	0	0
Sonstige betriebliche Erträge	0	539	0	0	0	0	0
Summe betriebliche Erträge	14.333	17.857	20.782	23.899	26.289	28.918	28.918
Materialaufwand	3.011	420	504	579	637	701	701
Personalaufwand	7.831	10.442	12.801	13.559	14.895	16.363	16.363
Sonstige betriebliche Aufwendungen	1.857	2.390	2.386	2.585	2.703	2.825	2.825
EBITDA (Operatives Ergebnis)	1.634	4.605	5.091	7.176	8.054	9.029	9.029
Abschreibungsaufwand	31	269	374	440	510	606	488
zzgl. Sondereffekte	0	0	0	0	337	800	681
EBIT (Betriebsergebnis)	1.603	4.336	4.717	6.736	7.881	9.223	9.222
Zinsertrag	0	7	8	6	6	9	11
Zinsaufwand	133	52	0	0	0	0	0
Finanzergebnis	-133	-45	8	6	6	9	11
Ergebnis gewöhnliche Geschäftstätigkeit	1.470	4.291	4.725	6.742	7.887	9.232	9.233
Außerordentliches Ergebnis	45	0	0	0	0	0	0
EBT (Vorsteuerergebnis)	1.515	4.291	4.725	6.742	7.887	9.232	9.233
Steueraufwand	460	1.502	1.654	2.359	2.760	3.232	3.233
JAHRESÜBERSCHUSS	1.055	2.789	3.071	4.383	5.127	6.000	6.000
Zuführung Gewinnvortrag	1.055	976	1.075	1.096	1.025	1.200	0
Ausschüttungsbetrag	0	1.813	1.996	3.287	4.102	8.800	6.000

Die für einen Investor für eine Prüfung des Engagement besonders wichtige Finanzkennziffer, der EBIT, kann bei moderater Kostenentwicklung bis zum Planungsjahr fünf recht schön gesteigert werden. Um die Kosten für das Eigenkapital entsprechend ausrechnen zu können, müssen zur Einschätzung des branchenspezifischen Risikos relevante **Beta-Werte** ermittelt werden. Das arithmetische Mittel von 1,22 wird aus einer **Peer Group**, bestehend aus elf veröffentlichten börsennotierten Unternehmen, gerechnet, was zum Ausdruck bringt, dass das branchenspezifische Risiko um 22,0 % höher ist als die Gesamtmarktentwicklung.

---

144 Die letzten geplanten Umsatzerlöse werden mit (g = 0) im Zusammenhang mit dem Terminal Value als Basiswert für die Ewige Rente angesetzt.

TAB. 35: Die Beta-Faktoren der Peer Group der TEL

Unternehmen	Sitz	Währung	Marktkapitalisierung (in Mio.)	ß-Faktor
LOG	UK	£	7,3	1,44
CMG	UK	£	5,1	1,30
SEM	UK	£	4,2	1,33
LHS	USA	US-$	2,2	1,07
FIG	UK	£	1,6	1,15
ADM	UK	£	1,0	1,20
CIB	USA	US-$	1,0	1,40
CAM	USA	US-$	0,5	1,12
COM	USA	US-$	0,4	1,10
ARC	CAN	US-$	0,4	0,89
DIG	USA	US-$	0,1	1,37
Arithmetisches Mittel				1,22

Für die Ermittlung des Unternehmenswertes in Zusammenhang mit einer **Discounted Cashflow-Methode** werden als abzinsungsfähige zukünftige Gewinne die **freien Cashflows (FCF)** als Abzinsungsgröße herangezogen, deren Berechnung wie folgt dargestellt werden kann:

TAB. 36: Der freie Cashflow der TEL

In T€	Plan					
Geschäftsjahre	1	2	3	4	5	TV[145]
EBIT	4.336	4.717	6.736	7.881	9.223	9.222
- Ertragsteuern	-1.502	-1.654	-2.359	-2.760	-3.232	-3.233
+ Abschreibungsaufwand	269	374	440	510	606	488
Operativer Cashflow	3.103	3.437	4.817	5.631	6.597	6.477
+/- Veränderungen Vorräte	-658	-346	-312	-239	-263	0
+/- Veränderungen Forderungen LL	4.306	-736	-833	-856	-980	0
+/- Veränderungen Verbindlichkeiten LL	-1.533	5	78	64	67	0
Cashflow aus der betrieblichen Geschäftstätigkeit	5.218	2.360	3.750	4.600	5.421	6.477
- Cashflow aus der Investitionstätigkeit	-854	-526	-449	-470	-506	-488
+/- Sondereffekte	0	0	0	-337	800	-681
Bereinigter Free Cashflow (FCF$_b$)	4.364	1.834	3.301	3.793	5.715	5.308

Als entsprechender Abzinsungszinssatz wird, wie in den theoretischen Ausführungen bereits dargestellt, der **gewichtete durchschnittliche Kapitalisierungszinssatz, WACC**, als Summe der anteiligen Fremd- und Eigenkapitalkosten herangezogen. Die Fremdkapitalkosten orientieren sich

---

[145] Der Terminal Value (TV) wird aufgrund des Wachstums in der Branche ohne Abschlag (g = 0) angesetzt.

an den langfristigen Finanzierungskonditionen des Investors (r_{FK}) sowie an der steuerlichen Abzugsfähigkeit der Fremdkapitalzinsen, dem Tax Shield (s), welche mit dem jeweiligen Fremdkapitalanteil (FK/GK) gewichtet werden. Die Eigenkapitalkosten werden anhand des CAPM mit den Einflussgrößen Zinssatz einer risikolosen Kapitalanlage (i) sowie der Marktprämie (r_M), welche mit dem unternehmensspezifischen Risikofaktor (ß) gewichtet wird, bestimmt. Präzisiert werden die Eigenkapitalkosten mit dem entsprechenden Eigenkapitalanteil (EK/GK).

$$WACC = [r_{FK} \times (1-s) \times FK/GK] + [(i + r_M \times ß) \times EK/GK]$$

TAB. 37: Die gewichteten durchschnittlichen Kapitalkosten

	Plan					
Geschäftsjahre	1	2	3	4	5	TV
Kreditzinsen (r_{FK})	9,0 %	9,0 %	9,0 %	9,0 %	9,0 %	9,0 %
Ertragsteuern (s)	35,0 %	35,0 %	35,0 %	35,0 %	35,0 %	35,0 %
Fremdkapitalkosten (r_{FK} x 65,0 %)	5,8 %	5,8 %	5,8 %	5,8 %	5,8 %	5,8 %
Fremdkapitalanteil	43,9 %	35,9 %	31,1 %	27,7 %	24,7 %	24,7 %
Risikolose Verzinsung (i)	6,0 %	6,0 %	6,0 %	6,0 %	6,0 %	6,0 %
Marktprämie (r_M)	5,4 %	5,4 %	5,4 %	5,4 %	5,4 %	5,4 %
Beta-Faktor (ß)	1,22	1,22	1,22	1,22	1,22	1,22
Eigenkapitalkosten (CAPM)	12,6 %	12,6 %	12,6 %	12,6 %	12,6 %	12,6 %
Eigenkapitalanteil	56,1 %	64,1 %	68,9 %	72,3 %	75,3 %	75,3 %
Gewichteter durchschnittlicher Kapitalisierungszinssatz WACC	9,7 %	10,2 %	10,5 %	10,7 %	10,9 %	10,9 %

Mit der Verwendung der Discounted Cashflow-Methode als **WACC-Ansatz** ergibt sich der „Enterprise Value" (Brutto-Unternehmenswert) aus den kumulierten **Barwerten der abgezinsten zukünftigen freien Cashflows** der einzelnen Planungsperioden 01 bis 05 zuzüglich dem „Terminal Value" (TV). Letzterer als finanzmathematische **Ewige Rente** auf den Entscheidungszeitpunkt abgezinsten Residualwert wird mit der letzten geplanten Cashflow-Größe des Planjahres 05 fortgesetzt. Aufgrund des von allen Beteiligten prognostizierten soliden Marktwachstums der Branche wird kein **Residualwertabschlag** (g = 0) vorgenommen. Mit dieser Größe wird das erwartete Freisetzen von Synergiepotenzialen nach dem fünften Jahr nach der dann erfolgten Integrationsphase positiv Rechnung getragen.

TAB. 38:	Der Unternehmenswert der TEL nach der DCF-Methode						
In T€		Plan					
Geschäftsjahre	01. Jan.	1	2	3	4	5	TV
Bereinigter Free Cashflow		4.364	1.834	3.301	3.793	5.715	5.308
WACC		9,7 %	10,2 %	10,5 %	10,7 %	10,9 %	10,9 %
Barwert		3.978	1.510	2.447	2.526	3.407	29.030
Enterprise Value	42.898						
- Finanzverbindlichkeiten	-1.745						
+ Liquide Mittel	108						
Equity Value	41.261						

Nach Abzug der Finanzverbindlichkeiten in Höhe von 1.745 T€ und der Addition der liquiden Mittel in Höhe von 108 T€ kann der **Unternehmenswert** bzw. der Wert des Eigenkapitals (Equity Value debt & cash free) mit 41,3 Mio. € angesetzt werden. Mit diesem Wertansatz ist für beide Parteien eine Größenordnung vorgegeben, die dann entsprechend der Präferenzen der beteiligten Akteure verhandelt werden muss. Aufgrund eines vorliegenden zweiten Investorenangebotes kann der Verkäufer eine relativ komfortable Position in den Verhandlungen einnehmen, was zur Folge hat, dass der Kaufpreis von der Gegenpartei bei Abschluss des Letter of Intent (LOI) weiter nach oben getrieben wird und sich auf 45,4 Mio. € festschreibt. Zusätzlich fallen für den Investor an **Honorarvolumen** für die Due Diligence Prüfung, Vertragserstellung von Anwälten, M&A Beratung und Avalprovision insgesamt noch 2,3 Mio. € an.

Finanziert wird die Transaktion mit 15,0 Mio. € der liquiden Zuflüsse aus dem Börsengang, mit Aktien im Gesamtwert von 10,0 Mio. €, die über eine Kapitalerhöhung gegen Sacheinlagen für die Alteigentümer generiert werden sowie mit Kreditmitteln in Höhe von 20,0 Mio. €, die von zwei syndizierenden Banken gegen Bürgschaften und Aktienbeleihungen der Mehrheitsgesellschafter des Käufers ausgereicht werden.

Vor der Unterzeichnung der Absichtserklärung wurde der Aufsichtsrat durch den Vorstand über den Stand der Verhandlungen informiert. Als Rechtfertigung des doch sehr ambitionierten Kaufpreises des Transaktionsvorhabens für den Erwerb von 100 % der Geschäftsanteile der Firma TEL gegenüber den Kontrollorganen, werden vom Vorstand die starke operative Positionierung auf dem Heimatmarkt, die interessante und noch ausbaufähige Kundenstruktur, das Ergänzungspotenzial des Software Know-Hows für den Konzern, der hohe Qualifikationsgrad der Mitarbeiter und die hohe Umsatzrendite aufgeführt.

Die Risiken, die in der Due Diligence festgestellt wurden, werden verkäuferseitig mit Bankgarantien eingeschränkt, welche dann sukzessive bis zur Planungsperiode 05 reduziert werden. Für die Argumentation in Bezug auf die Höhe des verhandelten Kaufpreises sind für den gleichen Zeitraum entsprechende Vergleichsgrößen abgeschlossener Transaktionen heranzuziehen. Der **Peer**

Fallstudie II: Internationales Kaufmandat eines börsennotierten Unternehmens   VII. KAPITEL

Group-Analyse kann entnommen werden, dass der Akquisitionszeitraum eine von Verkäufern dominierte Marktsituation abbildet.

TAB. 39: Die Bewertung von vergleichbaren Unternehmen im Akquisitionszeitraum

Verkäufer	Tätigkeit	Umsatz (Mio. $)	EBIT (Mio. $)	Käufer	Tätigkeit	Kaufpreis	EBIT-Faktor	Umsatz-Faktor
CTG	Softwarelösungen	81,7	4,7	CBS	Programmieren	283,0	60	3
MAS	Computertraining	41,0	3,8	PTI	Softwarelösungen	199,0	52	5
DPR	Softwarelösungen	279,3	27,0	CWC	Softwaresysteme	452,0	17	2
VAC	Systemintegration	2.813,3	79,1	ICC	Informationssystem	886,0	11	---
LSC	Systemintegration	1,4	0,1	ISC	Softwarelösungen	5,0	---	4
IST	Systemintegration	13,9	0,3	ARC	Konfiguration	42,0	---	3
QGI	Systemintegration	5,9	0,2	RAI	Mobile Terminals	10,0	---	2
AIS	Computertraining	7,5	0,1	NEG	Softwarelösungen	6,0	---	---
Durchschnittliche Multiplikatoren							35	3
T.E.L.	Softwarelösungen	Ø 21,9	Ø 5,7	Käufer	Softwarelösungen	45,4	8	2

Eine Reihe von Investoren war bereit, für ihre zu tätigenden Akquisitionen, mehr als das Dreifache des Jahresumsatzes als Kaufpreis zu bezahlen. In diesem Kontext erscheint die Übernahme der Gesellschaftsanteile der TEL mit dem achtfachen durchschnittlichen EBIT und dem zweifachen Umsatzerlös als ein durchaus vernünftiges Verhandlungsergebnis. Der Gesamtkaufpreis in Höhe von 45,4 Mio. € setzt sich aus einem **Bargeldanteil** in Höhe von 35,4 Mio. €, inklusive der ergebnisabhängigen Earn Out-Variante für die Folgejahre und aus einem **Aktienanteil** in Höhe von 10,0 Mio. €, zusammen.

2.5 Kaufpreisstruktur und Closing

Ein wichtiger Bestandteil des Transaktionsdesigns ist die Verteilung der Kaufpreiszahlung auf die Planperioden. Der **Basispreis** für die Akquisition beträgt 12,5 Mio. €, was den Vorteil hat, dass die weiteren Kaufpreisraten ausschließlich anhand der Entwicklung des operativen Geschäfts zu entrichten sind. Die **zukünftigen Kaufpreiszahlungen** können demzufolge aus dem laufenden Cashflow des Zielunternehmens bedient werden. Problematisch für den Investor wäre das Ausbleiben der folgenden Planvorgaben bzw. Ziele, da der Konzern dann nur eine Finanzbeteiligung ohne operativen Wertbeitrag halten würde:

- Umsatzgröße und Jahresergebnis
- Diversifizierung
- Einstellen eines Fremdgeschäftsführers
- Verbleib eines Alteigentümers

Ein wichtiger Bestandteil des Transaktionsdesigns ist demzufolge die **Verteilung der Kaufpreiszahlung** auf die Planperioden, was für den Investor den Vorteil eines höheren Liquiditätsspielraumes mit sich bringt.

TAB. 40:	Die Kaufpreisstruktur für die Altgesellschafter der TEL					
Geschäftsjahre (in Mio. €)	0	1	2	3	4	5
Cash bei Closing	12,5					
Aktien bei Closing (500.000 zu je 20,0 €)	10,0					
Implementierung eines Fremdgeschäftsführers	1,0					
Erreichen Ergebnis Planperiode 1		3,0				
Diversifikation operatives Geschäft Planperiode 1		4,5				
Implementierung eines Fremdgeschäftsführers		1,0				
Erreichen Ergebnis Planperiode 2			3,0			
Diversifikation operatives Geschäft Planperiode 2			4,0			
Verbleib von mindestens einem Gesellschafter				3,2		
Restkaufpreis					3,2	
Kaufpreis für 100 % der Gesellschaftsanteile					45,4	

Der erste **Geldfluss** in Höhe von 12,5 Mio. € wird direkt bei der notariellen Beurkundung der Kaufverträge fällig, was eine Zug um Zug-Handlung Unterschrift gegen Übergabe eines Bank gedeckten Schecks bedeutet. Im Gegenwert von weiteren 10,0 Mio. € sollen Aktienanteile, die über eine **Kapitalerhöhung** gegen Sacheinlagen generiert werden, an die Alteigentümer übertragen werden. Um sehr schnell eine Loslösung des Zielunternehmens von den bisherigen Eigentümern herbeizuführen, werden diese vertraglich angehalten, einen entsprechend qualifizierten **Geschäftsführer** zu implementieren, was eine weitere Kaufpreiszahlung in Höhe von 1,0 Mio. € zur Folge hat. Bei Erreichen der **operativen Ergebnisse** der Geschäftsjahre 01 und 02 werden innerhalb der vereinbarten Earn Out-Regelung für jedes getroffene Ergebnis 3,0 Mio. € an die Verkäufer gezahlt.

Da die Konzentration der Zielgesellschaft auf nur sehr wenige Kunden beschränkt ist, wurde ein monetäres Anreizsystem geschaffen, eine entsprechende **Diversifikation** der Projekt- und Kundenstruktur herbeizuführen. Erreicht werden sollen eine geringere Abhängigkeit und ein breiter gefächerter Zahlungsfluss der gestellten Rechnungen. Vertraglich wurden für das Plangeschäftsjahr 01 eine Summe von 4,5 Mio. € und für das Geschäftsjahr 02 eine Summe von 4,0 Mio. € vereinbart. Weitere 1,0 Mio. € werden im Planjahr 01 als zweite Tranche für die Implementierung eines Fremdgeschäftsführers fällig. Das Erreichen des operativen Planergebnisses und die erfolgreiche Diversifikation für das Geschäftsjahr 02 wird mit 3 Mio. € und mit 4 Mio. € dotiert. Am Ende des Geschäftsjahres 03 wird der **Verbleib einer der drei Gesellschafter** mit einer weiteren Kaufpreistranche in Höhe von 3,2 Mio. € vergütet, so dass auf die verhandelten 45,4 Mio. € für 100 % der Gesellschaftsanteile eine **Restzahlung** in Höhe von 3,2 Mio. € zu leisten wäre. Die Anteile der T.E.L. sollen rückwirkend zum 1. Januar des Akquisitionsjahres übernommen werden, um das Unternehmen wirtschaftlich in Form einer Sachkapitalerhöhung in die Konzernstruktur integrieren zu können. Damit ist die Abschreibung des Firmenwertes ab diesem Zeitpunkt möglich.

Mit der Unterzeichnung des **Letter of Intent** wurde eine wesentliche Transaktionshürde erreicht. Natürlich muss an dieser Stelle festgehalten werden, dass der verhandelte Kaufpreis eine nicht unerhebliche Größenordnung für den Käufer darstellt, auch wenn die Kaufpreiszahlung über die Earn Out-Regelung eine entsprechende Entlastung auf die Zukunft mit sich bringt. Finanziert wird die Transaktion mit einem **syndizierten Kredit**, dessen Auszahlungsmodalitäten an die einzelnen Tranchen der Kaufpreiszahlung angepasst sind. Die durchgeführte **Due Diligence** Prüfung hatte zum Ziel, die in den Verhandlungen und im LOI vom Verkäufer offen gelegten Fakten auf ihre Genauigkeit hin zu überprüfen. Entsprechend des Ergebnisses des Abschlussberichts werden vom Verkäufer **Zusicherungen** und **Garantien** gefordert, um etwaige Risiken zumindest eingrenzen zu können. Das ist gerade bei möglichen Eventualverbindlichkeiten von Bedeutung, da diese im verhandelten Kaufvertrag nicht erfasst sind. Damit die Altgesellschafter nach dem Erhalt des Kaufpreises nicht mit einer Unternehmensidee im gleichen Marktsegment tätig werden, haben sich die Vertragsparteien auf ein **Wettbewerbsverbot** verständigt. Die für die Erstellung und Überarbeitung angefallenen Kosten der Kaufverträge werden käuferseitig getragen. Mit der Unterzeichnung dieser vor dem Notar wird die Transaktion rückwirkend zum 1. Januar des Abschlussjahres rechtswirksam.

2.6 Erkenntnisgewinn aus Käufersicht

Als Reflexion des vergangenen beinahe einjährigen Transaktionszeitraumes von der Idee der Akquisition bis zum Closing lassen sich zusammenfassend die folgenden Erfahrungen formulieren:

1. Ursprüngliche Obergrenze eines definierten Kaufpreisrahmens immer präsent halten
2. Unternehmensbewertung schon in einer sehr frühen Phase durchführen
3. Heikle Themen erst zwischen den Beratern in einem Vorgespräch klären lassen, damit die eigentlichen Vertragspartner nicht gleich im Obligo sind und eine entsprechende Rückzugsmöglichkeit haben
4. Frühzeitiges Entwerfen eines Post Merger-Szenarios
5. Frühzeitiges Aufstellen des Finanzierungsdesigns
6. Zusammenpassen von operativen Gegebenheiten und Unternehmensphilosophie
7. Altgesellschafter auch nach dem Kauf in der operativen Verantwortung lassen
8. Frühzeitige Integration von lokalem Beratungs-Know How im Land des Zielunternehmens
9. Zügige Verhandlungsführung, da bei mittelständischen Verkäufern die Gefahr einer auftretenden Unentschlossenheit besteht.
10. Festhalten an einer Earn Out-Regelung bei einem Teil der Kaufpreiszahlungen

11. Neben der operativen Integration muss es auch entsprechende Programme geben, um die Mitarbeiterintegration voranzutreiben
12. Vertragliche Zugeständnisse im Vorfeld sehr genau eruieren, Verhandlungspositionen intern festlegen, mit den Beratern abstimmen und gemeinsam vorgehen
13. Rollenfestlegung für die Verhandlungen im Sinne von „die Guten" und „die Bösen"

VIII. Resümee

Im Fokus der Betrachtung stand die **Abwicklung einer Unternehmenstransaktion** (vgl. www.questconsulting.de), die sich über die folgenden Phasen erstreckt:

Erstkontakt und Mandat,

> In einem ersten unverbindlichen persönlichen Gespräch vor Ort geht es darum, einen Überblick über das Unternehmen zu bekommen, um eine grundsätzliche Einschätzung des Vorhabens zu erfassen. Üblicherweise wird - die Exposéerstellung und die Unternehmensbewertung ausgenommen - ein erfolgsabhängiges Beratungshonorar vereinbart.

Exposé und Bewertung,

> Um einem potenziellen Erwerber die Chance für ein erstes indikatives Angebot einräumen zu können, wird ein Informationsmemorandum erstellt, welches erfahrungsgemäß auch als Entscheidungsgrundlage in dem späteren Verhandlungsprozess herangezogen wird. Eine marktgerechte Unternehmensbewertung erleichtert das Bestimmen eines Verhandlungskorridors.

Käufergespräche,

> Nach einer gemeinsam festgelegten Verkaufsstrategie und einer Verständigung auf bestimmte Käufer, werden diese vertraulich kontaktiert, um ein grundsätzliches Interesse an einem Erwerb zu eruieren. Das Versenden des Exposés setzt eine unterschriebene Vertraulichkeitserklärung voraus. Das erste gemeinsame Gespräch wird dann i. d. R. vor Ort geführt.

Letter of Intent (LOI),

> Der Übergang von den Vorgesprächen zu den eigentlichen Vertragsverhandlungen wird mit einer Absichtserklärung (Letter of Intent) eingeleitet, deren Initiative vom Käufer ausgeht und dessen Ernsthaftigkeit zum Ausdruck bringt. Die Bestandteile wie Transaktionsstruktur, Kaufpreis, Zeitplan sowie Exklusivitätsvereinbarung sind die Grundlage für die eigentlichen Vertragsverhandlungen.

Due Diligence Prüfung,

> Um die im Unternehmensexposé und in den Vorgesprächen vorgestellten Daten zu beurteilen, prüft der Käufer bzw. ein von ihm beauftragtes Team die entscheidungsrelevanten Unterlagen und Verträge. Das Ziel ist die für den Erwerb notwendige Informationsgewinnung sowie eine gerechte Verteilung bestehender Chancen und Risiken.

Vertragsverhandlung,

> Gemeinsam mit juristischer und steuerlicher Expertise werden die einzelnen Bestandteile des Übertragungsvertrages diskutiert. Eine wichtige Position für den Veräußerer ist das Verhandeln der zu übernehmenden Gewährleistungen und Garantieversprechen. Der ausgehandelte Kaufpreis repräsentiert den Gegenwert für die Übertragung der Eigenkapitalanteile.

VIII. KAPITEL — Resümee

Signing und Closing,

> Das entwickelte Vertragswerk, welches erfahrungsgemäß nach etwa neun bis zwölf Monaten intensiver Gespräche und Verhandlungen vorliegt, wird von den Beteiligten unterzeichnet sowie von einem Notar beurkundet. Nach dem Feiern eines erfolgreichen Unternehmensverkaufs sollte das beratende M&A-Büro eine entsprechende Rechnung stellen können.

Eine breite Darstellung wurde der Unternehmensbewertung gewidmet, da der Wertekorridor den Verhandlungsspielraum beider Parteien festlegt. Im Zusammenhang mit dem **Capital Asset Pricing-Model** (CAPM) und dem **Weighted-Average-Cost-of-Capital** (WACC) wurde die international üblich verwendete **Discounted Cashflow-Methode** (DCF) vorgestellt und ausführlich auf ihre praktischen Vor- und Nachteile hin diskutiert. Die **Multiplikatorenmethode**, als Vergleichswertanalyse, die im Wesentlichen für eine erste Indikation des Kaufpreises verwendet wird, wurde ebenfalls vorgestellt und auf ihre Brauchbarkeit und Grenze hingewiesen. Mit der Darstellung zweier komplexer Fallstudien aus der Verkäufer- und Käuferperspektive konnte der Gesamtzusammenhang einer Transaktion, vor allem in Bezug auf die Vorbereitung von Verhandlungsterminen, dem Leser näher gebracht werden.

Um aber nicht bedingungslos jeden Kaufpreis akzeptieren zu müssen, sollte sich der Unternehmer jedoch zu jedem Zeitpunkt der Transaktion auf die selbständige Fortführung des Unternehmens einstellen und demzufolge auch den Mut zu einem Abbruch der Verhandlungen haben. Innerhalb des Transaktionsprozesses helfen definierte Zwischenziele, entsprechende Abstimmungen in den einzelnen Teilbereichen vornehmen zu können. Der entscheidende Meilenstein ist die beiderseitige Unterzeichnung einer Absichtserklärung (LOI). Die Due Diligence-Prüfung und die Unterzeichnung der Übergabeverträge sind die wesentlichen Ereignisse in der Schlussphase einer Transaktion. Für die Integration im Konzern ist das Etablieren einzelner Controlling-Maßnahmen eine wichtige Voraussetzung für eine professionelle Unternehmenssteuerung.

Empfehlungen der Quest Consulting AG für einen erfolgreichen Unternehmensverkauf:

1. Frühzeitige Planung des Verkaufsprozesses
2. Optimierung der Bilanzstruktur
   - Höhere bereinigte Erfolgsgrößen schaffen eine Werterhöhung,
   - Vermeidung unnötiger Kapitalbindung,
   - Ausgliederung von hohen Pensionsanspruchspositionen,
   - Verminderung der Vorräte,
   - Veräußerung nichtbenötigter Vermögenswerte
3. Hinzunehmen eines kompetenten M&A-Beraters, der den Prozess vorbereitet, steuert und das Engagement des eigenen Steuerberaters ergänzt
4. Aufbereitung aller entscheidungsrelevanten Informationen und Unterlagen
5. Entwickeln eines glaubwürdigen Verkaufsmotivs
6. Abwarten der richtigen konjunkturellen Marktstimmung
7. Mit dem Unternehmensverkauf erst auf den Markt gehen, wenn die dafür notwendigen Vorbereitungen getroffen wurden
8. Über verschiedene Varianten marktgerechter Unternehmensbewertungen einen Wert- bzw. Verhandlungskorridor festlegen
9. Sich nicht zu früh auf einen bestimmten Interessenten festlegen
10. Der Verkäufer sollte sich zu jedem Zeitpunkt auf die selbständige Fortführung des Unternehmens einstellen!

LITERATURVERZEICHNIS

A

Achleitner, Ann-Kristin, von Einem, Christoph und von Schröder, Benedikt, Hrsg. (2004) Private Debt – alternative Finanzierung für den Mittelstand, Finanzmanagement, Rekapitalisierung, Institutionelles Fremdkapital, Stuttgart.

B

Baetge, Jörg, Niemeyer, Kai und Kümmel, Jens (2004) Darstellung der Discounted-Cashflow-Verfahren (DCF-Verfahren) mit Beispiel. In: Peemöller, Volker, Hrsg. (2004) Praxishandbuch der Unternehmensbewertung, S. 263 - 360, Herne/Berlin.

Bimberg, Lothar (1993) Langfristige Renditeberechnung zur Ermittlung von Risikoprämien, Empirische Untersuchung der Renditen von Aktien, festverzinslichen Wertpapieren und Tagesgeld für den Zeitraum von 1954 bis 1988, Frankfurt.

Bloomberg (2013) GLOBAL Financial Advisory Mergers & Acquisitions Rankings 2012, unter: http://www.bloomberg.com/professional/files/2013/01/MA-Financial-Ranking-League-Tables-2012.pdf, abgerufen am 23. 6. 2013.

Born, Karl (2003) Unternehmensanalyse und Unternehmensbewertung, Stuttgart.

Brealey, Richard und Myers, Stewart (2000) Principles of Corporate Finance, Boston.

Bühner (2001) Der Shareholder Value-Value-Report, Erfahrungen, Ergebnisse, Entwicklungen, Stuttgart.

Bundeswertpapiere (2006) vom 12. 1. 2006 unter www.bundeswertpapiere.com und unter www.deutsche-Finanzagentur.de.

Busse, Franz-Joseph (2003) Grundlagen der betrieblichen Finanzwirtschaft, München.

C

Copeland, Tom, Koller, Tim, Murrin, Jack, McKinsey & Company (2002) Unternehmenswert – Methoden und Strategien für eine wertorientierte Unternehmensführung, Frankfurt.

D

Deutsche Finanzagentur (2013) www.deutsche-finanzagentur.de/fileadmin/Material_Deutsche_Finanzagentur/PDF/Aktuelle_Informationen/kredit_renditetabelle.pdf vom 21. 6. 2013, abgerufen am 22. 6. 2013.

DePamphilis, Donald (2012) Mergers, Acquisitions, and Other Restructuring Activities, Amsterdam.

Drukarczyk, Jochen (1998) Unternehmensbewertung, München.

E

Eidel, Ulrike (2000) Moderne Verfahren der Unternehmensbewertung und Performence-Messung, Berlin.

Ernst, Dietmar, Schneider, Sonja und Thielen, Bjoern (2006) Unternehmensbewertungen erstellen und verstehen, Ein Praxisleitfaden, München.

Europäische Union (2005) Merkblatt KMU-Definition, Allgemeine Erläuterungen zur Definition der Kleinstunternehmen sowie der kleinen und mittleren Unternehmen (KMU), http://www.ilb.de/media/dokumente/dokumente_fuer_programme/programmuebergreifende_dokumente/kmu___dokumente/Merkblatt_KMU_Definition_der_EU.pdf, abgerufen am 2. 6. 2013.

Exler, Markus & Meister, Martin (2011) Die Bestimmung der Kapitalkosten bei der Unternehmensbewertung, unter besonderer Berücksichtigung des Risikofaktors, in: Controller Magazin, Jg. 36, H. 5, S. 74 - 79.

Exler, Markus (2010) Controllingorientiertes Finanz- und Rechnungswesen, Jahresabschluss & Analyse, Finanzwirtschaft, Wertmanagement, Herne.

F

FINANCE Magazin (2013) FINANCE-Multiples, 04/2013, FINANCE-Expertenpanel unter: www.finance-magazin.de/research/multiples/, abgerufen am 2. 6. 2013.

G

Gebhardt, Günther (2004) Grundlagen der wertorientierten Unternehmenssteuerung, Vortrag auf dem 58. Betriebswirtschafter-Tag, Arbeitskreis Finanzierungsrechnung, am 28. 9. 2004 in Berlin.

Grünert, Timo (2007) Mergers & Acquisitions in Unternehmenskrisen, Krisenbewältigung durch Synergierealisation, Wiesbaden.

Günther, Thomas (1997) Unternehmenswertorientiertes Controlling, München.

H

Heinze, Wolfgang & Radinger, Gerhard (2011) Der Beta-Faktor in der Unternehmensbewertung, in: Controller Magazin, Jg. 36, H. 6, S. 48 - 52.

Horváth & Partners (2006) Das Controllingkonzept – Der Weg zu einem wirkungsvollen Controllingsystem, München.

I

IDW, Institut der Wirtschaftsprüfer e.V. (2008) IDW Standard: Grundsätze zur Durchführung von Unternehmensbewertungen (IDW S 1 i. d. F. 2008), Düsseldorf.

Literaturverzeichnis

J

Jansen, Stephan (2008) Mergers & Acquisitions, Unternehmensakquisitionen und -kooperationen, Eine strategische, organisatorische und kapitalmarkttheoretische Einführung, Wiesbaden.

L

Lorson, Peter (2004) Auswirkungen von Shareholder-Value-Konzepten auf die Bewertung und Steuerung ganzer Unternehmen, Herne/Berlin.

M

Mittendorfer, Roland (2007) Praxishandbuch Akquisitionsfinanzierung, Erfolgsfaktoren fremdfinanzierter Unternehmensübernahmen, Wiesbaden.

Müller-Stewens, Günter u. a., Hrsg. (2010) Mergers & Acquisitions – Analysen, Trends und Best Practices, Stuttgart.

P

Peemöller, Volker, Hrsg. (2012) Praxishandbuch der Unternehmensbewertung, Herne.

Picot, Gerhard u. a., Hrsg. (2012) Handbuch Mergers & Acquisitions – Planung, Durchführung, Integration, Stuttgart.

Priesing, Tobias (2012) Distressed M&A-Valuation, Besonderheiten bei der Bewertung von Krisenunternehmen, In: KSI, Krisen-, Sanierungs- und Insolvenzberatung, Jg. 8, H. 5, S. 205 - 213.

R

Rappaport, Alfred (1986) Creating Shareholder Value: The New Standard for Business Reporting, New York.

Rappaport, Alfred. (1995) Shareholder Value, Wertsteigerung als Maßstab für die Unternehmensführung, Stuttgart.

Reichmann, Thomas (2001) Controlling mit Kennzahlen und Managementberichten, München.

Richter, Frank und Timmreck, Christian, Hrsg. (2004) Unternehmensbewertung, Moderne Instrumente und Lösungsansätze, Stuttgart.

Ruh, Hartmut (2004) Die langfristige Aktienrendite in Deutschland, ein Spiegelbild der Realwirtschaft?, Pricewaterhouse Coopers Deutschland 11/2004, Frankfurt.

RWE AG (2013) Geschäftsbericht 2012, Wertmanagementkonzept des RWE-Konzerns, Essen.

S

Schmalenbach-Gesellschaft für Betriebswirtschaftslehre e.V. (1996) Arbeitskreis Finanzierung, Wertorientierte Unternehmenssteuerung mit differenzierten Kapitalkosten, Zeitschrift für betriebswirtschaftliche Forschung (ZfbF), S. 543 - 578.

V

Vogel, Dieter (2002) M&A Ideal und Wirklichkeit, Eine umfassende Einführung, Wiesbaden.

Voigt, Christoph, Voigt, Jan, Voigt, Jörn und Voigt, Rolf (2005) Unternehmensbewertung, Erfolgsfaktoren von Unternehmen professionell analysieren und bewerten, Wiesbaden.

W

Wirtz, Bernd (2003) Mergers & Acquisitions Management, Strategie und Organisation von Unternehmenszusammenschlüssen, Wiesbaden.

Wulff, Christian (2010) Probleme der Bewertung von Unternehmen in Krisensituationen. In: Evertz, Derik & Krystek, Hrsg.: Restrukturierung und Sanierung von Unternehmen – Grundlagen, Fallstudien und Instrumente für die Praxis, Stuttgart.

STICHWORTVERZEICHNIS

A

Absichtserklärung (Letter of Intent)   31, 35 f.
Abzugskapital   101
Akquisitionsfinanzierung   18, 45
Akquisitionsphase   21
Amortization   86, 100
Anderskosten   81
Anleihe (Schuldverschreibung/Obligation)   45
Anstellungsvertrag   43 f.
APV-Ansatz   93
Asset Deal   5, 36 ff., 75
Argumentationsfunktion   9
Ausschüttungshypothese   111
Auszahlungsplan   11
Äußerer Wert   15

B

Bankkredit   4, 45, 73
Beratungsfunktion   9
Beteiligungsfinanzierung   9
Betafaktor   60, 63 ff., 100, 103
Beurkundung   15, 32, 137
Bewertungsgutachten   18 f., 103
Bewertungsmethode   71 f.
Betriebswirtschaftliche Auswertung (BWA)   22
Blindprofil   32
Börsengang   13, 51 ff.
Buy Out Fonds   32

C

Cashflow   27, 50, 59, 93 f., 96 ff., 115, 119, 128 ff., 143 ff.
Capital Asset Pricing Model (CAPM)   69, 100, 108, 152
Closing   15, 20, 44, 46 f., 136, 147, 152
Controlling   80, 102, 117, 133, 135
Cross Border Transaktion   5

D

Datenraum   39, 136
Deal Breaker   39
Deal Closing   44
Degressionseffekt   13
Discounted Cashflow-Methode (DCF-Methode)   2, 45, 71, 93, 99, 115 f., 126
Diskontierungssatz   19, 93
Distressed M&A   36 f., 75
Due Diligence   19 f., 32, 39 ff., 52 f., 136, 141, 149, 151

E

Earn Out-Regelung   37 f., 42, 138, 140
Earnings Before Interest and Taxes (EBIT)   50, 77 f.
Earnings Before Interest, Taxes, Depreciation and Amortization (EBITDA)   79, 86 f., 100
Economic Value Added (EVA)   120
Eigenkapital   23, 36, 41 ff., 50, 60 ff., 65 ff., 77, 94
Eigenkapitalkosten   60, 65, 69, 93, 108, 115, 145
Eigenkapitalzuführung   4
Eigentumsrecht   1
Einigungswert   9, 19, 26, 72, 116
Entity-Ansatz   93
Equity-Ansatz   27, 93
Erfolgsfaktor   4, 23, 47
Ergebnis der gewöhnlichen Geschäftstätigkeit (EGT)   50, 87
Ertragswertmethode   92, 111, 114 ff.
Exklusivität   37 f., 151
Exposé   28, 31, 125, 151
Exit   47, 52 f.,

F

Finanzplan   25, 113
Finders Fee   17
Finanzinvestor bzw. Finanzkäufer   17, 23, 51, 54, 31 f., 36
Firmenwert (Goodwill)   34, 50, 90, 119
Fixkosten   13, 24
Fortschreibungsgröße (Terminal Value)   95 f., 100 ff., 106, 114
Fremdkapitalkosten   26, 59, 67 ff.
Full Service Anbieter   18
Fundraising   54

Fusion 2
Führungsebene bzw. Führungsstruktur 6, 21, 25, 31

G

Gebrauchswert 74 f.
Gesellschafterdarlehen 43, 67, 113, 121
Gesellschaftsvertrag 42, 66
Geschäftsführervertrag 11, 135
Going Concern 26
Good Will 117
Grundbuchauszug 22
Grenznutzentheorie 8

H

Handelsregisterauszug 22
Handelsregistereintragung 43

I

IDW 9, 62, 92 ff., 102 ff., 110 f., 113 ff.
Incentive-Fee 45
Indikatives Angebot 31, 35, 151
Initial Public Offering (IPO) 2, 45, 71
Innenfinanzierungspotenzial 96
Innerer Wert 15, 104
Interfinanz-Methode 86
Integration 31, 40, 47 ff., 136
Integrationsphase 47, 145
Investment Banking 2
Investitionsplanung 22, 53

J

Jahresabschluss 55, 79, 127

K

Kalkulatorische Kosten 53, 80 ff., 86
Kalkulatorischer Unternehmerlohn 81
Kalkulatorische Zinsen 25, 81
Kapitalerhöhung 45, 148
Kapitalflussrechnung 22, 57
Kapitalkosten 14, 25 ff., 59 f., 68, 70, 81, 93 f., 102, 119, 145
Kapitalstruktur 23, 27, 68
Kapitalumschlag 105

Kaufpreisindikation 26, 90
Käufergruppe 42, 49 ff., 71
Käuferidentifikation 32
Kennziffernanalyse 49
Kernkompetenz 23
Konsolidierung 5
Kostenrechnung 82
Kostenstruktur 24
Kreditsicherheit 46
Kreditzinssatz 67 f.
Kurs-Gewinn-Verhältnis [KGV] (Price-Earnings-Ratio) 20, 83, 131
Kurs-Umsatz-Verhältnis [KUV] 88

L

Leistungskennzahlen 22
Letter of Intent 30 ff., 35, 38 f., 134, 141, 151
Leverage Effekt 71
Liquidationswert 72, 75
Longlist 32, 140

M

Managementpräsentation 31
M&A auction process 31
M&A-Beraternetzwerk 5
M&A-Boutique 16
Maklervertrag 16 f., 125
Management Buy In (MBI) 51, 54 f.
Management Buy Out (MBO) 51, 54 f.
Mandatsvereinbarung 45
Marktanalyse 25, 85
Marktprämie 60 ff., 74, 119
Marktpreis 8, 75
Memorandum of Understanding 41, 136
Mergers & Acquisitions 2, 86
Mezzanine Kapital 23
Milestone 38
Mindestunterlagen 21, 38
Minutes of the Meeting 43
Mittelstand 1 ff., 5 ff.
Multiplikatorenmethode 27, 71, 76, 85 ff., 89 f., 115 f., 128, 131 ff., 152

N

Nachfolgeregelung 6, 27
Nettoverschuldung 77

Net Operating Assets (NOA)   119 ff., 122 f.
Net Operating Profit After Tax (NOPAT)   120 ff., 123
Neutraler Aufwand   82
Neutraler Ertrag   80
NewCo   11, 36 f.
Non-Disclosure Agreement (NDA)   33

O

Objektivierter Unternehmenswert   19
Off-Balance   77, 123
Operative Planung   4
Opportunitätskosten   92
Organigramm   22
Organisationstiefe   4

P

Peer-Group   63 ff.
Pensionsplan   22
Personalaufstellung   22
Planbilanz   22, 71, 74 f., 138
Plandaten   4, 14, 58 f., 104, 113, 126
Planumsatz   57
Plausibilität   19, 99, 131 ff.
Portfoliotheorie   14, 60
Post Merger Integration (PMI)   40
Preisobergrenze   19
Price-Earnings-Ratio   20, 83, 131
Private Debt   23
Private Equity   23, 51 f., 54
Private Equity Fonds   7, 32, 54, 71
Prüfliste   40

R

Rangrücktritt   67
Rentabilität   45, 49, 91, 105
Reproduktionswert   72, 76, 115
Residualwert   94, 96, 100 f., 103 f., 106, 111, 113 f., 130, 145
Return on Capital Employed (ROCE)   48, 117, 119 f., 122 f., 124
Return on Equity (ROE)   117
Return on Investment (ROI)   117
Risikoaversion   58
Risikoerwartung   57, 64
Risikokapitalfinanzierung   18

Risikoloser Zinssatz   60 f.
Risikopotenzial   25
Risikozuschlagsmethode   58

S

Sachverständiger   19
Schiedswert   8
Screening-Prozess   32
Secondary Buy Out   23, 53
Share Deal   36, 38, 41
Shareholder-Value   14
Short List   31, 141
Sicherheitsäquivalenzmethode   58
Signing   44, 152
Sitzungsprotokoll (Minutes of the Meeting)   43
Skalierungseffekt   13, 49
Spin-off   73, 125
Strategie
  Abwehr-   5
  Differenzierungs-   23
  Diversifikations-   15
  Diversifizierungs-   13
  Verkaufs-   21, 30
Strategische Planung   57, 65
Stiller Gesellschafter   67
subjektiver Entscheidungswert   19
Subjektiver Unternehmenswert   113
Substanzwert   74 ff.
Synergieeffekt   12 f.

T

Tax Shield   67 f., 145
Technologie   28, 140
Teilrekonstruktionszeitwert   75
Term Sheet   46
Terminal Value   95 f., 100 ff., 104, 106, 113 ff., 130, 141 ff.
Trade Sale   49, 53, 71
Transaktionsphase   32
Transaktionspreis   19, 82 f.
Transaktionsstruktur   17, 38, 41, 52, 134, 151

U

Umfeldanalyse   25
Unternehmensanalyse   22
Unternehmensanteile   2, 14, 60, 120, 134

Unternehmensplanung 3, 42
Unternehmensveräußerung 1, 16, 20, 27, 100
Übertragende Sanierung 5, 37
Übertragungsvertrag 42 ff., 46, 136 f., 151

V

Verkaufsmemorandum 35
Verkaufsprofil 6
Verkaufsstrategie 21, 30, 151
Verkehrswert 22
Vermittlungsfunktion 9
Verschwiegenheit 30
Vertragsgestaltung 6
Vertrauenslücke 14, 20
Vertrauensvorschuss 14 f., 20
Vertraulichkeitserklärung/Non-Disclosure Agreement (NDA) 28, 32 ff., 151
Vorabvergütung (Retainer) 17
Vorbereitungsphase 20

W

Weighted Average Cost of Capital (WACC) 27, 48, 59, 68 ff., 92 ff., 100 ff., 115 f., 120, 130 f., 144 ff.
Werteabschlag 101, 103
Wertkorridor 2
Wertmanagement 48, 65, 117
Wertmanagementkonzept 1
Wertschöpfung 7, 12, 24, 52, 54, 96, 102, 122 f., 141
Werttheorie 8 f.
Werttreiber (Value Drivers) 1, 9, 21, 99, 119
Wertvorstellung 7, 12
Wettbewerbsverbot 44, 149
Working Capital 83, 89, 95, 97 f., 101, 129

Z

Zerschlagungswert 75
Zielkapitalstruktur 59, 101, 103, 128, 170
Zinszuschlagsmethode 59
Zusatzkosten 81, 88, 99, 122

GLOSSAR

A

Abschreibungen
Wert, der erwirtschaftet werden muss, um am Ende der Nutzungsdauer die Ausgaben in liquider Form für Ersatzinvestitionen zur Verfügung zu haben (Kalkulatorischer Ansatz). Der betrieblich bedingte Werteverzehr wird buchhalterisch über die Nutzungsdauer periodisch gewinnmindernd erfasst (GuV-Ansatz).

Adjustiert (bereinigt)
Adjustierte oder bereinigte Erfolgsgrößen (aus Geschäftsfällen mit Einmalcharakter) führen unter Berücksichtigung von neutralen Aufwendungen und Erträgen (also bereinigt um Sondereffekte wie Restrukturierungskosten, Verluste bzw. Gewinne aus dem Abgang von Vermögensgegenständen und Abschreibungen auf immaterielle Vermögensgegenstände) sowie kalkulatorischer Kosten zu nachhaltigen Erfolgsgrößen.

Asset Allokation
Die Zusammensetzung einzelner Vermögenspositionen bzw. Portfolio-Strukturierung eines Unternehmens mit dem Ziel der Rendite- und Wertsteigerung.

Asset Deal
Ausschließlicher Erwerb von einzelnen Vermögensgegenständen, die auch einzeln bewertet werden, um die bei einer M&A-Transaktion (Distressed M&A, Unternehmensverkauf in der Krise bzw. im eröffneten Insolvenzverfahren) möglicherweise aufzudeckenden stillen Reserven (Gesamtkaufpreis für das Unternehmen ist höher als der Buchwert der Aktiva), welche eine zusätzliche Besteuerung nach sich ziehen, zu umgehen. Der Verkäufer ist die Gesellschaft. Ein „Share Deal" ist der ausschließliche Erwerb einer Kapitalbeteiligung (Kapital- oder Personengesellschaft, s. Share Deal).

B

Besserungsschein
Stufenweise in die Zukunft verlagerte Kaufpreiszahlung eines Teilbetrages des von Käufer und Verkäufer verhandelten Übergabewertes des Unternehmens, deren Größenordnung sich an den Abweichungen eines Soll-Ist-Vergleichs orientiert. Die alternative Bezeichnung wäre Earn Out-Regelung.

Beta-Faktor
Risikoausdruck einer einzelnen Kapitalanlage im Verhältnis zum Wert des Gesamtportfolios (relatives Risiko), wie bspw. dem deutschen Aktienindex DAX oder dem österreichischen ATX. Ein ß > 1 bedeutet ein risikofreudiges Anlegerverhalten, ein ß < 1 ein risikoaverses.

C

Capital Employed
Das CE (betriebliches Vermögen) sind die im Unternehmen gebundenen und verzinst eingesetzten Vermögenswerte. Im Wesentlichen setzt sich dieses aus den Aktiva (abzgl. Finanzanla-

gen, abzgl. liquide Mittel, abzgl. nicht benötigte Vermögensgegenstände, abzgl. nichtverzinstes Fremdkapital, sowie zzgl. betrieblich genutzte, aber nicht bilanzierte Vermögensgegenstände) zusammen. Das betriebliche Vermögen wird im Zusammenhang mit der Unternehmenssteuerung im Kontext von Wertmanagement-Konzepten herangezogen, um die Vermögensverzinsung (s. ROCE) quantifizieren zu können. Ein anderer Begriff wäre NOA (Net Operating Assets, s. NOA).

CAPM
Das Capital Asset Pricing Model, als ein kapitalmarktorientiertes Preisbildungsmodell, ermittelt auf der Basis der Portfoliotheorie (Harry M. Markowitz, 1952) die Kosten für den im Unternehmen gebundenen Eigenkapitalanteil, bestehend aus den Größen risikoloser Zinssatz, Marktprämie sowie Beta-Faktor (s. Marktprämie; s. Betafaktor).

Cashflow
Erfolgsgröße, die den tatsächlichen Zahlungsfluss abbildet und anzeigt, in welcher Höhe Mittelzuflüsse aus der betrieblichen Tätigkeit zur Finanzierung von Investitionen sowie zur Schuldentilgung und Gewinnausschüttung zur Verfügung stehen. Der Jahresüberschuss wird um alle zahlungsunwirksamen Größen, wie bspw. Abschreibungen korrigiert.

Cash Management
Management von Zahlungsmitteln bzw. zahlungsmittelnahen Vermögenswerten eines Unternehmens mit der Zielsetzung des möglichst effizienten Einsatzes, insbesondere unter dem Aspekt der Liquiditätssicherung.

D

DCF-Methode
Discounted Cashflow-Methode als ein Ertragswertverfahren zur Bewertung von Unternehmen, welches auf der Basis diskontierter freier Cashflow-Größen durchgeführt wird (s. Free Cashflow). Der Barwert der erwarteten Zahlungen an die Kapitalgeber, abzüglich des Marktwerts des Fremdkapitals ergibt den Unternehmenswert als den Marktwert des Eigenkapitals.

Due Diligence
Innerhalb einer M&A-Transaktion werden nach dem Unterzeichnen der Absichtserklärung (s. LOI, Letter of Intent) die Unternehmensdaten anhand der Originaldokumente auf ihre Ordnungsmäßigkeit geprüft, um mögliche Risiken eingrenzen zu können. Für die Durchführung der Prüfung beauftragt der Käufer eine Wirtschaftsprüfungsgesellschaft.

E

EBIT
Earnings before Interest and Taxes (EBIT), als das handelsrechtliche Betriebsergebnis, welches ausschließlich die GuV-Positionen erfasst, die innerhalb des Unternehmens erwirtschaftet werden.

EBITDA
Earnings before Interest, Taxes, Depreciation and Amortization (EBITDA als Gewinn vor Finanzergebnis, Steuern sowie Abschreibungen auf Sachanlagen und immaterielle Vermögensgegenstände) als das Ergebnis der eigentlichen operativen Leistungsfähigkeit des Unternehmens.

Eigenkapitalquote
Durchschnittlich wirtschaftliches Eigenkapital im Verhältnis zum Gesamtkapital, welches bei Unternehmen mit hoher Bonität mindestens 30 % ausmacht. Eigentümergeführte Unternehmen in Deutschland und Österreich haben eine durchschnittliche Eigenkapitalquote von etwa 20 %.

Equity Story
Vermarktungsstrategie mit dem Herausstellen einer renditeversprechenden Verwendung des Investorenkapitals im Einklang mit der Marktposition und dem vorliegenden Geschäftsmodell des Unternehmens.

EVA
Economic Value Added als die Differenz der Vermögensverzinsung (s. ROCE) und den Kapitalkosten (s. WACC); Wie viel kann das Unternehmen über die Kapitalkosten hinaus erwirtschaften, die bei allen Investitions- und Akquisitionsentscheidungen mindestens erreicht werden müssen? Der Begriff EVA ist von Stern Stewart & Co. geschützt.

Exit
Renditeorientierter Ausstieg aus dem Investment einer Unternehmensbeteiligung (bevorzugte Strategie von Finanzinvestoren wie Private Equity-Fonds oder Beteiligungsgesellschaften) über einen Börsengang (s. IPO), Verkauf an einen strategischen Käufer (s. Trade Sale), Verkauf an einen anderen Finanzinvestor (s. Secondary Buy-out) oder Rückkauf von den Altgesellschaftern (Buy-back).

F

Free Cashflow
Der Free Cashflow ist diejenige Erfolgsgröße einzelner Geschäftsjahre, die nach Abzug aller liquiditätswirksamen Zahlungen (jedoch vor der Zinszahlung an die Gläubiger) als die eigentliche Ausschüttungsgröße für die Kapitalgeber pro Periode zur Verfügung steht. Demzufolge wird diese im Rahmen der Unternehmensbewertung auf der Basis der DCF-Methode zur Diskontierung herangezogen. Der Cashflow aus der betrieblichen Tätigkeit wird mit dem Cashflow aus der Investitionstätigkeit saldiert. Dieser zeigt das Potenzial der freien Liquidität an, um diese für Expansionsprojekte, Kredittilgungen sowie Tantiemen- bzw. Dividendenzahlungen heranziehen zu können.

G

Goodwill
Differenz zwischen Unternehmenswert und dem Marktwert der bilanzierten Vermögensgegenstände (Marke, Kundenstamm, Standort und Mitarbeiter Know-how) als Ausdruck der eigentlichen Wertentwicklung, die über eine ertragswertorientierte Methode zur Unternehmensbewertung quantifiziert werden kann.

I

IFRS
International Financial Reporting Standards, verankert im Europäischen Recht und seit dem 1.1.2005 für Unternehmen verpflichtend, die an einem organisierten Kapitalmarkt teilnehmen.

Impairment of assets
Jährliche Werthaltigkeitsprüfung der immateriellen Vermögensgegenstände, insbesondere für Firmenwerte nach IAS 36, da diese seit dem 31.3.2004 nicht mehr planmäßig abgeschrieben werden. Der Buchwert eines Vermögensgegenstandes wird mit seinem Marktwert (Fair Value) verglichen. Bei Unterschreitung muss eine außerplanmäßige Abschreibung (Impairment) vorgenommen werden.

IPO
Initial Public Offering als Börsengang; Umwandlung einer privaten Aktiengesellschaft in eine Publikumsgesellschaft mit dem Ziel, größere Kapitalbeträge zur Finanzierung von rendite- und wertorientierten Akquisitionen und Investitionen zu generieren.

K

Kalkulatorische Kosten
Kosten (intern), denen kein Aufwand in der GuV-Rechnung (extern) gegenübersteht, s. adjustiert

Kapitalflussrechnung
Instrument zur Ermittlung und Darstellung des Zahlungsmittelflusses, den ein Unternehmen in einem Geschäftsjahr aus laufender Geschäfts-, Investitions- und Finanzierungstätigkeit erwirtschaftet oder ausgegeben hat.

KGV
Das Kurs-Gewinn-Verhältnis (KGV) drückt den Quotient aus aktuellem Aktienkurs mit dem Gewinn je Aktie (oder Marktkapitalisierung dividiert mit dem Jahresgewinn) aus. Es beantwortet die Frage, wie viele Jahre benötigt werden, um den Unternehmemswert zu erreichen.

L

LOI
Letter of Intent, eine Absichtserklärung, welche bei M&A-Transaktionen nach der Vorbereitungsphase ein erster wichtiger Meilenstein mit dem Festhalten der Parameter Kaufpreis, Geschäftsführerkonditionen, Gewährleistungen, Exklusivität sowie Zeitplan darstellt. Auf deren Basis schließt sich die Due Diligence-Prüfung (s. Due Diligence), dass Ausfertigen der Verträge sowie die notarielle Beurkundung an.

M

Marktprämie
Überrendite, als die langfristig zu beobachtende Differenz zwischen der Rendite eines in Aktien investierten Marktportfolios und dem risikolosen Zinssatz, die für die Bestimmung der Eigenkapitalkosten innerhalb des CAPM herangezogen wird (s. CAPM).

MBI
Bei einem Management Buy-in wird ein mit dem Unternehmen bisher noch nicht involviertes Management beteiligt und ist damit Teil einer Gesamtfinanzierungslösung. Den größeren

Anteil übernimmt sehr häufig eine Kapitalbeteiligungsgesellschaft im Rahmen einer Private Equity-Lösung.

MBO
Bei einem Management Buy-out wird das bisherige Management bei einem Unternehmenskauf beteiligt und ist damit Teil einer Gesamtfinanzierungslösung. Den größeren Anteil übernimmt sehr häufig eine Kapitalbeteiligungsgesellschaft im Rahmen einer Private Equity-Lösung.

Mergers & Acquisitions (M&A)
Geschäft mit der Fusion und dem Kauf von Unternehmen, welches in die Phasen Vorbereitungs- (Exposéerstellung, Unternehmensbewertung, Käufergespräche und Letter of Intent), Transaktions- (Due Diligence, Vertragsverhandlung und Closing) sowie in die Integrationsphase (Konzerneingliederung und Reporting) gegliedert ist, welches über M&A-Boutiquen, Geschäftsbanken, Wirtschaftsprüfungsgesellschaften sowie Investmentbanken abgewickelt wird.

Mezzanine
Oberbegriff für institutionalisiertes außerbörsliches Fremdkapital mit Eigentümerrechten, welches als hybrides Kapital innerhalb des Fremdkapitals bilanziert ist, aber je nach der zugrunde gelegten Vertragsgestaltung bei einer Bilanzanalyse dem Eigen- oder Fremdkapital subsumiert wird. Gängige Formen in Deutschland sind die stille Beteiligung, das Gesellschafterdarlehen sowie der Genussschein.

Multiple
Branchenspezifischer Faktor, der im Rahmen einer Unternehmensbewertung auf der Basis von Vergleichswertverfahren, wie bspw. der Multiplikatorenmethode die Amortisationsdauer zum Ausdruck bringt.

Multiplikatorenmethode
Die Unternehmensbewertung wird auf der Basis eines Vergleichswertverfahrens durchgeführt. Ausgangswert ist der bereinigte EBIT, der mit einem aus früheren Transaktionen der Branche abgeleiteten Branchenmultiplikator den Unternehmenswert ergibt. Abgezogen werden i. d. R. die Netto-Finanzverbindlichkeiten sowie die Pensionsrückstellungen. Das IDW (Institut der Wirtschaftsprüfer e.V.) empfiehlt das Heranziehen von Vergleichswertverfahren im Rahmen der Plausibilitätskontrolle bei einer Bewertung auf der Basis diskontierter zukünftiger Erwartungswerte (s. DCF-Methode). Finanzinvestoren und M&A-Berater verwenden diese sehr gerne für das Quantifizieren einer ersten Kaufpreiseinschätzung, um dem Verkäufer ein erstes indikatives Angebot unterbreiten zu können.

N

Neutrales Ergebnis
Aufwand oder Ertrag (extern), dem in der Kalkulation bzw. Kostenrechnung (intern) keine Kosten gegenüberstehen, s. adjustiert.

NOA
Die Net Operating Assets (betriebliches Vermögen) sind die im Unternehmen gebundenen und verzinst eingesetzten Vermögenswerte. Im Wesentlichen setzt sich dieses aus den Aktiva (abzgl. Finanzanlagen, abzgl. liquide Mittel, abzgl. nicht benötigte Vermögensgegenstände,

abzgl. nichtverzinstes Fremdkapital, sowie zzgl. betrieblich genutzte, aber nicht bilanzierte Vermögensgegenstände) zusammen. Das betriebliche Vermögen wird im Zusammenhang mit der Unternehmenssteuerung im Kontext von Wertmanagement-Konzepten herangezogen, um die Vermögensverzinsung (s. ROCE) mit dem Quotienten aus NOPAT und NOA quantifizieren zu können. Ein anderer Begriff wäre CE (s. Capital Employed).

NOPAT
Net Operating Profit after Tax (betriebliches Ergebnis) ist eine Erfolgsgröße, die mit den operativ in Wert gesetzten Vermögensgegenständen (s. NOA) erwirtschaftet wird (Bereinigter EBIT abzgl. Steueraufwand). Der NOPAT wird im Zusammenhang mit der Unternehmenssteuerung im Kontext von Wertmanagement-Konzepten herangezogen, um die Vermögensverzinsung (s. ROCE) quantifizieren zu können.

P

Private Debt
Oberbegriff für institutionalisiertes außerbörsliches Fremdkapital mit Eigentümerrechten, welches als hybrides Kapital innerhalb des Fremdkapitals bilanziert ist, aber je nach der zugrunde gelegten Vertragsgestaltung bei einer Bilanzanalyse dem Eigen- oder Fremdkapital subsumiert wird. Gängige Formen sind in Deutschland die stille Beteiligung, das Gesellschafterdarlehen sowie der Genussschein. Der häufiger verwendete Begriff ist Mezzanine (s. Mezzanine).

Private Equity
Oberbegriff für institutionalisiertes außerbörsliches Beteiligungskapital von Pensionskassen, Versicherungen, Stiftungen sowie vermögenden Privatpersonen. Diese stellen über einen Zeitraum von drei bis sieben Jahren in einem Fonds Kapital zur Verfügung, welches von einzelnen Fonds-Managern verwaltet wird. Die Renditeerwartung liegt deutlich über 20 %.

R

Residualwert
Im Zusammenhang mit der Unternehmensbewertung auf der Basis einer DCF-Methode ist der Residualwert die Fortschreibungsgröße der letzten freien Cashflow-Größe (Detailplanungsphase), welcher als Terminal Value (Barwert einer ewigen Rente ab dem letzten Planwert) den diskontierten Barwerten der Detailplanungsperiode addiert wird und in der Addition den Gesamtkapitalwert ergibt (s. DCF-Methode).

ROCE
Die Finanzkennzahl Return on Capital Employed (ROCE) quantifiziert die Vermögensverzinsung als Verhältnis des betrieblichen Ergebnisses (s. NOPAT) und dem betrieblichen Vermögen (s. CE als Capital Employed bzw. NOA als Net Operating Assets). Der ROCE wird im Zusammenhang mit der Unternehmenssteuerung im Kontext von Wertmanagement-Konzepten herangezogen.

ROE
Die Finanzkennzahl Return on Equity (ROE) quantifiziert die Eigenkapitalverzinsung als Verhältnis des ausschüttungsfähigen Gewinns (bereinigter Jahresüberschuss) und dem wirtschaftlichen Eigenkapital (s. wirtschaftliches Eigenkapital).

ROI

Die Finanzkennzahl Return on Investment (ROI) quantifiziert die Gesamtkapitalverzinsung als Verhältnis des bereinigten Betriebsergebnisses (s. EBIT) und dem Gesamtkapital.

S

Schuldentilgungsdauer

Die Finanzkennzahl Schuldentilgungsdauer quantifiziert die Anzahl der Jahre, die benötigt wird, um die Finanzverbindlichkeiten ausschließlich mit den operativen Rückflüssen tilgen zu können. Der gerechnete „Debt Factor" dient als Steuerungsgröße für die Kapitalstruktur. Herangezogen wird der bereinigte operative Cashflow (oder alternativ der bereinigte EBITDA) im Verhältnis zu den Netto-Finanzverbindlichkeiten (Net debt).

Secondary Buy-out

Weiterverkauf eines Unternehmens im Rahmen der Exit-Strategie von Finanzinvestoren wie Kapitalbeteiligungsgesellschaften und Private Equity-Fonds (s. Exit) an einen anderen Finanzinvestor.

Share Deal

Ausschließlicher Erwerb einer Kapitalbeteiligung (Beteiligung an einer Kapital- oder Personengesellschaft) bzw. des Unternehmens als Ganzes. Gemäß § 453 BGB handelt es sich um einen Rechtskauf, wobei Geschäftsanteile einer Kapitalgesellschaft (GmbH bzw. AG) sowie Gesellschaftsanteile einer Personengesellschaft Kaufgegenstand sind. Der Erwerber wird Anteilseigner und tritt in die mit der Beteiligung verbundenen Rechte und Pflichten ein. Eine notarielle Beurkundung ist notwendig, insbesondere werden detaillierte Vereinbarungen wie Haftungsübernahme, Garantien oder mögliche Steuerverbindlichkeiten vertraglich geregelt, die von dem Erwerber oder dem Altgesellschafter zu tragen sind. Verkäufer bevorzugen sehr häufig einen Share Deal, da u. a. der Veräußerungsgewinn steuerlich begünstigt ist. Die Verkäufer sind die Gesellschafter. Ein „Asset Deal" ist der ausschließliche Erwerb von einzelnen Vermögensgegenständen (s. Asset Deal).

Shareholder Value

Begriff, der ausdrückt, wie gewinnbringend ein Unternehmen das von den Eigentümern eingesetzte Kapital einsetzt. Quantifiziert wird dieser über den Economic Value Added (s. EVA) oder über eine Unternehmensbewertung auf der Basis diskontierter zukünftiger Erwartungswerte (s. DCF-Methode).

Spin-off

Konzernausgründung, insbesondere mit der Einbindung des Managements, mit dem Ziel einer eigenständigen Fortführung des Unternehmens.

T

Term Sheet

Zusammenfassung der wesentlichen Konditionen und Parameter in Verbindung mit M&A-Transaktionen, wie bspw. von der Kredit gebenden Geschäftsbank an den Investor.

Trade Sale
Weiterverkauf eines Unternehmens im Rahmen der Exit-Strategie von Finanzinvestoren wie Kapitalbeteiligungsgesellschaften und Private Equity-Fonds (s. Exit) an einen strategischen Käufer, welcher ein direkter Wettbewerber oder ein Unternehmen der Wertschöpfungskette ist.

U

US-GAAP
United States-Generally Accepted Accounting Principles, die insbesondere für deutsche Unternehmen relevant sind, die in den USA an der Börse notiert sind.

V

Value Management
Steuerungsinstrument zur Bestimmung des Unternehmenserfolges anhand des zusätzlichen Beitrages am Unternehmenswert. Bei börsennotierten Unternehmen wird die gesamte Steuerung aller Unternehmensbereiche mehrheitlich über die Finanzkennzahl EVA oder ähnlicher abgebildet (s. EVA).

Vertraulichkeitserklärung
Diese soll sicherstellen, dass durch die Tatsache des Führens von Kaufverhandlungen einer zum Kauf angebotenen Gesellschaft, keine Nachteile irgendwelcher Art entstehen. Innerhalb von M&A-Transaktionen bekommt der potenzielle Erwerber das Unternehmensexposé im Gegenzug zu einer unterschriebenen Vertraulichkeitserklärung (Confidentiality Agreement).

W

WACC
Gewichtete durchschnittliche Kapitalkosten (Weighted Average Cost of Capital) für das eingesetzte Kapital, welche im Zusammenhang mit der Unternehmensbewertung auf der Basis diskontierter zukünftiger Erwartungswerte (s. DCF-Methode) oder bei der Verwendung von wertorientierten Managementkonzepten (s. EVA) herangezogen wird. Die Eigenkapitalkosten orientieren sich an der Rendite der Anleger, die über das Capital Asset Pricing Model (s. CAPM) quantifiziert und mit der zugrunde gelegten Zielkapitalstruktur gewichtet werden. Für die Bestimmung der Fremdkapitalkosten werden die Marktkonditionen für Darlehen oder auch Anleihen herangezogen und ebenfalls entsprechend der Kapitalstruktur gewichtet. Mit berücksichtigt wird die Tatsache der steuerlichen Abzugsfähigkeit der Fremdkapitalzinsen (Tax Shield).

Werttreiber
Erfolgsfaktoren, die zur nachhaltigen Steigerung des Unternehmenswertes beitragen, wie Investitionsentscheidungen, Umsatzerlöse und Kapitalkosten, welche im Zusammenhang mit dem Quantifizieren eines Shareholder Value herangezogen werden (s. Shareholder Value).

Wirtschaftliches Eigenkapital
Im Gegensatz zum bilanzierten Eigenkapitalausweis ist das definierte wirtschaftliche Eigenkapital nicht an die Notwendigkeit der gesellschaftsrechtlichen Haftungsfunktion gebunden. Zur Bonitätsbeurteilung der Investoren oder Gläubiger können einzelne Positionen wie die Ausschüttungsgröße etc. in Abzug gebracht sowie eigenkapitalähnliches Fremdkapital (s. Private Debt bzw. Mezzanine) ganz oder auch teilweise addiert werden. Teile des Fremdkapitals haben Eigenkapitalcharakter, wenn die Kriterien Langfristigkeit, ohne Kündigungsrecht von Seiten des Kapitalgebers während der Laufzeit sowie Nachrangigkeit gegeben sind.

Working Capital
Die Finanzkennzahl Working Capital (Netto-Umlaufvermögen) ergibt sich aus dem Umlaufvermögen abzüglich der kurzfristigen Verbindlichkeiten. Bei einer sich abzeichnenden Zahlungsunfähigkeit sollten dann entsprechende finanzwirtschaftliche Maßnahmen eingeleitet werden.

Z

Zinsdeckungsquote
Die Finanzkennzahl Zinsdeckungsquote bzw. „Interest Cover" zeigt an, wie oft das Unternehmen sein Zinsergebnis mit dem operativen Ergebnis bezahlen kann. Herangezogen wird der Netto-Zinsaufwand im Verhältnis zum bereinigten EBITDA (oder alternativ zum bereinigten EBIT).

AUTOR

Prof. (FH) Dr. Markus W. Exler berät Unternehmer und Manager bei Unternehmensverkäufen und Restrukturierungen. Er ist assoziierter Partner der Quest Consulting AG, Rosenheim und verantwortet den Geschäftsbereich Mergers & Acquisitions.

An der Fachhochschule Kufstein ist er Professor & Studiengangsleiter für Unternehmensrestrukturierung und -sanierung. Seine Forschungsschwerpunkte sind Distressed M&A und Unternehmensbewertung.

Als Gastprofessor hält er regelmäßig Vorlesungen zum Themenbereich M&A und Restrukturierung an der SP Jain School of Global Management in Dubai und Singapur, am Management Institute of Technology sowie an der Galgotias University in Indien.

Von 1998 bis 2004 zeichnete Dr. Exler als Geschäftsführer verantwortlich für die M.A.C. Mergers & Acquisitions-Consulting GmbH, Wien, dessen Gesellschafter er bis 2012 war und verhandelte als Prokurist für die Interfinanz GmbH, Düsseldorf im Wesentlichen internationale M&A-Transaktionen.

Studiert und promoviert hat er an der wirtschafts- und sozialwissenschaftlichen Fakultät der Friedrich-Alexander-Universität Erlangen-Nürnberg. Während dieser Zeit war er Trainee für das Firmenkundengeschäft in der New Yorker Niederlassung der heutigen Hypo-Vereinsbank AG.

Details unter www.questconsulting.de

NWB Studium

Jahresabschluss, Finanzierung & Controlling

Mit einer durchgängigen Fallstudie.

In der aktuellen Situation an den Kapitalmärkten dient ein aufbereiteter Jahresabschluss dazu, die den Unternehmenswert beeinflussenden Werttreiber zu erkennen.

Der Leser erhält die Jahresabschlussanalyse zum einen aus dem Blickwinkel der Geschäftsleitung, zum anderen aus der Sicht der Kapitalgeber. Die Darstellung gewährleistet einen konstruktiven Umgang im Zusammenhang mit den Bonitätsanforderungen um Basel II. Vorgestellt werden Lösungsansätze, die es ermöglichen, die wichtigsten Bilanz- und Erfolgskennzahlen mit den entsprechenden finanzwirtschaftlichen Maßnahmen zu optimieren. Die wertorientierte Unternehmensführung börsennotierter Unternehmen rundet die Jahresabschlussanalyse ab.

Controllingorientiertes Finanz- und Rechnungswesen
Exler
2010. XVIII, 374 Seiten. € 29,80
ISBN 978-3-482-**57621**-8
🖱 Online-Version inklusive

Online-Version inklusive
Im Buch: Freischaltcode für die digitale Ausgabe in der NWB Datenbank.

Bestellen Sie jetzt unter **www.nwb.de/go/shop**

Bestellungen über unseren Online-Shop:
Lieferung auf Rechnung, Bücher versandkostenfrei.

NWB versendet Bücher, Zeitschriften und Briefe CO_2-neutral. Mehr über unseren
Beitrag zum Umweltschutz unter www.nwb.de/go/nachhaltigkeit

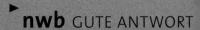

▶ **nwb** GUTE ANTWORT